W0469932

Sabine Tofahrn **Strafrecht Allgemeiner Teil II**

JURIQ Erfolgstraining

Herausgegeben von JURIQ® Juristisches Repetitorium, Köln

Strafrecht Allgemeiner Teil II

Unterlassungsdelikt, Versuch, Täterschaft und Teilnahme, Konkurrenzen

von
Sabine Tofahrn

2., neu bearbeitete Auflage

C.F. Müller

Bibliografische Information der Deutschen Nationalbibliothek
Die Deutsche Nationalbibliothek verzeichnet diese Publikation in der Deutschen Nationalbibliografie; detaillierte bibliografische Daten sind im Internet über <http.//dnb.d-nb.de> abrufbar.

Bei der Herstellung des Werkes haben wir uns zukunftsbewusst für umweltverträgliche und wiederverwertbare Materialien entschieden. Der Inhalt ist auf elementar chlorfreiem Papier gedruckt.

ISBN 978-3-8114-7216-7

E-Mail: kundenbetreuung@hjr-verlag.de
Telefon: +49 89/2183-7928
Telefax: +49 89/2183-7620

www.cfmueller-campus.de
www.hjr-verlag.de

Satz: TypoScript, München
Illustrationen: Mattfeldt & Sänger, München
Druck: Fuldaer Verlagsanstalt, Fulda

Liebe Leserinnen und Leser,

die neue Reihe „JURIQ Erfolgstraining" zur Klausur- und Prüfungsvorbereitung verbindet sowohl für Studienanfänger als auch für höhere Semester die Vorzüge des klassischen Lehrbuchs mit meiner Unterrichtserfahrung zu einem umfassenden Lernkonzept aus Skript und Online-Training.

In einem ersten Schritt geht es um das **Erlernen** der nach Prüfungsrelevanz ausgewählten und gewichteten Inhalte und Themenstellungen. Einleitende Prüfungsschemata sorgen für eine klare Struktur und weisen auf die typischen Problemkreise hin, die Sie in einer Klausur kennen und beherrschen müssen. Neu ist die **visuelle Lernunterstützung** durch

- ein nach didaktischen Gesichtspunkten ausgewähltes Farblayout
- optische Verstärkung durch einprägsame Graphiken und
- wiederkehrende Symbole am Rand

  = Definition zum Auswendiglernen und Wiederholen

  = Problempunkt

  = Online-Wissens-Check

Illustrationen als „Lernanker" für schwierige Beispiele und Fallkonstellationen steigern die Merk- und Erinnerungsleistung Ihres Langzeitgedächtnisses.

Auf die Phase des Lernens folgt das **Wiederholen und Überprüfen** des Erlernten im **Online-Wissens-Check**: Wenn Sie im Internet unter www.juracademy.de/skripte/login das speziell auf das Skript abgestimmte Wissens-, Definitions- und Aufbautraining absolvieren, erhalten Sie ein direktes Feedback zum eigenen Wissensstand und kontrollieren Ihren individuellen Lernfortschritt. Durch dieses aktive Lernen vertiefen Sie zudem nachhaltig und damit erfolgreich Ihre strafrechtlichen Kenntnisse!

Frage 1 (Punkte: 1)

Wann liegt eine Strafbarkeit des A gemäß § 13 StGB vor?

Antwort

Aussagen	Antwort	Aussagerichtigkeit und Kommentar
a) A fährt nachts mit seinem Mofa nach Hause und unterlässt es, das Licht einzuschalten. Er übersieht Fußgänger F, der schwer verletzt wird.	☐ ✓	Falsch. Hier liegt der Schwerpunkt der Vorwerfbarkeit auf dem Fahren mit dem unbeleuchteten Mofa. Es liegt mithin ein Begehungsdelikt vor.
b) A zwingt B mit vorgehaltener Waffe, den Rettungsring hoch zu ziehen, bevor C ihn ergreifen kann. C ertrinkt.	☐ ✓	Falsch. Auch hier liegt ein Begehungsdelikt vor, da der Schwerpunkt der Vorwerfbarkeit in dem Vorhalten der Waffe und damit in einem aktiven Tun liegt.
c) A wirft B einen Rettungsring zu. Noch bevor er ihn ergreifen kann, zieht A den Ring zurück. B ertrinkt.	☑ ✓	Richtig. Dadurch, dass A den Rettungsring zurückzieht, bevor B ihn ergriffen hat, stellt sich die Situation aus der Sicht des B genauso dar, als ob A den Ring niemals geworfen hätte, da zum Zeitpunkt des Zurückziehens sich die Rettungschancen noch nicht erhöht hatten.

→ **Richtig**
Punkte für diese Antwort: 1/1.

Schließlich geht es um das **Anwenden und Einüben** des Lernstoffes anhand von Übungsfällen verschiedener Schwierigkeitsstufen, die im Gutachtenstil gelöst werden. Die JURIQ **Klausurtipps** zu gängigen Fallkonstellationen und häufigen Fehlerquellen weisen Ihnen dabei den Weg durch den Problemdschungel in der Prüfungssituation.

Das **Lerncoaching** jenseits der rein juristischen Inhalte (nach Seite XI) ist als zusätzlicher Service zum Informieren und Sammeln gedacht: Ein erfahrener Psychologe stellt u.a. Themen wie Motivation, Leistungsfähigkeit und Zeitmanagement anschaulich dar, zeigt Wege zur Analyse und Verbesserung des eigenen Lernstils auf und gibt Tipps für eine optimale Nutzung der Lernzeit und zur Überwindung evtl. Lernblockaden.

Dieses Skript behandelt das Unterlassungsdelikt, Versuch und Rücktritt, Täterschaft und Teilnahme sowie die Konkurrenzen, der Band Strafrecht Allgemeiner Teil I das vorsätzliche und das fahrlässige Begehungsdelikt.

Auf geht's – ich wünsche Ihnen viel Freude und Erfolg beim Erarbeiten des Stoffs!

Und noch etwas: Das Examen kann jeder schaffen, der sein juristisches Handwerkszeug beherrscht und kontinuierlich anwendet. Jura ist kein „Hexenwerk". Setzen Sie nie ausschließlich auf auswendig gelerntes Wissen, sondern auf Ihr Systemverständnis und ein solides methodisches Handwerk. Und schreiben Sie uns, wenn Sie Hilfe brauchen oder sonst etwas loswerden möchten. Dazu sind wir da, und zwar unter der Adresse: JURIQ GmbH, Bachemer Str. 33, 50931 Köln, E-Mail: team@juriq.de. Sehr dankbar sind wir auch für Hinweise auf Druckfehler, die sich leider nie ganz vermeiden lassen.

Köln, im August 2010 *Sabine Tofahrn*

Inhaltsverzeichnis

Literaturverzeichnis

Baumann/Weber/Mitsch	Strafrecht AT , 11. Aufl. 2003
Fischer	Strafgesetzbuch, Kommentar, 57. Aufl. 2010
Jäger	Examensrepetitorium Strafrecht Allgemeiner Teil, 4. Aufl. 2009
Jescheck/Weigend	Strafrecht AT , 5. Aufl. 1996
Joecks	Studienkommentar Strafgesetzbuch, 8. Aufl. 2009
Lackner/Kühl	Strafgesetzbuch, Kommentar, 26. Aufl. 2007
Leipziger Kommentar	Strafgesetzbuch, 11. Aufl. 1992 ff.
Maurach/Gössel/Zipf	Strafrecht Allgemeiner Teil II, 7. Aufl. 1989
Meyer-Goßner	Strafprozessordnung, Kommentar, 53. Aufl. 2010
Münchener Kommentar	Strafgesetzbuch, 2003 ff.
Systematischer Kommentar	Strafgesetzbuch, Band II, 5.–7. Aufl. 2002
Schönke/Schröder	Strafgesetzbuch, Kommentar, 28. Aufl. 2010
Wessels/Beulke	Strafrecht Allgemeiner Teil , 40. Aufl. 2010
Wessels/Hillenkamp	Strafrecht Besonderer Teil II, 35. Aufl. 2010

Tipps vom Lerncoach

Warum Lerntipps in einem Jura-Skript?

Es gibt in Deutschland ca. 1,6 Millionen Studierende, deren tägliche Beschäftigung das Lernen ist. Lernende, die stets ohne Anstrengung erfolgreich sind, die nie kleinere oder größere Lernprobleme hatten, sind eher selten. Besonders juristische Lerninhalte sind komplex und anspruchsvoll. Unsere Skripte sind deshalb fachlich und didaktisch sinnvoll aufgebaut, um das Lernen zu erleichtern.

Über fundierte Lerntipps wollen wir darüber hinaus all diejenigen ansprechen, die ihr Lern- und Arbeitsverhalten verbessern und unangenehme Lernphasen schneller überwinden wollen.

Diese Tipps stammen von *Frank Wenderoth*, der als Diplom-Psychologe seit vielen Jahren in der Personal- und Organisationsentwicklung als Berater und Personal Coach tätig ist und außerdem Jurastudierende in der Prüfungsvorbereitung und bei beruflichen Weichenstellungen berät.

Wie lernen Menschen?

Die Wunschvorstellung ist häufig, ohne Anstrengung oder ohne eigene Aktivität „à la Nürnberger Trichter" lernen zu können. Die modernen Neurowissenschaften und auch die Psychologie zeigen jedoch, dass Lernen ein aktiver Aufnahme- und Verarbeitungsprozess ist, der auch nur durch aktive Methoden verbessert werden kann. Sie müssen sich also für sich selbst einsetzen, um Ihre Lernprozesse zu fördern. Sie verbuchen die Erfolge dann auch stets für sich.

Gibt es wichtigere und weniger wichtige Lerntipps?

Auch das bestimmen Sie selbst. Die Lerntipps sind als Anregungen zu verstehen, die Sie aktiv einsetzen, erproben und ganz individuell auf Ihre Lernsituation anpassen können. Die Tipps sind pro Rechtsgebiet thematisch aufeinander abgestimmt und ergänzen sich von Skript zu Skript, können aber auch unabhängig voneinander genutzt werden.

Verstehen Sie die Lerntipps „à la carte"! Sie wählen das aus, was Ihnen nützlich erscheint, um Ihre Lernprozesse noch effektiver und ökonomischer gestalten zu können!

Lernthema 2
Arbeitsplatz und Arbeitsbedingungen

In jedem Beruf ist der Arbeitsplatz ein sehr wichtiger Einflussfaktor auf unsere Leistung, natürlich auch während des Studiums. Günstige oder ungünstige Arbeitsbedingungen entscheiden mit darüber, wie wohl wir uns fühlen, ob wir uns gut konzentrieren können oder schnell ermüden. Vielleicht wird es jetzt etwas unbequem für Sie, weil Sie sich an bestimmte Grundregeln gewöhnen müssen, Ihren Schreibtisch aufräumen, Ihre Arbeitsplatzergonomie verändern. Alle Tipps und Hinweise werden Ihnen aber das Lernleben erleichtern.

Lerntipps

Arbeiten Sie immer an einem festen Arbeitsplatz!

Wenn Sie einmal am Schreibtisch, dann auf dem Sofa und später im Bett lernen, dann ist das zwar bequem und abwechslungsreich, nur es wird Ihnen schwer fallen, die richtigen Funktionen zu erkennen. Was ist Arbeit, was ist Freizeit, was lenkt mich ab etc.? Bei Pausen- und Freizeittätigkeiten wird der Schreibtisch verlassen. Dies sollten Sie konsequent auch beim Essen, Telefonieren mit Freunden, Musik hören, Computer spielen einhalten. Der Freizeitbereich wird dadurch für Sie attraktiver.

Machen Sie einen Arbeitsplatz-Check bevor Sie loslegen!

Der Schreibtisch ist nur für die Arbeit bestimmt. Überprüfen Sie Ihren Arbeitsplatz vor Arbeitsbeginn auf sachfremde Gegenstände – die können ablenken, Sie an Ihr Hobby erinnern. Sie möchten dann am liebsten das tun, was mehr Spaß macht und Sie von den vermeintlich unangenehmen Dingen abhält. Suchen Sie erst alle arbeitsrelevanten Unterlagen zusammen, damit Sie Ihre Arbeit nicht immer wieder unterbrechen. Sie fangen sonst die Arbeit stets wieder neu an. Das hört sich alles sehr diszipliniert an. Es verbessert aber Ihre Arbeitsmoral und damit gleichzeitig Ihren raren Freizeitausgleich.

Unterscheiden Sie konsequent Arbeit und Freizeit!

Der Freizeitbereich sollte so abgeschirmt sein, dass Sie dort nur die angenehmen, entspannenden und ausgleichenden Dinge tun – und das mit gutem Gewissen.

Sie haben es sich ja mit Disziplin verdient. Auch hier bitte konsequent bleiben. Falls Ihnen z.B. ein Fachbuch in die Hände fällt, so sollten Sie es von dort entfernen. Entscheiden Sie sich bewusst – entweder weiter auf dem Sofa entspannen oder an den Schreibtisch gehen und es dort lesen. Ein Fachbuch im Bett zu lesen, führt nicht selten zu schlechterem Behalten oder sogar Schlafstörungen.

„Ergonomisieren“ Sie Schreibtisch und Schreibtischstuhl!

Richten Sie Ihre Büromöbel so ein, dass Sie gesundheitliche Schäden vermeiden und vorzeitige Ermüdungen verhindern. Dazu folgende Hinweise:

- Arbeitsplatte ca. 75 cm hoch einstellen, so dass Unterarme im aufrechten Sitz locker aufliegen können.
- Sitzhöhe so einstellen, dass bei aufgestellten Füßen, die Oberschenkel waagerecht ausgerichtet sind und ohne Druck aufliegen.
- Wählen Sie einen Stuhl mit fester Rückenlehne, damit Sie sich häufig anlehnen können, das Gesäß weit nach hinten.
- Licht von vorne oder seitlich, d. h. bei Rechtshändern von links.
- Arbeitsmittel wie Schreibgeräte liegen für den direkten Zugriff bereit.
- Gleiches gilt für Gesetzestexte, Lehrbücher und Nachschlagewerke.
- Am besten in Reichweite eine Pin-Wand für Merkzettel mit Regeln, Terminen, Notizen.

Optimieren Sie auch den PC-Arbeitsplatz!

- Monitor so aufstellen, dass sich weder Licht noch Fenster darin spiegeln.
- Möglichst wenig Helligkeitsunterschiede zwischen Raumlicht und Monitorhelligkeit.
- Höhe des Monitors: Mittelachse des Monitors knapp unter Augenhöhe des Betrachters.
- Entfernung zwischen Monitor und Auge mindestens 30 cm, Schriftgröße auf 120 bis 150% anpassen
- Brillenträger benötigen eventuell eine sog. „Computerbrille“, also eine Lesebrille für eine etwas größere Distanz.

Multimedia kann das Lernen beeinträchtigen!

PC oder Notebook sind aus Lernsituationen kaum wegzudenken und stellen eine große Hilfe dar. Bitte beachten Sie aber auch folgende Hinweise:

- Aus (heruntergeladenen) Texten am Bildschirm zu lernen, ist ungünstig, da die jeweils vorherigen Seiten und die folgenden nicht sichtbar sind. Damit fehlt uns eine Gesamtorientierung zum Beispiel zum schnellen Vor- und Zurückblättern wie in einem Skript oder Buch.
- Wenn z. B. bei einer Lernsoftware stets neue Seiten aufgerufen werden, dann ist das zwar interessant und animierend, das Kurzzeitgedächtnis wird aber zu stark beansprucht. Uns fehlt die manchmal zwar langweilige, aber lerntechnisch wichtige Redundanz der Inhalte.
- Die Augenermüdung am Bildschirm ist insgesamt größer als beim Buchlesen, deshalb sind spezielle sehr einfache Augenentspannungsübungen (z. B. mit Akupressur) sinnvoll.
- Viele nutzen den PC dazu, um sich in einer Pause abzulenken oder sich zu belohnen. Problematisch ist, dass sich das frisch gelernte Material noch im Kurzzeitspeicher des Gehirns befindet und noch nicht verankert ist. Für ein PC-Spiel wird jetzt dort sehr viel Arbeitspeicher in Anspruch genommen und das „alte“ Lernmaterial rausgeworfen. Schade, oder? Aber etwa 30 Minuten nach der Lerneinheit geht es wieder, die Lerndaten sind dann auf der „Lernfestplatte gespeichert“.
- Auch Hintergrundmusik belegt den Arbeitsspeicher. Werden unterschiedliche Sinneskanäle bedient, konkurrieren sie miteinander. Lesen erfolgt zum Beispiel über inneres Mitsprechen und Musik hindert an diesem Mitsprechen.
- Also schalten Sie ab, auch wenn Musik angenehme Emotionen auslöst und grundsätzlich motivierend und lernförderlich wirken kann. Am besten hören Sie Musik in Ihrer Erholungspause.

Die Bibliothek: Eine weitere Möglichkeit zwischen Arbeit und Freizeit zu differenzieren!

Es gibt natürlich Ausnahmen, wenn der Wohnbereich beengt ist und eine Differenzierung durch verschiedene Räume schwer möglich ist. Denken Sie daran, dass das Lernen nicht auf Ihren Wohnbereich beschränkt sein muss. In einem Lesesaal oder einer Bibliothek lässt es sich vielleicht sogar besser lernen, wenn man dazu neigt, sich von der Arbeit abzulenken – hier herrscht eher „Arbeitsatmosphäre“.

Auch in der Bibliothek abschirmen!

Die Universitätsbibliothek verfügt meist über stille Arbeitsbereiche, Sie können auch in öffentliche Bibliotheken gehen. Meist sind dort auch Getränkeautomaten, Kopierer etc. vorhanden. Falls Sie viele Freunde und Bekannte haben, sollten Sie die Institutsbibliothek vielleicht meiden. Ein Schwätzchen ist gut, zu viel Ablenkung addiert sich aber schnell zu einem Nachmittag ohne Lernen – und das kann frustrieren. Suchen Sie sich einen entlegenen und schwer einsehbaren Bereich. Setzen Sie sich mit dem Rücken zum Zugangsbereich.

Lernen Sie, arbeitshemmende Kontaktmöglichkeiten zu vermeiden. Man kann sich für einen gemeinsamen Kaffee, ein gemeinsames Essen verabreden. Das hat die angenehme Nebenwirkung, dass Sie eine schöne Perspektive für die anstehende Arbeitspause haben. Also fleißig arbeiten und sich dann für sein Lernverhalten belohnen.

Das „Kleinbüro" in die Bibliothek mitnehmen und einrichten!

Wählen Sie möglichst stets den gleichen Arbeitsplatz, damit Sie sich nicht immer wieder eingewöhnen müssen und Sie das Gefühl bekommen „das ist mein Arbeitsplatz". Richten Sie sich ein transportables „Kleinbüro" ein, das in Ihre Aktentasche oder einen Rucksack passt. In diesem mobilen Büro sollten enthalten sein: Schreibbuch oder Ringbuch mit diversen Einlagen, Schreibgeräte nebst Ersatz, diverse Karteikarten, Schnellhefter mit Unterlagen, Schmierzettel für Zwischennotizen, falls zulässig und vorhanden, ein Notebook. Auch Kleingeld für Automaten, Schließfächer, Snacks.

1. Teil
Einleitung

Dieses Skript befasst sich mit dem Allgemeinen Teil des Strafrechts. Im Gegensatz zum Besonderen Teil des Strafrechts, in welchem die einzelnen Straftatbestände aufgeführt sind, sind im Allgemeinen Teil Regeln enthalten, die **für alle Straftaten in gleichem Maße** gelten. In einer gutachterlichen Prüfung greifen Allgemeiner und Besonderer Teil stets ineinander, so dass Ihnen nur die Kenntnis beider Teile des Strafrechts eine richtige strafrechtliche Lösung in der Klausur ermöglicht. 1

Beispiel Wenn A in einem Restaurant beim Hinausgehen einen fremden Schirm mitnimmt, um sich gegen den überraschend eingesetzten Regen zu schützen, bestimmt sich die Strafbarkeit des A nach einer Norm aus dem Besonderen Teil des Strafrechts, nämlich dem § 242 StGB[1] (Diebstahl). In einer Klausur müssten Sie zunächst die deliktsspezifischen, also durch § 242 vorgegebenen Merkmale prüfen, nämlich ob der Schirm eine fremde bewegliche Sache war, die A weggenommen hat.

Da der Allgemeine Teil in § 15 bestimmt, dass grundsätzlich nur vorsätzliches Handeln strafbar ist, es sei denn der Gesetzgeber hat fahrlässiges Handeln ausdrücklich unter Strafe gestellt (vgl. § 222), müssten Sie nun danach fragen, ob A dies auch vorsätzlich tat. Damit greift der Allgemeine Teil in die Prüfung des Besonderen Teils hinein. § 15 führt dazu, dass Sie in der Klausur unterscheiden werden zwischen dem objektiven (objektive Voraussetzungen des § 242) und dem subjektiven (Vorsatz und Absichten) Tatbestand. Im subjektiven Tatbestand muss dann eine weitere, deliktsspezifische Anforderung des § 242 geprüft werden, nämliche die rechtswidrige Zueignungsabsicht.

Danach werden Sie sich mit der Frage auseinandersetzen, ob A eventuell gerechtfertigt war. Bei den Rechtfertigungsgründen handelt es sich um allgemeine Erlaubnisnormen, die ausnahmsweise ein strafbares Verhalten erlauben und die im Allgemeinen Teil des Strafrechts geregelt sind, da sie für alle Normen gleichermaßen gelten.

Schließlich muss überprüft werden, ob A überhaupt in der Lage war, einzusehen, dass er gegen ein Strafgesetz verstößt. Dies kann ausgeschlossen sein, wenn A schuldunfähig gem. § 20, einer weiteren Vorschrift aus dem Allgemeinen Teil, war. Nehmen Sie an, A hatte zum Zeitpunkt der Wegnahme 3,2 Promille. Dann war er schuldunfähig und kann dementsprechend nicht gem. § 242 bestraft werden. ■

Da der Allgemeine Teil sehr umfangreich ist, wird die Darstellung auf die Skripte „Strafrecht AT I" und „Strafrecht AT II" verteilt. **„Strafrecht AT I"** befasst sich mit dem vorsätzlichen und fahrlässigen Begehungsdelikt, **„Strafrecht AT II"** behandelt das Unterlassungsdelikt, Täterschaft und Teilnahme, Versuch und Rücktritt sowie Konkurrenzen. Die klausurrelevanten **Irrtümer** werden dort dargestellt, wo Sie von Ihnen in der Klausur geprüft werden müssen, so z.B. der Tatbestandsirrtum beim Vorsatz sowie der Erlaubnistatbestandsirrtum in der Schuld. 2

1 §§ ohne Gesetzesangabe sind solche des StGB.

2. Teil
Versuch und Rücktritt des Alleintäters

A. Überblick

» Erinnern Sie sich? In dem Skript Strafrecht AT I haben wir uns mit den drei Unwerturteilen (Handlungs-, Erfolgs- und Gesinnungsunwert) auseinandergesetzt, die in der Verwirklichung einer Straftat liegen. Sollten Sie dies nicht mehr oder noch nicht wissen, so können Sie an dieser Stelle die Gelegenheit nutzen und sich mit diesen Begriffen auseinandersetzen. «

3 Haben Sie in der Klausur ein objektives Tatbestandsmerkmal und damit die Strafbarkeit des Täters verneint, dann haben Sie damit sogleich festgestellt, dass der Täter keinen **Erfolgsunwert** verwirklicht hat.

Dies kann daran liegen, dass die Rechtsgutsverletzung gar nicht eingetreten ist, es kann aber auch daran liegen, dass der Täter nicht die erforderliche Subjektsqualität besaß oder dass der Erfolg ihm objektiv nicht zurechenbar war. Gibt es in Ihrem Klausursachverhalt Anhaltspunkte dafür, dass der Täter, als er handelte, den Tatbestand verwirklichen wollte, dessen objektive Voraussetzungen Sie abgelehnt haben, dann müssen Sie prüfen, ob der Täter sich wegen **Versuchs** dieses Delikts strafbar gemacht haben könnte.

Beispiel A und B lösen unabhängig voneinander eine jeweils nicht tödlich wirkende Dosis Gift in dem Orangensaft des C auf, um diesen zu töten. Dabei gehen beide davon aus, dass die Dosis ausreichend ist, um den Tod herbei zu führen. C verstirbt jedoch, weil beide Gifte zusammen so hoch dosiert sind, dass sie tödlich wirken.

Hier haben sowohl A als auch B zunächst eine Ursache für den Tod des C gesetzt. Es liegt ein Fall der kumulativen Kausalität vor, bei welcher mit der conditio-sine-qua-non-Formel unproblematisch die Kausalität bejaht werden kann. Doch ist aufgrund des atypischen Kausalverlaufs der Tod beiden objektiv nicht zurechenbar, da bei allgemeiner Lebenserfahrung nicht davon ausgegangen werden muss, dass ein Nebentäter exakt die gleiche Handlung vornimmt und nur aufgrund dieser Handlung der Erfolg herbeigeführt werden kann. Weder A noch B können mithin wegen vollendeten Mordes bestraft werden. Da beide jedoch glaubten, sie hätten ein ausreichend dosiertes Gift gewählt, haben sie sich wegen versuchten Mordes gem. §§ 211, 212, 22, 23 strafbar gemacht. ■

Beim Versuch wird der **Handlungsunwert** des Täters bestraft, der in dem unmittelbaren Ansetzen zur Tat und der darin zum Ausdruck kommenden Betätigung des rechtsfeindlichen Willens liegt, welche einen rechtserschütternden Eindruck auf die Allgemeinheit macht.[1]

» Unterstreichen Sie sich in § 22 die Worte *„nach seiner Vorstellung von der Tat“*, damit Sie in der Klausur immer vor Augen haben, worauf es beim Versuch ankommt. «

4 Die Vorschriften, die sich mit dem Versuch beschäftigen, sind die §§ 22–24. In **§ 22** hat der Gesetzgeber festgelegt, unter welchen Voraussetzungen ein strafbarer Versuch vorliegt. Demnach versucht derjenige ein Straftat, *„der* ***nach seiner Vorstellung von der Tat*** *zur Verwirklichung des Tatbestandes* ***unmittelbar ansetzt****“*.

Der **wesentliche Bezugspunkt** beim Versuch ist die **Vorstellung des Täters von der Tat**. Auf dieser Basis müssen Sie ermitteln, ob der objektive Tatbestand des Delikts verwirklicht worden wäre, wenn sich alles entsprechend dieser Vorstellung ereignet hätte. Auch beim unmittelbaren Ansetzen ist danach zu fragen, ob nach der Vorstellung des Täters das Rechtsgut bereits konkret gefährdet war und keine wesentlichen Zwischenschritte mehr erforderlich waren. Schließlich kann der Täter **gem. § 24 vom Versuch zurücktreten**. Für den Rücktritt ist

1 *Jescheck/Weigend* Strafrecht AT § 49 II 3.

die Unterscheidung zwischen fehlgeschlagenem, unbeendetem und beendetem Versuch wichtig. Auch dies bemisst sich nach der Vorstellung des Täters zum Zeitpunkt der Aufgabe der Tat.

Da es beim Versuch nur auf die Vorstellung des Täters ankommt, ist es auch unerheblich, ob der Angriff objektiv zum Erfolg führen kann oder nicht. Aus diesem Grund sind sowohl der Versuch, bei dem es tatsächlich zu einer objektiven Gefährdung des jeweiligen Rechtsguts kommt (**tauglicher Versuch**) als auch jener Versuch, bei dem eine Gefährdung gar nicht real werden kann (sog. **untauglicher Versuch**) strafbar. Dies ergibt sich aus **§ 23**, der die **Strafbarkeit des Versuchs** bestimmt und der in **Abs. 3** deutlich macht, dass auch, wenn der Versuch gar nicht zur Vollendung führen konnte, eine Strafbarkeit des Versuchs vorliegt, der Richter jedoch in Fällen der extremen Untauglichkeit die Strafe mildern oder von Strafe absehen kann (sog. **„Trottelprivileg"**) 5

Im obigen *Beispiel* liegt ein untauglicher Versuch mit einem untauglichen Mittel vor, da die jeweiligen Gifte der Täter den Tod nicht herbeiführen konnten.

Entsprechend der wesentlichen Bedeutung der Vorstellung von der Tat beginnen Sie (nach der Vorprüfung) **die Prüfung des Versuchs** auch mit dem subjektiven Element, nämlich dem Tatentschluss, der dem subjektiven Tatbestand beim vollendeten Delikt entspricht und setzen sich erst danach mit dem unmittelbaren Ansetzen, also der Handlung, respektive dem Unterlassen des Täters auseinander.

Wie bereits erwähnt, kann der Täter gem. § 24 strafbefreiend vom Versuch zurücktreten. Hierbei handelt es sich um einen persönlichen Strafaufhebungsgrund, der nach der Schuld zu prüfen ist. Entsprechend sieht der **Aufbau** des Versuchs wie folgt aus: 6

Der Versuch

PRÜFUNGSSCHEMA

I. Vorprüfung
1. Keine Vollendungshaftung aus dem fraglichen Delikt
2. Strafbarkeit des Versuchs gem. § 23 Abs. 1

II. Tatentschluss
- Abgrenzung untauglicher Versuch – Wahndelikt Rn. 17
  1. Vorsatz bezogen auf alle objektiven Tatbestandsmerkmale der Straftat
  2. Eventuell erforderliche Absichten sowie sonstige, im Vorsatz zu prüfende Tatbestandsmerkmale

III. Unmittelbares Ansetzen
- Abgrenzung zur straflosen Vorbereitung Rn. 21
- bei der Mittäterschaft Rn. 118
- bei der mittelbaren Täterschaft Rn. 152

IV. Rechtswidrigkeit

V. Schuld

VI. Rücktritt gem. § 24

Wir werden uns nachfolgend zunächst mit dem Versuch und danach mit dem Rücktritt auseinandersetzen. Dabei werden wir von der **Strafbarkeit des Alleintäters** beim **Begehungsdelikt** ausgehen. Versuch und Rücktritt des mittelbaren Täters gem. § 25 Abs. 1 Alt. 2, des

Mittäters gem. § 25 Abs. 2 sowie des Anstifters gem. § 26 werden wir im Kapitel „Täterschaft und Teilnahme" erörtern. Versuch und Rücktritt beim **Unterlassungsdelikt** werden wir beim Kapitel „Das Unterlassungsdelikt" diskutieren.

B. Versuch

I. Vorprüfung

7 In der Vorprüfung müssen Sie zunächst feststellen, dass es **nicht zu einer Vollendung des Delikts** gekommen ist. Wie bereits ausgeführt kann das verschiedene Gründe haben.

JURIQ-Klausurtipp

Fehlt es an der Vollendung, weil ersichtlich und unproblematisch ein Merkmal des objektiven Tatbestands nicht verwirklicht ist (der Schuss verfehlte z. B. das Opfer so dass der Tod als tatbestandlicher Erfolg des § 212 nicht eingetreten ist) können Sie **direkt mit der Strafbarkeit wegen Versuchs beginnen** und in der Vorprüfung die fehlende Vollendungshaftung feststellen. Gibt es hingegen im objektiven Tatbestand darstellungs- und diskussionswürdige Aspekte, so sollten Sie **mit der Prüfung des vollendeten Delikts beginnen**, so z. B. dann, wenn Kausalität und objektive Zurechnung problematisch sind. In der Vorprüfung können Sie dann auf die dort gewonnenen Ergebnisse verweisen.

Des Weiteren ist im Rahmen der Vorprüfung zu klären, ob der Versuch des jeweiligen Deliktes überhaupt strafbar ist. Gemäß § 23 Abs. 1 ist der **Versuch eines Verbrechen** stets strafbar, der eines **Vergehens** jedoch nur, wenn das Gesetz dieses ausdrücklich bestimmt. Die Begriffe des Verbrechens und des Vergehens sind in **§ 12 Abs. 1 und Abs. 2** legal definiert. Demnach sind Verbrechen solche Taten, die im Mindestmaß mit Freiheitsstrafe von 1 Jahr oder darüber bedroht sind, Vergehen hingegen solche Taten, die im Mindestmaß mit einer geringeren Freiheitsstrafe oder mit Geldstrafe bedroht sind. Gem. **§ 12 Abs. 3** sind bei der Einteilung allerdings Strafschärfungen oder Milderungen nicht zu berücksichtigen.

Beispiel Mord gem. § 211 und Raub gem. § 249 sind mithin Verbrechen. An der Einteilung des Raubes als Verbrechen ändert auch der Abs. 2 des § 249 nichts, wonach bei einem minder schweren Fall der Strafrahmen auf 6 Monate bis zu 5 Jahren abgesenkt wird, da dies nach § 12 Abs. 3 unbeachtlich ist. Die Körperverletzung gem. § 223 und die Aussetzung gem. § 221 sind hingegen Vergehen. Bei der Körperverletzung hat der Gesetzgeber in Abs. 2 die Versuchsstrafbarkeit bestimmt, bei der Aussetzung hingegen fehlt eine entsprechende Bestimmung, so dass die Aussetzung gem. § 221 Abs. 1 nicht versucht werden kann. Umstritten ist jedoch, ob die Aussetzung mit Todesfolge gem. Abs. 3, die eine Erfolgsqualifikation zur einfachen Aussetzung darstellt, versucht werden kann, da der Strafrahmen auf mindestens 3 Jahre angehoben ist. Nähere Ausführungen dazu finden Sie im Skript Strafrecht AT I beim Kapitel „erfolgsqualifiziertes Delikt". ■

II. Tatentschluss

Bei dem nächsten Prüfungspunkt „Tatentschluss" müssen Sie **die Vorstellung des Täters von der Straftat** ermitteln, die Sie im Obersatz benannt haben. Der Tatentschluss ist zu bejahen, wenn 8

- der Täter den **Vorsatz** hat, sämtliche objektiven Tatbestandsmerkmale des jeweiligen Delikts zu verwirklichen und
- er die eventuell erforderlichen **Absichten** hat oder die sonstigen, im subjektiven Tatbestand zu prüfenden Voraussetzungen erfüllt.

Beispiel Zu den subjektiven Tatbestandsmerkmalen gehören z. B. die besonderen Absichten in den §§ 242 und 249 (Zueignungsabsicht) sowie § 263 (Bereicherungsabsicht). Darüber hinaus werden im Tatentschluss die täterbezogenen Mordmerkmale der ersten und dritten Gruppe des § 211 geprüft. ■

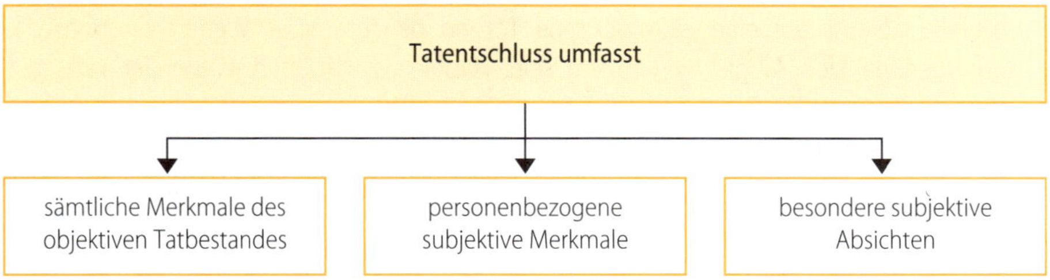

Im Tatentschluss müssen Sie mithin zunächst sämtliche objektiven Tatbestandsmerkmale durchprüfen. Beachten Sie, dass Sie insoweit eine **hypothetische Prüfung der Tatbestandsmerkmale** vornehmen, da Sie nicht darauf abstellen, ob die Merkmale tatsächlich verwirklicht sind (das haben Sie ja bereits beim vollendeten Delikt geprüft und entsprechend verneint), sondern nur darauf, ob sie **verwirklicht wären**, wenn die Vorstellung des Täters wahr geworden wäre. Objektive Gegebenheiten interessieren nur insoweit, als dass sie Rückschlüsse auf den Tatentschluss zulassen. 9

JURIQ-Klausurtipp

Um dies in der Klausur deutlich zu machen, sollten Sie sich des **Konjunktivs** bedienen.

Beispiel E möchte ihren wohlhabenden Ehemann töten, um sich mit der Erbschaft und der Lebensversicherung ein schönes Rentnerdasein zu ermöglichen. Aus diesem Grund mischt sie in den abendlichen Rotwein ein geschmacksneutrales Gift und übergibt diesen Becher dem M, der sie, ohne dass E dies bemerkt hat, bei der Vergiftung des Rotweins beobachtet hat und daraus auch die richtigen Schlüsse gezogen hat. M, der seit kurzer Zeit weiß, dass er schwer und unheilbar krank ist, heißt die ihm durch E verschaffte Gelegenheit willkommen und trinkt im Bewusstsein des Giftes den Rotwein, woraufhin er wenige Minuten später verstirbt.

In der Klausur würden Sie mit vollendetem Mord beginnen, diesen allerdings im objektiven Tatbestand ablehnen, da eine eigenverantwortliche Selbstgefährdung des M vorliegt, die zur Verneinung der objektiven Zurechnung führt.

» Wenn Sie Zeit haben, wiederholen Sie an dieser Stelle die Fallgruppen der objektiven Zurechnung. «

Sie würden dann mit der Prüfung des Versuchs fortfahren. Eine Vollendungshaftung liegt nicht vor, der Versuch ist gem. § 23 Abs. 1 strafbar. Die Prüfung des Tatentschlusses sähe wie folgt aus:

Der Tatentschluss der E müsste auf die Verwirklichung eines Mordes an M gerichtet gewesen sein. Sie stellte sich vor, dass M in Unkenntnis der Vergiftung den Rotwein trinken und daran sterben würde. Nach ihrer Vorstellung sollte ihre Tathandlung, das Vergiften, also kausal zum Tode des M führen. Da sie davon ausging, M wisse nicht, dass der Wein vergiftet sei, hätte sie mit der Vergiftung auch ein rechtlich relevantes Risiko geschaffen, welches sich in typischer Weise im Erfolg realisiert hätte. Die objektive Zurechnung wäre mithin zu bejahen gewesen. Fraglich ist, ob ihr Tatentschluss auf eine heimtückische Begehung gerichtet war. Unter Heimtücke versteht man nach h.M. die bewusste Ausnutzung der Arg- und Wehrlosigkeit des Opfers in feindseliger Willensrichtung. Nach Vorstellung der E sollte sich M keines Angriffs auf seine körperliche Unversehrtheit versehen. Er wäre mithin arglos gewesen. Auf dieser Arglosigkeit hätte auch die Wehrlosigkeit des M beruht. Es muss ferner davon ausgegangen werden, dass E mit einer Gegenwehr im Falle der offenen Tötung rechnete, weswegen sie die Heimlichkeit bewusst zur Tötung einsetzte. Da sie auch in feindseliger Willensrichtung handelte, war ihr Tatentschluss auf eine heimtückische Tötung gerichtet. Des Weiteren könnte das Mordmerkmal der Habgier verwirklicht sein. Habgier ist gegeben, wenn der Täter aus einem unnatürlichen Streben nach Gewinn um jeden Preis heraus tötet. Hier wollte E töten, um in den Genuss der Erbschaft und der Lebensversicherung zu gelangen. Es waren finanzielle Interessen, die sie zur Tötung veranlassten, so dass Habgier zu bejahen ist. Der Tatentschluss zur Begehung eines Mordes ist damit verwirklicht. ■

JURIQ-Klausurtipp

In Klausuren wird in Fällen der eben geschilderten Art immer wieder der Fehler gemacht, darauf abzustellen, dass das Tatopfer tatsächlich gar nicht arg- und wehrlos war. Darauf kommt es beim Tatentschluss nicht an. Ausschlaggebend ist einzig die **Vorstellung des Täters**! Des Weiteren werden die objektiven Mordmerkmale gerne beim unmittelbaren Ansetzen geprüft – wohl geleitet von der Vorstellung, dass es sich um tatbezogene Merkmale handelt, die die Handlung näher beschreiben. Der Tatentschluss muss aber **alle objektiven Merkmale** umfassen, mithin also auch die Mordmerkmale, die Sie im objektiven Tatbestand prüfen würden.

Um Fehler in der Klausur zu vermeiden, sollten Sie die Voraussetzungen des objektiven Tatbestandes auf einen Zettel schreiben und dann hintereinander „abarbeiten", indem Sie bei jedem Merkmal danach fragen, ob nach der Vorstellung des Täters dieses Merkmal verwirklicht worden wäre.

10 Von einem Tatentschluss kann nur gesprochen werden, wenn der **Entschluss zur Tat endgültig gefasst** wurde. Bei dem **„tatgeneigten" Täter**, bei dem das **„ob" der Tatbegehung** noch nicht feststeht, fehlt es an der erforderlichen Tatentschlossenheit.[2] **Anders** zu beurteilen sind die Fälle, in denen der Entschluss zur Tat feststeht, die Ausführung jedoch **von bestimmten Bedingungen abhängt**.[3]

Beispiel A begibt sich zu seinem Geschäftspartner B, um diesem die letzte Möglichkeit zu geben, ihm das geschuldete Geld freiwillig zurückzugeben. Für den Fall, dass B seiner Aufforderung nicht nachkommt, plant A, B bewusstlos zu schlagen und das im Safe befindliche Geld an sich zu nehmen.

2 *BGH* StV 1987, 528.
3 *BGH* NStZ 1991, 233; *Jäger* Strafrecht AT Rn. 287.

Hier lag der Tatentschluss des A bereits vor. Von einer Tatgeneigtheit kann nicht gesprochen werden. Die Ausführung hing lediglich von einer Bedingung ab, auf die A keinen Einfluss hatte. In Fällen dieser Art geht man jedoch davon aus, dass der Tatentschluss endgültig gefasst wurde. ■

Beispiel A ist bislang noch unentschlossen, ob er an dem neuen Computerspiel, welches gerade auf den Markt gekommen ist, Interesse hat. Er überlegt jedoch, dass er für den Fall, dass ihn dieses Spiel tatsächlich interessiert, das Taschengeld seines Bruders zum Kauf verwenden könnte, da er selbst pleite ist und das Computerspiel nicht aus eigenen Mitteln bezahlen kann. Vorsorglich schaut er schon einmal in der Schreibtischschublade seines Bruders nach, ob das Geld ausreichen würde.

Hier liegt noch kein Tatentschluss vor, da A sich noch nicht sicher ist, ob er das Computerspiel tatsächlich kaufen möchte und zu diesem Zweck dann auch das Geld seines Bruders benötigen würde. ■

Hinsichtlich des **Vorsatzgrades** reicht dolus eventualis, sofern das von Ihnen geprüfte Delikt nichts anderes voraussetzt, wie z. B. § 226 Abs. 2, der zumindest dolus directus 2. Grades verlangt. Der **Bezugszeitpunkt** ist – wie beim Vorsatz auch – die Vornahme der Tathandlung, also beim Versuch die Handlung oder das Unterlassen, welches das unmittelbare Ansetzen ausmacht und welches Sie im Obersatz benannt haben. 11

» Wenn Sie Zeit haben, sollten Sie an dieser Stelle das Kapitel „Subjektiver Tatbestand", dargestellt im Skript Strafrecht AT I, wiederholen. «

Beispiel „A könnte sich des versuchten Mordes gem. §§ 211, 212, 22, 23 Abs. 1 strafbar gemacht haben, indem sie Gift im Rotwein auflöste und M das Getränk überreichte." ■

Da es beim Tatentschluss nur auf die Vorstellung des Täters ankommt, ist **§ 16 Abs. 1** ohne nennenswerte Bedeutung, da dieser voraussetzt, dass der Täter einen Umstand nicht kennt, den er tatsächlich objektiv verwirklicht hat. Ist dies beim Tatentschluss der Fall, dann war der Tatentschluss schlichtweg nicht auf die Verwirklichung dieses Tatbestandes gerichtet und ist somit zu verneinen. Auch der **error in objecto vel persona** ist unproblematisch. Zu fragen ist nur danach, ob der Täter zum Zeitpunkt des unmittelbaren Ansetzens den Tatentschluss hatte, das anvisierte Objekt zu verletzen.

III. Untauglicher Versuch in Abgrenzung zum Wahndelikt

Wie bereits ausgeführt, ist auch der untaugliche Versuch strafbar. Von einem untauglichen Versuch wird gesprochen, wenn die Ausführung des Tatentschlusses entgegen der Vorstellung des Täters jedenfalls **aus tatsächlichen Gründen** nicht zur Verwirklichung des Unrechtstatbestandes führen kann. Folgende Konstellationen des untauglichen Versuchs sind unproblematisch denkbar: 12

- Versuch am untauglichen Objekt

Beispiel A schießt auf den vermeintlich schlafenden B, der jedoch kurz zuvor einem Herzinfarkt erlegen war. ■

- Versuch mit untauglichen Mitteln

Beispiel A verabreicht B irrtümlich in einer zu geringen Dosierung ein Gift, welches nicht, wie von A geplant zum Tode, sondern lediglich zu schweren Magenkrämpfen führt. ■

- Versuch des untauglichen Subjekts

Beispiel A lässt sich in Unkenntnis der Nichtigkeit seiner Ernennung zum Beamten Schmiergeld von einem Restaurantinhaber geben, welchen er zu kontrollieren hat, damit er die skandalösen hygienischen Zustände, die in diesem Restaurant herrschen, unberücksichtigt lässt. ■

In den vorgenannten Fällen war der Tatentschluss des Täters auf die Verwirklichung eines Straftatbestandes gerichtet, so dass er wegen Versuchs des Deliktes zu bestrafen ist.

13 Straflos ist hingegen der sog. **irreale oder abergläubische Versuch**, bei welchem der Täter mit irrealen Mitteln (z. B. Voodoo-Puppen, Teufelsbeschwörung o. Ä.) einen strafrechtlich relevanten Erfolg herbeiführen möchte. In diesen Fällen stellt der Täter sich schon kein strafbares Verhalten vor, so dass nach herrschender Meinung der Rechtsfrieden nicht nachhaltig erschüttert wird. In der Klausur ist dementsprechend der Tatentschluss zu verneinen.

14 Davon abgrenzen müssen Sie allerdings den **untauglichen Versuch aus grobem Unverstand**, der in § 23 Abs. 3 erwähnt ist. Dieser ist strafbar, jedoch kann das Gericht von Strafe absehen oder die Strafe nach seinem Ermessen mildern. Grober Unverstand liegt vor, wenn der Täter eine völlig abwegige Vorstellung von „Ursache und Wirkung" hat.[4]

Beispiel Hobbyterrorist T versucht mit einem Luftgewehr die über sein Haus hinweg fliegende Maschine der Lufthansa abzuschießen.

Die Abgabe des Schusses ist ein untaugliches Mittel, welches zu keiner Zeit eine Gefährdung für die Maschine herbeiführen konnte. Ein normal vernünftiger Mensch hätte die Untauglichkeit des Mittels ohne Probleme erkannt. Vorliegend kann also der grobe Unverstand des T zu einer Strafmilderung bzw. dem Absehen von Strafe führen. ■

15 Von dem untauglichen Versuch ist das **Wahndelikt** zu unterscheiden. Ebenso wie beim untauglichen Versuch stellt der Täter sich irrig etwas vor. Im Gegensatz zum untauglichen Versuch führt diese irrige Vorstellung allerdings zur **Straflosigkeit**.

Beim **untauglichen Versuch** stellt der Täter sich eine Sachlage vor, bei deren wirklichen Vorliegen sein Handeln den gesetzlichen Tatbestand erfüllen würde **(umgekehrter Tatbestandsirrtum)**.[5] Der Täter irrt in tatsächlicher Hinsicht.

Beispiel A verabreicht B ein Gift in zu geringer Dosierung in der Annahme, die Dosierung sei ausreichend gewählt worden. Hätte A die richtige Dosierung gewählt, wäre auch entsprechend der Vorstellung des A der Tod des B eingetreten. Während beim Tatbestandsirrtum der Täter ein Merkmal des objektiven Tatbestandes nicht kennt, welches jedoch tatsächlich vorliegt, nimmt der Täter beim untauglichen Versuch ein objektives Tatbestandsmerkmal an, welches tatsächlich nicht vorliegt (hier Wirksamkeit des Mittels). Ein Vorsatz ausschließender Tatbestandsirrtum hätte vorgelegen, wenn A in richtiger Dosierung Gift in den Kaffee des B geschüttet hätte, in der Annahme, dass es sich lediglich um ein harmloses Schlafmittel handele, welches B in Tiefschlaf versetzt. ■

16 Beim **Wahndelikt** hingegen erkennt der Täter in tatsächlicher Hinsicht sein Verhalten und dessen Konsequenzen richtig, er glaubt jedoch irrig infolge einer Verkennung der jeweils einschlägigen Strafrechtsregeln, er sei strafbar. Hier können Ihnen sämtliche **Irrtümer in umge-**

4 *BGHSt* 41, 94.
5 *BGHSt* 42, 268; *Wessels/Beulke* Strafrecht AT Rn. 621.

kehrter Gestalt begegnen, die Sie im Skript Strafrecht AT kennen gelernt haben. Abhängig vom Bezugspunkt des Irrtums sind folgende Konstellationen des Wahndeliktes denkbar:

- **Umgekehrter Verbotsirrtum:** Der Täter nimmt zu seinen Ungunsten eine Strafrechtsnorm an, die in Wahrheit nicht existiert (**normaler Verbotsirrtum**: Der Täter kennt die Strafrechtsnorm nicht, gegen die sein Verhalten verstößt).

Beispiel Politiker W glaubt irrtümlich, die gleichgeschlechtliche Liebe verstoße gegen das StGB. ■

> **JURIQ-Klausurtipp**
>
> Dieser Fall wird Ihnen in der Klausur nicht begegnen. Er kann strafrechtlich nicht geprüft werden, da es **keinen Straftatbestand** gibt, den Sie im Obersatz benennen könnten!

- **Umgekehrter Erlaubnisirrtum:** Der Täter hält irrtümlich sein tatsächlich gerechtfertigtes Verhalten für strafbar, weil er entweder den Rechtfertigungsgrund nicht kennt oder aber die Grenzen des Rechtfertigungsgrundes zu seinen Ungunsten verengt, wobei er sich jedoch verteidigen möchte (**normaler Erlaubnisirrtum**: der Täter ist objektiv nicht gerechtfertigt, glaubt jedoch, es zu sein, weil er einen Rechtfertigungsgrund annimmt, den es nicht oder so nicht gibt).

Beispiel Dieb D versucht am Hauptbahnhof, dem A den Koffer zu entreißen. A erwehrt sich dieses Angriffs, indem er auf D mit einem Regenschirm einschlägt, bis dieser vom Koffer ablässt. Mit schlechtem Gewissen meldet er sich daraufhin bei der Polizeiwache, um die vermeintlich strafbare Körperverletzung zur Anzeige zu bringen. Der Polizei erklärt er, dass er schon wisse, dass man sich verteidigen dürfe. Er glaube aber, dabei keine Gewalt anwenden zu dürfen. Allerdings habe er sich nicht anders zu helfen gewusst.

Hier hat A nicht gewusst, dass § 859 Abs. 1 BGB auch die Anwendung von Gewalt erlaubt und hat somit irrig eine Rechtswidrigkeit angenommen, die es hier nicht gibt. ■

> **JURIQ-Klausurtipp**
>
> Eine solche Fehlvorstellung würden Sie **bei der Prüfung des vollendeten Delikts ansprechen**, indem Sie danach fragen, ob A mit Verteidigungswillen gehandelt hat, was zu bejahen ist. In diesem Zusammenhang können Sie dann direkt darauf hinweisen, dass ein strafloses Wahndelikt vorliegt.

Schwierig und damit klausurrelevant ist die Abgrenzung zwischen strafbarem untauglichen Versuch und straflosem Wahndelikt bei einem Irrtum über die **normativen Tatbestandsmerkmale**. Bei diesen Tatbestandsmerkmalen muss der Täter nicht nur Sachverhaltskenntnis, sondern auch Bedeutungskenntnis haben, d. h. er muss das wertungsausfüllungsbedürftige Merkmal als juristischer Laie richtig erfasst haben. 17

» Spätestens jetzt sollten Sie das Kapitel „subjektiver Tatbestand“ und dort das Thema „Abgrenzung Tatbestandsirrtum – Subsumtionsirrtum“ wiederholen. «

Damit kommen wir zur dritten möglichen Konstellation: 18

- **Umgekehrter Subsumtionsirrtum:** Der Täter hat die volle Tatsachen- und Bedeutungskenntnis der objektiven Tatbestandsmerkmale, verkennt jedoch infolge falscher Auslegung den Sinngehalt der Norm und überdehnt den Anwendungsbereich zu seinen Ungunsten (**normaler Subsumtionsirrtum:** der Täter hat volle Tatsachen- und Bedeutungskenntnis, verengt den Tatbestand jedoch zu seinen Gunsten).

Beispiel A verursacht mitten in der Nacht bei -20°C einen Unfall, indem er auf ein stehendes Fahrzeug auffährt. Nachdem er die ganze Nacht am Unfallort ausgeharrt hat, entfernt er sich nach 12 Stunden und begibt sich sofort zur Polizeiwache, um seine Personalien feststellen zu lassen. Dort gibt er an, dass er sich der Unfallflucht nach § 142 strafbar gemacht habe, weil er nicht bis zum Eintreffen des Geschädigten am Unfallort gewartet habe.

Hier hat A gewusst, dass er als Unfallbeteiligter am Unfallort wartepflichtig ist. Er hat jedoch zu seinen Ungunsten die Wartepflicht zeitlich überdehnt. Durch das Entfernen vom Unfallort nach mehrstündigem Warten und das Aufsuchen der Polizeidienststelle hat A sich keinesfalls strafbar gemacht, da ihm aufgrund der Witterungsumstände schon nicht zuzumuten war, länger als eine halbe Stunde am Unfallort auszuharren. Sie würden den objektiven Tatbestand des § 142 Abs. 1 aus diesem Grund verneinen. Auch eine Strafbarkeit gem. Abs. 2 kommt nicht in Betracht, da A unverzüglich die Feststellungen nachholte. ■

JURIQ-Klausurtipp

Diese Abgrenzungsproblematik ist **beim Tatentschluss** zu diskutieren. Fraglich wird nämlich regelmäßig sein, ob der Tatentschluss auf die Verwirklichung eines objektiven Tatbestandes gerichtet war.

Beispiel Problematischer ist folgender Fall: Arzt A hat bei der Patientin P eine Nierenzystenpunktion vorgenommen, ohne die P über das zwar geringe aber dennoch bestehende Risiko eines Organverlustes aufgeklärt zu haben. Wenig später wird P von einem anderen Arzt das Organ entnommen, weil es geschädigt ist. P verklagt daraufhin A, weil sie davon ausgeht, dass die Punktion ursächlich für die Schädigung des Organs war. A geht davon aus, zwar keinen Behandlungsfehler gemacht zu haben. Gleichwohl glaubt er aber, dass die P schon deshalb einen Anspruch auf Zahlung eines Schmerzensgeldes gegen ihn habe, weil er sie nicht ordnungsgemäß aufgeklärt hat. Um sich vor einer Verurteilung im Zivilprozess zu schützen, legt er manipulierte Behandlungsunterlagen vor, aus denen sich die angebliche Aufklärung ergibt. Später stellt sich heraus, dass der Schadensersatzanspruch tatsächlich nie bestand, weil die Handlung des A nicht kausal war für die eingetretene Verletzung der P.[6]

Fraglich ist, ob A sich wegen Prozessbetruges nach § 263 strafbar gemacht hat. Durch das Einreichen der manipulierten Behandlungsunterlagen hat er eine Täuschung begangen, die wahrscheinlich auch zu einem Irrtum des Richters führte. Dieser Irrtum führte dann allerdings nicht zum klageabweisenden Urteil, da der Anspruch der P aufgrund der fehlenden Kausalität zwischen der Behandlung durch A und der eingetretenen Verletzung abgewiesen wurde. Damit bestand nie ein Anspruch der P, so dass diese durch Aberkennung des Anspruchs auch keinen Schaden erlitt.

In der Klausur müssten Sie nun danach fragen, ob A sich wegen versuchten Betruges gem. §§ 263 Abs. 1 und 2, 22, 23 Abs. 1 strafbar gemacht haben könnte. ■

6 Vgl. dazu *BGH* NJW 1997, 750.

In Literatur und Rechtsprechung werden zur Abgrenzung **verschiedene Lösungsansätze** vertreten. 19

- **Die Lehre vom Umkehrschluss**

Überwiegend wird zur Abgrenzung zwischen untauglichem Versuch und Wahndelikt auf die Abgrenzung zwischen Tatbestandsirrtum und Subsumtionsirrtum zurückgegriffen. Die dortigen Prinzipien werden im Wege eines **Umkehrschlusses** entsprechend übertragen.

Demnach soll ein strafloses Wahndelikt ein umgekehrter Subsumtions-/Verbotsirrtum sein, während der untaugliche Versuch die Kehrseite des Tatbestandsirrtums darstelle.[7]

Konkret wird also wie bei der Abgrenzung danach gefragt, ob der Täter als juristischer Laie die Norm bzw. das Tatbestandsmerkmal richtig verstanden hat. Liegt dieses Verständnis vor, wird ein untauglicher Versuch angenommen.

- **Die Lehre von der versuchsbegründenden Wirkung jedes Vorfeldirrtums**

Nach einer anderen Ansicht soll stets ein untauglicher Versuch vorliegen, wenn der Täter einem **Rechtsirrtum im „Vorfeld des Tatbestands"** unterlegen ist und deshalb den in Betracht kommenden Straftatbestand nicht verwirklichen kann.[8] Rechtsirrtümer im Vorfeld des Tatbestands sind insbesondere solche über „Verweisungsbegriffe", also über Merkmale, zu deren Bestimmung außertatbestandliche Normen herangezogen werden müssen. Soweit der Täter nur solche außertatbestandlichen Normen – wie z. B. entsprechenden Vorschriften aus der StPO hinsichtlich der Zuständigkeit zur eidlichen Vernehmung – fehlerhaft auslege, begehe er einen grundsätzlich strafbaren untauglichen Versuch.

- **Die Lehre von der Straflosigkeit aller selbstbelastenden Rechtsirrtümer**

Nach einer extremen Gegenposition führt **jeder Rechtsirrtum über normative Tatbestandsmerkmale**, gleichgültig, ob im Vorfeld des Tatbestands oder über die Bedeutung der Tatbestandsmerkmale selbst, zu einem **straflosen Wahndelikt**.[9] Normative Tatbestandsmerkmale zeichnen sich gerade dadurch aus, dass sie zu ihrer Bestimmung auf außertatbestandliche Rechtsnormen verweisen. Durch diese Verweisung wirken auch jene Normen hinsichtlich der Extension und dem Anwendungsbereich eines Straftatbestands konstitutiv. Folglich stellt sich ein Rechtsirrtum im Vorfeld der Tat nicht anders dar als jeder andere Rechtsirrtum. Der Täter verkennt hier wie dort den Anwendungsbereich des Straftatbestands und dehnt ihn zu seinen Lasten aus. Er interpretiert in ein normatives Tatbestandsmerkmal etwas hinein, was objektiv besehen nicht davon erfasst ist. In diesen Fällen muss nach dieser Lehre von einem Wahndelikt ausgegangen werden.

Beispiel Nach der Vorstellung des A im obigen Fall sollte die Täuschungshandlung kausal einen Irrtum hervorrufen. Auf diesem Irrtum sollte kausal das klageabweisende Urteil und damit die Vermögensverfügung und der Vermögensschaden beruhen. Der Schaden hätte nach der rechtsirrigen Vorstellung des A in der Aberkennung des Anspruchs, der auf einer unterbliebenen Belehrung beruhte, bestanden. Das Ganze sollte nach der Vorstellung des A auch eine rechtswidrige Bereicherung darstellen. Dass ein Vermögensschaden auf der Seite des Opfers niemals eintreten konnte, weil das Opfer gegenüber A keinen zivilrechtli-

7 Vgl. *BGH* NStZ 1997, 431, 432 mit zustimmender Anm. *Kudlich* NStZ 1997, 432, 433 f.; *BGHSt* 15, 210, 212; 14, 345, 350; 13, 235, 239 f.; *Wessels/Beulke* Strafrecht AT Rn. 621 ff.

8 *Blei* JA 1973, 604; *Herzberg* JuS, 1980, 472 ff.

9 *Burkhardt* JZ 1981, 683 ff.; *Jakobs* Strafrecht AT, 2. Aufl. 1991, § 25 Rn. 42.

chen Anspruch hatte, wusste A nicht. Ebenso wenig wusste er, dass aufgrund dessen die erstrebte Bereicherung auch nicht rechtswidrig war. Nach Auffassung des BGH stellte sein diesbezüglicher Irrtum jedoch kein Wahndelikt dar, sondern einen strafbaren untauglichen Versuch, da A dem Grunde nach § 263 richtig erkannt habe. Er habe gewusst, dass es um die Zufügung eines Vermögensschadens auf Seiten des B ginge und dass ein solcher Schaden beim Prozessbetrug in der Aberkennung eines Anspruchs liegt, was grundsätzlich zutreffend ist. Aufgrund dessen habe er das Wesen des § 263 zutreffend erfasst.[10] Zu demselben Ergebnis würde die Lehre von der versuchsbegründenden Wirkung jedes Vorfeldirrtums gelangen, da sich der Irrtum des A auf Normen des Zivilrechts bezieht. Lediglich die Lehre von der Straflosigkeit aller selbstbelastenden Rechtsirrtümer würde zu einem straflosen Wahndelikt gelangen. Ihr ist zugute zu halten, dass es aus (zivil-) rechtlichen Gründen niemals zu einer Strafbarkeit des A kommen konnte, da es den von ihm vorgestellten Anspruch nicht gibt. Die Auffassung würde allerdings den tatsächlich vorhandenen Handlungsunwert, der darin liegt, dass A § 236 zutreffend erfasst hat, unberücksichtigt lassen. ■

JURIQ-Klausurtipp

Die Abgrenzung untauglicher Versuch – Wahndelikt gehört zusammen mit den anderen Irrtumsproblematiken zu den schwierigen Problemen im Strafrecht. Sie liegen in der Klausur „ganz weit vorne", wenn Sie die **Problematik erkannt, benannt und jedenfalls mit der herrschenden Meinung gelöst** haben. Dazu müssen Sie sich immer fragen: „Hat der Täter die Norm/das Tatbestandsmerkmal verstanden?" Wird diese Frage bejaht, so liegt nach h.M. ein untauglicher Versuch vor.

IV. Unmittelbares Ansetzen

20 Nachdem Sie anhand des Tatentschlusses ermittelt haben, welche Tat der Täter begehen wollte, müssen Sie nun prüfen, ob der Täter Handlungen vorgenommen hat, mit welchen er **gem. § 22 unmittelbar zur Tat angesetzt** hat.

Eine **Straftat** durchläuft dabei grundsätzlich **verschiedene Entwicklungsstufen**.

Zunächst fasst der Täter den Entschluss zur Begehung der Straftat, dann wird die Straftat entsprechend diesem Entschluss vorbereitet. Die Vorbereitung mündet in der Ausführung der Tat und der Verwirklichung des Tatbestandes. Damit ist die Tat jedenfalls vollendet. Der Täter hat sich strafbar gemacht. Sofern es sich um ein Dauerdelikt oder um ein Delikt mit überschießender Innentendenz handelt, kommt nach der Vollendung die Beendigung, bei welcher die Tat ihren tatsächlichen Abschluss findet.

10 *BGH* NJW 1997, 750.

Problematisch beim Versuch ist die **Abgrenzung des unmittelbaren Ansetzens von der straflosen Vorbereitungshandlung**. 21

Nach der in der Klausur zugrunde zu legenden, herrschenden **„gemischt subjektiv-objektiven Theorie"** [11] liegt ein unmittelbares Ansetzen dann vor, wenn

- der Täter (subjektiv) **die Schwelle zum „Jetzt geht's los"** überschritten hat.[12]
- die Handlung **nach dem Plan des Täters** so eng mit der Ausführungshandlung verknüpft ist, dass sie bei ungestörtem Fortgang ohne Zäsur und **ohne weitere wesentliche Zwischenschritte** unmittelbar in die Verwirklichung des Tatbestandes münden kann und
- somit aus der Sicht des Täters das **Angriffsobjekt schon konkret gefährdet** erscheint.[13]

Sie können sich also folgende Kurzdefinition merken:

> Ein **unmittelbares Ansetzen** liegt vor, wenn Täter die Schwelle zum „Jetzt geht,s los" überschritten hat, aus seiner Sicht keine weiteren Zwischenakte mehr nötig sind und das Rechtsgut konkret gefährdet ist.

Unter Zugrundelegung dieser Definition können Sie die Abgrenzung wie folgt vornehmen: 22

- Hat ein Täter die **Ausführungshandlung** des jeweiligen Tatbestandes **vorgenommen**, so liegt grundsätzlich das unmittelbare Ansetzen vor, sofern das Opfer keine Mitwirkungshandlung vornehmen muss.

Beispiel A hat mit Tötungsvorsatz auf B eingestochen, B überlebt diesen Angriff jedoch aufgrund einer sofort eingeleiteten, ärztlichen Rettungsmaßnahme.

Hier liegt unproblematisch ein versuchter Totschlag vor. Mit dem Zustechen hat A die erforderliche tatbestandsmäßige Handlung ausgeführt, so dass die Schwelle von der straflosen Vorbereitungshandlung zur strafbaren Ausführungshandlung überschritten wurde. ■

- Begibt sich der Täter zum Opfer oder wird dem Opfer aufgelauert, so beginnt der Versuch erst dann, wenn aus Tätersicht **zwischen Täter und Opfer** eine **räumlich-zeitliche Nähebeziehung** hergestellt ist, die es dem Täter ermöglicht, sofort auf das Opfer einzuwirken. 23

Beispiel Um einen Tankwart auszurauben, klingeln A und B, mit Strumpfmasken über dem Gesicht und schussbereiten Pistolen in der Hand, an der Haustür des Tankwarts in der Erwartung, dass dieser die Haustüre öffnen werde. Es ist geplant, sofort mit der Pistole zu drohen, den Tankwart zu fesseln und dann zur Duldung der Wegnahme des Geldes zu nötigen. Wider Erwarten erscheint jedoch niemand.

Der BGH[14] hat in diesem Fall das unmittelbare Ansetzen zum Raub gemäß §§ 249, 250 bejaht, da die räumlich-zeitliche Nähebeziehung zwischen dem Täter und dem Opfer aus Sicht des Täters hergestellt war. Wäre der Tankwart, wie geplant, erschienen, hätten die Ausführungshandlungen des Raubes (Gewaltanwendung) sofort vorgenommen werden können. ■

11 Vgl. zum Meinungsstand *Jäger* Strafrecht AT Rn. 294 ff.
12 *BGH* wistra 2002, 263.
13 *BGHSt* 30, 363; *BGH* JR 2000, 293; *BGHSt* 40, 299.
14 *BGHSt* 26, 201.

Beispiel In das Haus des Apothekers A ist eingebrochen worden. Die Täter hatten hohen Sachschaden angerichtet und einen Großteil der Gegenstände auf dem Speicher des Anwesens bereit gestellt, so dass es denkbar war, dass sie zurückkehren werden, um diese abzutransportieren. Dem A fiel auf, dass aus einer Flasche Kräuterschnaps getrunken worden war. Er tauscht daraufhin den restlichen Inhalt der Schnapsflasche gegen die gleiche Menge eines lebensgefährlichen Giftes aus in der Annahme, dass die Täter, wenn sie zum Abtransport wieder erscheinen, aus der Flasche trinken und dadurch zu Tode kommen könnten. Gemeinsam mit der Polizei legt sich A alsdann auf die Lauer. Nach geraumer Zeit überkommt ihn das schlechte Gewissen, weil er befürchtet, dass andere Personen aus der Flasche trinken könnten und beseitigt den vergifteten Schnaps.[15]

Hier hat der BGH das unmittelbare Ansetzen verneint, da es aus Sicht des A zwar möglich aber noch ungewiss war, ob die Täter zurückkehren und dann auch aus der Flasche trinken werden. Ein zeitlich räumlicher Zusammenhang bestand noch nicht. ■

24 • Muss das **Opfer eine Mitwirkungshandlung** vornehmen, damit der tatbestandliche Erfolg eintritt, liegt konstruktiv eine **mittelbare Täterschaft** vor. Das unmittelbare Ansetzen beginnt jedenfalls dann, wenn das Opfer die Handlung vornimmt aber auch schon, wenn **der Täter das Geschehen aus der Hand gibt**, so dass nach seiner Vorstellung die Tat ohne wesentliche Zwischenschritte unmittelbar in die Verwirklichung einmünden kann und das Rechtsgut konkret gefährdet ist.[16]

Beispiel In dem obigen Vergiftungsfall (Rn. 9) lag das unmittelbare Ansetzen vor, da Ehemann M den Rotwein getrunken hatte. Es hätte aber auch schon dann vorgelegen, wenn E ihm den Wein hingestellt und dann das Zimmer verlassen hätte. ■

25 • Bei **Qualifikationstatbeständen** beginnt der Versuch nicht früher als der Versuch des Grunddeliktes.[17]

Beispiel Das Beschaffen einer Waffe stellt demgemäß noch kein unmittelbares Ansetzen zum Diebstahl gemäß §§ 242, 244 Abs. 1 Nr. 1a dar, sofern nicht auch beispielsweise durch Einschlagen der Fensterscheibe und Betreten des Hauses zum Grunddelikt unmittelbar angesetzt wurde. ■

» Sofern Sie Zeit haben, können Sie an dieser Stelle den erfolgsqualifizierten Versuch und die versuchte Erfolgsqualifikation wiederholen, dargestellt im Skript Strafrecht AT I. «

26 • Bei **Erfolgsqualifikationen** ist teilweise umstritten, ob es den erfolgsqualifizierten Versuch überhaupt gibt. Ein solcher liegt vor, wenn das Grunddelikt im Versuch stecken geblieben ist und dabei bereits die schwere Folge eingetreten ist. Grundsätzlich gilt jedoch auch hier, dass der Versuch erst mit dem unmittelbaren Ansetzen zum Grunddelikt beginnt.

Beispiel A möchte B mit einem Baseballschläger zusammenschlagen. B will diesem Schlag ausweichen, fällt dabei aber die Treppe zur U-Bahn hinab und bricht sich das Genick.

15 *BGHSt* 43, 177.
16 *Wessels/Beulke* Strafrecht AT Rn. 613.
17 SK-*Rudolphi* § 22 Rn. 18.

Hier hat A zur Körperverletzung durch das Schlagen mit dem Baseballschläger unmittelbar angesetzt. Er hat sich somit jedenfalls gem. §§ 223, Abs. 1 und 2, 22, 23 strafbar gemacht. Ob er sich auch gem. §§ 227, 22, 23 strafbar gemacht hat, hängt davon ab, ob man beim Unmittelbarkeitszusammenhang an die Körperverletzungshandlung oder an den Körperverletzungserfolg anknüpfen möchte. Dieses Thema wird ausführlich dargestellt im Skript Strafrecht AT I und Strafrecht BT I. ■

- Bloße **Vorbereitungshandlungen** sind nach dieser Definition all jene Handlungen, die die Ausführung der späteren Tat nur ermöglichen oder erleichtern sollen. So genügt die **Verabredung zur späteren Tat** regelmäßig noch nicht, um das unmittelbare Ansetzen zu bejahen.[18] 27

Beispiel A plant gemeinsamt mit B, dass dieser zu seinen Gunsten in der Hauptverhandlung uneidlich falsch aussagen soll. Zu der Aussage des B kommt es jedoch nicht mehr, weil in der Hauptverhandlung mit der Staatsanwaltschaft eine Einstellung des Verfahrens nach § 153a StPO vereinbart wird.

Hier ist der Rechtsfrieden durch die Verabredung von A und B nicht erschüttert worden. Etwas anderes gilt lediglich für den Fall, dass eine Verabredung zum Verbrechen stattfindet. Hier kommt eine Bestrafung gemäß § 30 in Betracht. ■

- Das **Ausforschen von Tatmöglichkeiten** sowie die Schaffung von Gelegenheiten für eine später zu begehende Tat begründen ebenfalls noch kein unmittelbares Ansetzen.

Beispiel A kundschaftet in Köln Gegenden aus, in denen Autos der Luxusklasse stehen, um diese am darauf folgenden Tag zu stehlen. Ferner besorgt er sich für diese Wagen gefälschte Nummernschilder und Papiere. Bevor er am nächsten Tag jedoch seinen Beutezug antreten kann, wird er von der Polizei festgenommen.

Auch hier kann nicht von einem strafbaren Versuch des Diebstahls ausgegangen werden. Die Maßnahmen, die A ergriffen hat, dienten lediglich der Vorbereitung. Zur Ausführung des Deliktes waren noch weitere wesentliche Zwischenakte, nämlich das Aufsuchen des Tatortes und das Aufbrechen der Autos notwendig. Auch war subjektiv die Schwelle zum „Jetzt geht,s los" noch nicht überschritten worden. ■

JURIQ-Klausurtipp

In der Klausur wird es an dieser Stelle vor allem darauf ankommen, dass Sie mit dem Sachverhalt arbeiten und eine **nachvollziehbare Argumentation** liefern. Ob Sie dann das unmittelbare Ansetzen bejahen oder verneinen, ist im Ergebnis häufig irrelevant. Gelegentlich kann es jedoch „klausurtaktische" Gründe geben, das unmittelbare Ansetzen zu bejahen, wie z. B. im Übungsfall Nr. 1.

18 *BayObLG* NJW 1986, 202.

C. Rechtswidrigkeit und Schuld

28 Insofern gibt es keine versuchstypischen Besonderheiten, so dass auf die allgemeinen Grundsätze Bezug genommen wird.

D. Rücktritt vom Versuch

I. Überblick

29 Nach der Schuld müssen Sie sich, sofern Anhaltspunkte dafür vorliegen, mit der Frage beschäftigen, ob der Täter gem. § 24 vom Versuch zurückgetreten ist. § 24 unterscheidet dabei zwischen dem **Rücktritt des Alleintäters (Abs. 1)** und dem **Rücktritt bei mehreren Tatbeteiligten (Abs. 2).** Wir werden uns nachfolgend mit dem Rücktritt des Alleintäters vom Begehungsdelikt beschäftigen.

§ 24 Abs. 1 befasst sich mit dem Rücktritt vom unbeendeten, vom beendeten und vom untauglichen Versuch. Gem. **§ 24 Abs. 1 Satz 1** wird wegen Versuchs derjenige nicht bestraft, der freiwillig die weitere Ausführung der Tat aufgibt **(unbeendeter Versuch)** oder deren Vollendung verhindert **(beendeter Versuch)**. Sofern die Tat ohne Zutun des Zurücktretenden nicht vollendet wurde, wird der Täter straflos, wenn er sich freiwillig und ernsthaft bemüht, die Vollendung zu verhindern **(untauglicher Versuch)**.

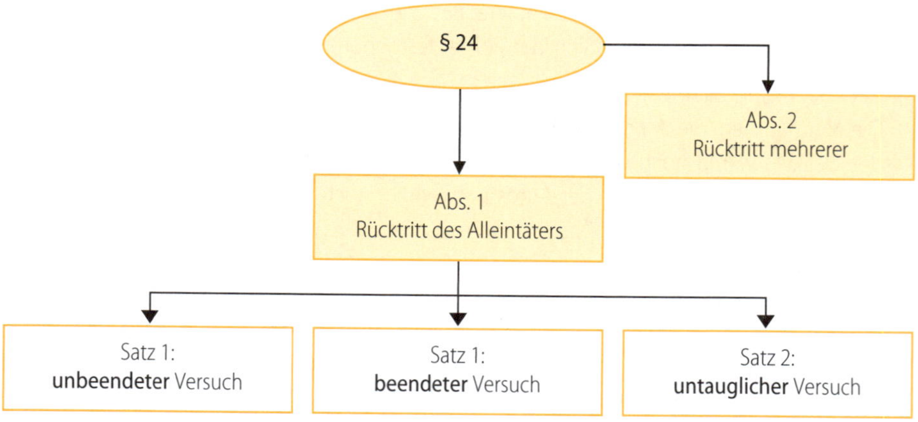

30 Der freiwillige Rücktritt stellt einen **persönlichen Strafaufhebungsgrund** dar, da er die bereits eingetretene Versuchsstrafbarkeit rückwirkend wieder aufhebt.[19] In Literatur und Rechtsprechung wird allerdings die **rechtstheoretische Begründung des Rücktritts** unterschiedlich vorgenommen. In der **Rechtsprechung** wird davon ausgegangen, dass bei einem Rücktritt das Strafbedürfnis entfalle, weil der verbrecherische Wille und die damit einhergehende Gefährlichkeit des Täters sich nachträglich als wesentlich geringer erwiesen hätten mit der Folge, dass eine Bestrafung wegen Versuchs nicht mehr nötig sei, um den Täter von künftigen Straftaten abzuhalten, um andere abzuschrecken und die verletzte Rechtsordnung wieder herzustellen (sog. **Strafzwecktheorie**).[20] Nach der **kriminalpolitischen Theorie** wird

19 *BGH* StV 1982, 1; *Jäger* Strafrecht AT Rn. 312.
20 *BGHSt* 9, 48, 1475.

dem Täter mit dem Rücktritt eine goldene Brücke zur Rückkehr in die Legalität gebaut, welche ihm Anreiz bieten soll, die verbrecherische Tätigkeit aufzugeben.[21] Die **Verdienstlichkeitstheorie** stellt darauf ab, dass das Gesetz den Täter bei einem freiwillig gewählten Rücktritt durch die Gewährung von Straffreiheit belohne.[22]

Sofern die Voraussetzungen des Rücktritts gegeben sind, ist der Versuch des von Ihnen geprüften Delikts straflos. Beachten Sie jedoch, dass eine andere, zugleich mit dem Versuch bereits **vollendete Straftat trotz des Rücktritts strafbar** bleibt. 31

Beispiel A sticht mit Tötungsvorsatz auf B ein, nimmt jedoch, nachdem er ihn an der Schulter getroffen hat, von weiteren Stichen Abstand, weil ihn das schlechte Gewissen überkommen hat.

Hier liegt neben dem versuchten Totschlag, von dem A strafbefreiend zurückgetreten ist, weil er die weitere Ausführung der Tat aufgegeben hat, einen vollendete gefährliche Körperverletzung gemäß den §§ 223, 224 Abs. 1 Nr. 2 vor. Diese vollendete Körperverletzung wird vom Rücktritt nicht erfasst. ■

Neben dem unbeendeten, beendeten und untauglichen Versuch gibt es ferner noch den **fehlgeschlagenen Versuch**, von welchem ein Rücktritt nicht möglich ist. In Anbetracht dessen müssen Sie in der Klausur die **Prüfung des Rücktritts** damit beginnen, festzustellen, ob ein fehlgeschlagener Versuch vorliegt. Sofern Sie das bejaht haben, ist die Prüfung des Rücktritts beendet. Haben Sie hingegen den Fehlschlag verneint, müssen Sie alsdann entscheiden, ob ein unbeendeter, beendeter oder untauglicher Versuch vorliegt, weil davon die Rücktrittsvoraussetzungen abhängen. Schließlich müssen Sie überprüfen, ob der Täter freiwillig vom Versuch zurückgetreten ist. Der **Prüfungsaufbau** sieht mithin wie folgt aus: 32

Der Rücktritt vom Versuch

PRÜFUNGSSCHEMA

I. Rücktritt möglich?
1. Fehlgeschlagener Versuch?
   - sukzessive Tatbegehung Rn. 36
2. Außertatbestandliche Zielerreichung? Rn. 39
3. Rücktritt vom erfolgsqualifizierten Versuch?[23] Rn. 50

II. Abgrenzung unbeendeter / beendeter Versuch
1. bei unbeendetem Versuch: Aufgabe der weiteren Tatausführung
   - misslungener Rücktritt Rn. 44
2. beim beendeten Versuch: Verhinderung der Vollendung
   - Anforderungen an die Verhinderung Rn. 45
3. beim beendeten untauglichen Versuch: ernsthaftes Bemühen

III. Freiwilligkeit

21 *Puppe* NStZ 1984, 490.
22 *Wessels/Beulke* Strafrecht AT Rn. 626.
23 S. Übungsfall Nr. 1.

II. Fehlgeschlagener Versuch

33 Ein „Aufgeben der Tat" oder eine „Verhinderung der Vollendung" ist nur dann möglich, wenn aus Sicht des Täters der Erfolg noch herbeigeführt werden kann. Geht der Täter hingegen davon aus, dass das Delikt nicht mehr verwirklicht werden kann, ist kein Raum für eine Strafbefreiung.

Beispiel A steigt nachts in das Juweliergeschäft des J ein, um aus dessen Safe wertvolle Diamanten zu rauben. Nachdem er den Safe mühevoll geöffnet hat, muss er feststellen, dass dieser an diesem Abend wider Erwarten leer ist.

Im vorliegenden Fall kommt ein Rücktritt zu Gunsten des A nicht in Betracht, da der Erfolg nicht hätte eintreten können und A dies auch erkannt hat. Nach keiner der oben dargestellten Begründungstheorien gibt es einen Grund dafür, das Strafbedürfnis entfallen zu lassen. ■

Nach überwiegender Auffassung liegt in Fällen dieser Art ein **fehlgeschlagener Versuch** vor, der von § 24 nicht erfasst wird und von welchem dementsprechend ein Rücktritt nicht möglich ist.[24]

Fehlgeschlagen ist ein Versuch dann, wenn der Täter entweder tatsächlich erkennt oder nur irrig annimmt, dass die Vollendung der geplanten Tat mit den ihm zur Verfügung stehenden Mitteln und ohne zeitliche Zäsur nicht mehr möglich ist.[25]

Nach gegenteiliger Auffassung unterfällt zwar auch dieser Versuch dem § 24, verneint wird jedoch anschließend die Freiwilligkeit des Rücktritts, so dass der Täter sich ebenfalls wegen Versuchs strafbar gemacht hat.

JURIQ-Klausurtipp

Da beide Auffassungen zur Strafbarkeit des Täters gelangen, ist es **nicht erforderlich**, die **unterschiedlichen Meinungen darzustellen**. Gehen Sie in der Klausur nach dem obigen Aufbauschema vor und fangen Sie mit der Frage an, ob ein fehlgeschlagener Versuch vorliegt, von welchem ein Rücktritt nicht möglich ist.

34 Beachten Sie, dass auch hier ausschließlich **auf die Vorstellung des Täters** abgestellt wird. Ein fehlgeschlagener Versuch liegt mithin vor,

- wenn der Versuch von vornherein **untauglich** war und der **Täter dies schließlich erkennt** (erkennt er die Untauglichkeit nicht, so bleibt ein Rücktritt möglich!)
- wenn der Versuch tauglich war, der **Täter** aber **irrig annimmt, er sei untauglich**
- wenn der Versuch zunächst tauglich war, die Handlung aber nicht zum Erfolg führte und dem **Täter nach seiner Auffassung keine anderen Möglichkeiten** zur Verfügung stehen, den Erfolg noch herbeizuführen.

Beispiel Im obigen Beispiel (Rn. 33) war der Versuch von vornherein untauglich, da das Tatobjekt nicht vorhanden war. Diese Untauglichkeit hat A schließlich nach dem Öffnen des Safes erkannt. ■

24 *BGHSt* 35, 90; *Wessels/Beulke* Strafrecht AT Rn. 628.
25 *Wessels/Beulke* Strafrecht AT Rn. 628.

Beispiel A steigt wiederum in das Juweliergeschäft des J ein, um dessen Safe zu knacken und die dort vermuteten Juwelen zu stehlen. Als er sich jedoch dem Safe nähert, erkennt er, dass J noch anwesend ist und aus dem Safe einen großen schwarzen Samtbeutel an sich nimmt und damit verschwindet. Enttäuscht geht A davon aus, dass in diesem Beutel die Diamanten enthalten sind und verlässt das Geschäftslokal. In Wahrheit hat J lediglich wertvolle Unterlagen aus dem Safe entnommen, die Diamanten lagerten dort nach wie vor.

Auch hier liegt ein fehlgeschlagener Versuch vor. Zwar bestand objektiv noch die Möglichkeit der Tatvollendung. A ging jedoch irrig davon aus, dass diese Tatvollendung für ihn unter den gegebenen Umständen nicht mehr möglich sei. ■

Beispiel A möchte seinen ihm körperlich überlegenen Nebenbuhler B mit einem Schuss aus der Waffe seines Großvaters töten. Der erste Schuss verfehlte B jedoch, weil A infolge seiner Nervosität nicht richtig zielte. Einen weiteren Schuss kann A nicht mehr abgeben, da die Waffe plötzlich Ladehemmung hatte. Das in der Nähe liegende, 30 cm lange Messer sieht A nicht, so dass er die Flucht ergreift.

Hier ist A nach der Abgabe des Schusses davon ausgegangen, dass er B, der ihm körperlich überlegen ist, nicht mehr töten kann. ■

Streitig ist, ob man auch bei sog. **psychischer Unmöglichkeit** von einem fehlgeschlagenen 35
Versuch ausgehen kann.

Beispiel A überfällt auf dem Nachhauseweg von hinten eine Frau, um sie zu vergewaltigen. Unmittelbar nachdem er sie ins Gebüsch gezerrt hat, erkennt er jedoch, dass es sich um eine gute Bekannte von ihm handelt, woraufhin er Hemmungen bekommt und von ihr ablässt. ■

In der **Literatur** wird teilweise der Fehlschlag bejaht.[26] Der **BGH** hat in obigem Fall einen unbeendeten Versuch angenommen, von welchem der Täter allerdings nicht freiwillig zurückgetreten sein könnte, sofern die Angst davor, angezeigt und bestraft zu werden das bestimmende Motiv gewesen sei.[27]

Hinweis

Unterscheiden Sie den obigen Fall von der Situation, bei welcher der Täter aufgrund **zwingender psychischer Einschränkungen** nicht mehr in der Lage ist, den Erfolg herbeizuführen, z. B. wenn der Täter, nachdem er das erste Mal auf das Opfer eingestochen hat, in einen Schockzustand gerät, weil er kein Blut sehen kann. In einem solchen Fall muss ein fehlgeschlagener Versuch bejaht werden.

Problematisch und klausurrelevant ist der Fall, bei welchem der Täter bereits Handlungen 36
vorgenommen hat, welche erfolgsgeeignet aber nicht erfolgreich waren und er von weiteren Handlungen ablässt, die den Erfolg nach seiner Auffassung ohne zeitliche Zäsur noch hätten herbei führen können. Man spricht in diesen Fällen von **sukzessiver Tatbegehung**, deren Handhabung zwischen Literatur und Rechtsprechung umstritten ist.

» Die sukzessive Tatbegehung wird auch bei den Konkurrenzen wichtig, so dass Sie an dieser Stelle die Gelegenheit nutzen und das am Ende des Skripts behandelte Kapitel durchlesen können. «

26 *Roxin* Höchstrichterliche Rechtsprechung zum AT, 1998 Fall 61, S. 193.
27 *BGHSt* 9, 48.

Beispiel A übergießt im Zuge eines eskalierenden Streits seine Frau F mit Benzin, um sie in Brand zu setzen und dadurch zu töten. Allerdings gelingt es ihm nicht, die Streichhölzer zu entflammen, so dass F in den Garten fliehen kann. Dort holt A sie ein, wirft sie zu Boden und würgt sie bis zur Bewusstlosigkeit, lässt dann jedoch von ihr ab, weshalb F den Angriff überlebt.[28] ■

37 Nach der teilweise in der Literatur vertretenen **Einzelakttheorie** wird jede Tathandlung, die der Täter bei Tatbeginn für erfolgsgeeignet gehalten hat, gesondert erfasst, so dass ein fehlgeschlagener Versuch schon dann vorliegt, wenn der Täter diese Handlung vorgenommen hat und alsdann von ihrem Scheitern ausgeht.[29]

Gegen die Einzelakttheorie wird eingewendet, dass sie zu einer unangemessenen Rücktrittsbeschränkung führe. Einem Täter, der ggf. noch gar keine ernsthafte Gefährdung für sein Opfer herbeigeführt habe, bliebe der Rücktritt versperrt, wohingegen einem Täter, der bereits einen beendeten Versuch unternommen hat, bei dem eine konkrete Gefährdung des Opfers tatsächlich eingetreten sein kann, der Rücktritt durch Ergreifen von Rettungsmaßnahmen möglich bleibt. Darüber hinaus wird der Theorie entgegengehalten, dass man einem Täter damit den Anreiz nehme, von seinem Vorhaben abzulassen. Ein Täter, der sich ohne Rücktrittsmöglichkeit schon strafbar gemacht habe, könne auf die Idee kommen, nunmehr seinen Tatplan auch auszuführen und eventuell das Opfer als Tatzeugen zu beseitigen.

38 Überwiegend vertreten wird von daher die **Gesamtbetrachtungslehre**. Mehrere zeitlich aufeinander folgende Einzelakte, die sich bei natürlicher Betrachtungsweise als ein **einheitlicher Lebensvorgang** darstellen, werden zusammengefasst. Bei dieser sukzessiven Tatbegehung wird auf den **Rücktrittshorizont des Täters nach der letzten Ausführungshandlung** abgestellt. Geht der Täter davon aus, dass er die Tat in unmittelbarem Fortgang entweder mit dem bereits eingesetzten oder neuen, bereitstehenden Mittel noch vollenden kann, so liegt kein fehlgeschlagener Versuch vor. Einen Fehlschlag kann man nur dann annehmen, wenn der Täter erkennt oder subjektiv annimmt, dass er seinen Tatplan nur noch mit einer zeitlichen Verzögerung und mit dem Ingangsetzen einer neuen Kausalkette verwirklichen kann. In diesem Fall ist das Geschehen abgeschlossen und jeder neue Angriff stellt eine neue selbstständige Tat dar.[30]

Beispiel Im obigen Fall (Rn. 36) hat der BGH demnach einen Rücktritt vom versuchten Mord für möglich erachtet, da zum Zeitpunkt der letzten Ausführungshandlung (Würgen) der Täter noch in der Lage war, den Erfolg herbeizuführen. Nach der Einzelaktbetrachtung hätte sich der Täter wegen versuchten Mordes durch Übergießen mit Benzin strafbar gemacht, von welchem er nicht zurücktreten könnte, da der Versuch fehlgeschlagen war. Zudem hat er einen weiteren versuchten Mord durch Würgen begangen, von welchem er allerdings strafbefreiend zurückgetreten ist. ■

---

28 *BGH* NStZ 1984 264.

29 Schönke/Schröder-*Eser* § 24 Rn. 21.

30 *BGHSt* 33, 295; *BGH* NStZ 2005, 150; *Wessels/Beulke* Strafrecht AT Rn. 629.

JURIQ-Klausurtipp

Sofern Sie in Fällen der oben beschriebenen Art der Gesamtbetrachtungslehre folgen wollen, müssen Sie das bereits **im Obersatz deutlich machen**, indem Sie die Handlungen zusammenfassen. Der Obersatz könnte also wie folgt lauten: „A könnte sich des versuchten Mordes an F gem. §§ 211, 212, 22, 23 strafbar gemacht haben, indem er F zunächst mit Benzin übergoss und danach würgte." Beim Rücktritt müssen Sie anschließend bei der Frage, ob nicht ein fehlgeschlagener Versuch vorliegt, die Einzelakttheorie darstellen und ablehnen.

III. Außertatbestandliche Zielerreichung

Im Zusammenhang mit sukzessiver Tatbestandserfüllung können Ihnen in der Klausur auch Fälle begegnen, bei denen es dem Täter in erster Linie um eine **außertatbestandliche Zielerreichung** geht, wobei er den Eintritt des tatsächlich ausgebliebenen tatbestandlichen Erfolges billigend in Kauf nimmt. Bei diesem Versuch handelt es sich nicht um einen fehlgeschlagenen Versuch, bei dem der Erfolg des Täters nicht mehr eintreten kann, sondern im Gegenteil um einen Versuch, bei dem die **Herbeiführung des tatbestandlichen Erfolges möglich ist aber keinen Sinn mehr macht**. Die rechtliche Behandlung dieser Fallgruppe ist zwischen Rechtsprechung und Literatur umstritten. 39

Beispiel A, der von B hintergangen wurde, möchte diesem einen „Denkzettel" verpassen und sticht mit bedingtem Tötungsvorsatz auf ihn ein. Nachdem er ihn am Arm verletzt hat, genügen ihm die Schmerzensschreie des B als Genugtuung, so dass er von weiteren möglichen Stichen absieht. ■

Nach Auffassung des **BGH** sind außertatbestandliche Motive für die Beurteilung des Rücktritts ohne Belang. Abgestellt wird ausschließlich auf die Tat im rechtlichen Sinne gem. § 11 Nr. 5 und deren tatbestandlichen Erfolg. Begründet wird dies, wie bei der Gesamtbetrachtung auch, vor allem mit dem Opferschutz. Wäre es einem Täter in Fällen dieser Art verwehrt, strafbefreiend zurückzutreten, könnte er geneigt sein, das Opfer zur Verdeckung zu beseitigen.[31]

In der **Literatur** wird hingegen überwiegend vertreten, dass ein Täter, der sein außertatbestandliches Ziel erreicht habe, kein Motiv mehr für eine Tötung habe, so dass auch zugleich sein Vorsatz im Hinblick auf die Tatvollendung entfalle. Da ein Rücktritt allerdings voraussetze, dass der Täter seinen Vorsatz aufgebe, komme eine Strafbefreiung gem. § 24 nicht in Betracht.[32]

JURIQ-Klausurtipp

Auch diese Fallgruppe sollten Sie wie den fehlgeschlagenen Versuch **zu Beginn der Rücktrittsprüfung erörtern**. Sofern Sie der Literatur folgen wollen, erledigt sich danach eine Prüfung der weiteren Voraussetzungen.

31 *BGHSt* 39, 221.
32 *Jäger* Strafrecht AT Rn. 318 m. w. N.

IV. Abgrenzung unbeendeter/beendeter Versuch

40 Wie bereits ausgeführt wird gem. § 24 Abs. 1 S. 1 der Versuch nicht bestraft, wenn der Täter freiwillig die weitere Ausführung der Tat aufgibt oder deren Vollendung verhindert. Ob ein bloßes Aufgeben der weiteren Tat für einen strafbefreienden Rücktritt ausreicht oder ob der Täter aktiv werden muss, richtet sich nach der Art des Versuchs. Zu unterscheiden sind der unbeendete und der beendete Versuch.

§ 24 Abs. 1 S. 1 Alt. 1. Aufgeben der Tat	§ 24 Abs. 1 S. 1 Alt. 2. Verhinderung der Vollendung
↓	↓
Unbeendeter Versuch	Beendeter Versuch

Unbeendet ist ein **Versuch**, wenn der Täter nach seiner Vorstellung von der Tat davon ausgeht, noch nicht alles getan zu haben, was zu der Vollendung notwendig ist.[33]

Beendet ist der **Versuch**, wenn der Täter nach seiner Vorstellung von der Tat glaubt, zur Herbeiführung des tatbestandlichen Erfolges alles Notwendige und Mögliche getan zu haben.[33]

Die Unterscheidung zwischen beendetem und unbeendetem Versuch beruht also, ebenso wie die Feststellung, ob der Versuch fehlgeschlagen ist, auf der **Vorstellung des Täters**. Sie ist demnach nicht anhand objektiver Kriterien vorzunehmen.

Beispiel Der Täter schüttet, in der irrigen Annahme es handele sich um Gift, ein in Wahrheit harmloses Schlafmittel in den Kaffee seines Freundes und schaut diesem genüsslich beim Trinken zu.

Hier konnte objektiv der Erfolg zu keinem Zeitpunkt eintreten. Subjektiv glaubte der Täter jedoch alles nach seiner Vorstellung Erforderliche getan zu haben, um den Erfolg herbeizuführen. Es handelt sich um einen beendeten (untauglichen) Versuch. ■

41 Zwischen Rechtsprechung und Literatur war lange Zeit umstritten, auf welchen Zeitpunkt bei der Bewertung der Tat abzustellen ist. Der BGH ist zunächst vom Tatplanhorizont ausgegangen und hat auf die Vorstellung des Täters bei Tatbeginn zurückgegriffen. Hatte der Täter sich vor Beginn der Tatausführung auf einen bestimmten Plan festgelegt und war das nach diesem Plan vorgesehene Programm durchlaufen, so lag der beendete Versuch vor, auch wenn der Täter nach der letzten Ausführungshandlung nachträglich die fehlende Eignung seines Tuns erkannt und festgestellt hat, dass der Erfolg nicht eintreten kann.[34] Mittlerweile hat die Rechtsprechung die Tatplantheorie ausdrücklich aufgegeben. Die Abgrenzung zwischen beendetem und unbeendetem Versuch wird nunmehr vom sog. **Rücktrittshorizont** aus vorgenommen. Abgestellt wird auf den **Zeitpunkt nach der letzten Ausführungshandlung** und auf die in diesem Zeitpunkt vorliegende Vorstellung des Täters.[35] Die Theorie vom Rücktrittshorizont hat in der Literatur überwiegend Zustimmung gefunden.[36]

33 *Wessels/Beulke* Strafrecht AT Rn. 631.
34 *BGHSt* 22, 330.
35 *BGHSt* 31, 170.
36 *Wessels/Beulke* Strafrecht AT Rn. 633; *Jäger* Strafrecht AT Rn. 315 f.

Beispiel A und B haben geplant, ein Lebensmittelgeschäft zu überfallen. Sie beabsichtigen, die Inhaberin durch Bedrohung mit einem Messer zur Herausgabe des in den Kassen befindlichen Geldes zu „überreden". Einen weitergehenden Einsatz des Messers haben sie zum Zeitpunkt der Planung jedoch ausgeschlossen. Nach dem Betreten des Geschäfts geht dementsprechend A auf X, die hinter der Theke stand zu, hält ihr das Messer vor und sagt: „Geld her". Als X jedoch zur großen Überraschung von A und B entgegnet „Ihr kriegt hier nichts", entschließen sich beide, das Geschäft unverrichteter Dinge wieder zu verlassen.

Der BGH[37] hat den Vorwurf der versuchten schweren räuberischen Erpressung nicht bestätig. Er hat deutlich gemacht, dass bei der Abgrenzung des unbeendeten vom fehlgeschlagenen Versuch nicht auf den Tatplan, sondern auf den Erkenntnishorizont nach Abschluss der letzten Ausführungshandlung abzustellen sei. Mithin war es unbeachtlich, dass die Täter ursprünglich einen weitergehenden Einsatz des Messers ausgeschlossen hatten. Wesentlich war allein, ob er nach ihrer Vorstellung zum letzten Zeitpunkt noch möglich gewesen wäre. Der BGH hat deswegen einen strafbefreienden Rücktritt gem. § 24 Abs. 2 als möglich angesehen. ■

Achten Sie in der Klausur darauf, dass Sie auch tatsächlich den letzten Zeitpunkt der Aufgabe der Ausführungshandlung als Beurteilungszeitpunkt wählen. Es ist denkbar, dass die Vorstellungen des Täters sich währenddessen ändern. Man spricht in diesem Zusammenhang von der **„Korrektur des Rücktrittshorizonts"**. 42

Beispiel A sticht B mit einem Messer nieder und geht nach dem Stich davon aus, B tödlich verletzt zu haben. Tatsächlich steht B aber unmittelbar danach auf. A erkennt nun, dass er B nur am Arm getroffen hat und unterlässt weitere Handlungen. ■

Beispiel A sticht erneut B nieder und geht dieses Mal davon aus, dass er ihn nur am Arm verletzt habe. Tatsächlich steht B auch zunächst auf, bricht jedoch keine 30 Meter später bewusstlos zusammen. A erkennt, dass B nur mit ärztlicher Hilfe überleben kann, entschließt sich nun jedoch, B liegen zu lassen. ■

Sofern ein Täter in **unmittelbarem zeitlich-räumlichen Zusammenhang** mit der letzten Ausführungshandlung seine Beurteilung korrigiert, ist der Zeitpunkt der Korrektur der maßgebliche Beurteilungszeitpunkt.[38]

Im *ersten Fall* muss mithin ein unbeendeter Versuch angenommen werden, von welchem der Täter durch bloßes Aufgeben der Tat zurücktreten kann. Im *zweiten Fall* hingegen liegt ein beendeter Versuch vor, von dem der Täter nur zurücktreten kann, wenn er Gegenmaßnahmen ergreift, die zum Ausbleiben des Erfolges führen, was A nicht getan hat.

V. Rücktritt vom unbeendeten Versuch

Haben Sie in der Klausur festgestellt, dass der Täter nach seiner Vorstellung von der Tat noch nicht alles Erforderliche getan hat, um den tatbestandlichen Erfolg herbeizuführen, liegt ein **unbeendeter Versuch** vor. Von diesem unbeendeten Versuch kann der Täter zurücktreten, wenn er freiwillig die **weitere Ausführung der Tat aufgibt.** 43

37 *BGH* Entscheidung vom 9.7.2009, 3 StR 257/09 abrufbar unter www.bundesgerichtshof.de
38 *BGHSt* 36, 224; *BGH* NStZ 1998, 614 mit Anm. *Jäger* NStZ 1999, 608.

Auch ein **untauglicher Versuch** kann ein unbeendeter Versuch sein. Voraussetzung ist, dass der Täter die mangelnde Tauglichkeit noch nicht erkannt hat. Hat der Täter die mangelnde Tauglichkeit erkannt, wird dieser Versuch – wie ausgeführt – zum fehlgeschlagenen Versuch, so dass ein Rücktritt nicht mehr möglich ist (gleiches gilt für den beendeten Versuch).

> Von einem **Aufgeben der Tat** spricht man, wenn der Täter von der Realisierung des Entschlusses aufgrund eines entsprechenden Gegenentschlusses Abstand nimmt.[39]

Die Tat ist dabei nach überwiegender Auffassung als die konkrete Tat im Sinne des materiell-rechtlichen Tatbegriffes und nicht im Sinne des prozessualen Tatbegriffes zu verstehen. Tat bedeutet demnach die **vorsätzliche rechtswidrige Straftat** innerhalb derer der Rücktritt geprüft wird.

Beispiel A plant einen Raubmord zu begehen und gibt entsprechend auf den Kassierer der Stadtsparkasse einen Schuss ab, welcher jedoch im rechten Oberarm stecken bleibt. Aufgrund des Flehens des Opfers sieht er nunmehr davon ab, das Opfer mit weiteren Schüssen zu töten und erzwingt unter Vorhalten der Waffe die Herausgabe des Geldes.

Hier hat A einen schweren Raub gemäß den §§ 249, 250 begangen. Vom versuchten Mord ist A jedoch durch Aufgabe der weiteren Ausführung strafbefreiend zurückgetreten. Mitverwirklicht ist selbstverständlich eine gefährliche Körperverletzung gemäß den §§ 223, 224. ■

Aufgeben bedeutet, dass der Täter von eben dieser **konkreten Tat** Abstand nimmt.[40] Ein Aufgeben liegt nicht vor, wenn der Täter lediglich mit dem Versuch der Begehung inne hält, also keinen Entschluss zum endgültigen Verzicht trifft, weil er z. B. zunächst ein anderes Tatziel erreichen will.

Beispiel A, der die Trennung von seiner Ex-Freundin F nicht akzeptieren kann und infolgedessen ein starkes Rachebedürfnis entwickelt hat, begibt sich eines Nachts zum Haus der F und lauerte ihr mit einer geladenen Pistole auf. Als F zusammen mit einem Bekannten B das Haus verlässt, gibt er mit den Worten „Jetzt ist Schluss mit lustig" mit bedingtem Tötungsvorsatz 3 Schüsse auf F ab. Eines der Geschosse durchschlägt F's Oberarm. B, der die Verletzung nicht bemerkt hat, versucht nun, A zu überwältigen. Dabei wird er zunächst mit der Faust und dann mit der Waffe von A geschlagen. Als er am Boden zusammensackt, bringt A die Waffe unmittelbar vor der linken Wange des B in Anschlag und gibt einen Schuss ab, der Kiefer und Zunge durchschlägt und auf der anderen Seite wieder austritt. Während A sich nun umdreht, steht B mithilfe der F wieder auf und versucht erneut, A zu überwältigen, der daraufhin nun wieder einen Schuss auf B abgibt, der den Bauchraum trifft, aber keine Organe verletzt, weswegen B sein Vorhaben fortsetzt. Da die Pistole nun leer geschossen ist, flieht A zu seinem Auto und fährt davon.

Es stellt sich die Frage, ob A von der versuchten Tötung der F strafbefreiend zurück getreten ist, indem er nach Abgabe der ersten drei Schüsse keine weiteren Schüsse mehr auf sie abgab. Dies hat der BGH[41] verneint. Er hat ausgeführt, dass A lediglich „anderweitig" beschäftigt war, indem er versuchte, B abzuwehren, dass daraus aber noch nicht geschlossen werden könne, dass A die Ausführung der Tat aufgegeben habe. Nachdem

39 *BGHSt* 22, 330; 39, 221.

40 *BGH* NStZ 2005, 263; *Wessels/Beulke* Strafrecht AT Rn. 641 mit Ausführungen zur früher vertretenen Rechtsprechung, die verlangte, dass der Täter die Tat „im Großen und Ganzen" aufgeben müsse.

41 *BGH* Entscheidung vom 1.4.2009, 2 StR 571/08 abrufbar unter www.bundesgerichtshof.de

das Magazin leer geschossen war, kam ein Rücktritt nicht mehr in Betracht, da ab diesem Zeitpunkt ein fehlgeschlagener Versuch vorlag. ■

Nach **überwiegender Auffassung** ist – wie beim beendeten Versuch auch – ein **Rücktritt nur dann möglich**, wenn der **Erfolg ausgeblieben** ist.[42] Nach einer **teilweise in der Literatur** vertretenen Auffassung soll allerdings ein Rücktritt auch dann noch in Betracht kommen, wenn der Täter sich über die Wirksamkeit seines bisherigen Tuns irrt und von einem vermeintlich unbeendeten Versuch zurücktritt, der letztlich jedoch zum Erfolg führt. Voraussetzung sei jedoch, dass zu dem Zeitpunkt des „Aufgebens der Tat" der tatbestandliche Erfolg noch nicht eingetreten ist. In diesen Fällen des **„misslungenen Rücktritts"** wird § 24 Abs. 1 S. 1 Alt. 1 analog angewendet[43]. Dem wird jedoch von der h.M. entgegengehalten, dass eine Regelungslücke nicht erkennbar sei und es zudem unbillig sei, wenn das Risiko des Erfolgseintritts zwar beim beendeten Versuch nicht aber beim unbeendeten Versuch zu Lasten des Täters gehe. 44

Beispiel A gibt einen Schuss auf den im Auto fahrenden B ab, der jedoch zunächst ohne erkennbare Reaktion weiter fährt, weswegen A glaubt, B nicht getroffen zu haben. Aufgrund einer plötzlich aufkommenden mitleidigen Regung nimmt er von dem Abgeben weiterer Schüsse Abstand und kehrt um. Tatsächlich hat er B getroffen, welcher 2 Kilometer später tot am Steuer zusammensackt.

In der Klausur würden Sie vollendeten Totschlag prüfen. Nach der Schuld könnten Sie nunmehr die Frage aufwerfen, wie es sich auswirken könnte, dass A davon ausging, er habe B nicht getroffen und weitere Schüsse unterließ. Es könnte analog § 24 Abs. 1 S. 1 ein Rücktritt von einem zu diesem Zeitpunkt unbeendeten Versuch in Betracht kommen. Da der tatbestandliche Erfolg noch nicht eingetreten war und zudem nur auf die Vorstellung des Täters abgestellt wird, glaubte A zu diesem Zeitpunkt tatsächlich, er habe noch nicht alles Erforderliche getan und gab die weitere Ausführung der Tat auf. Die o.g. Literaturauffassung würde zur Straflosigkeit wegen Mordes gelangen und A nur wegen vollendeter Körperverletzung bestrafen. Die herrschende Meinung würde dem Täter wie beim beendeten Versuch auch das Risiko des Erfolgseintritts auferlegen, so dass für eine Analogie kein Raum ist. ■

VI. Rücktritt vom beendeten Versuch

Da ein beendeter Versuch vorliegt, wenn der Täter alles getan zu haben glaubt, was nach seiner Vorstellung von der Tat zur Herbeiführung des tatbestandlichen Erfolges ausreichend ist, reicht ein bloßes Aufgeben weiteren Handelns nicht aus, weil eben dieses Aufgeben ja zur Tatvollendung führen würde. Ein Rücktritt vom beendeten Versuch erfordert infolge dessen, dass der Täter die **Vollendung aktiv verhindert**. Welche Maßnahmen der Täter zur Verhinderung treffen muss, ist umstritten. 45

Nach **herrschender Meinung** reicht es für die Verhinderung aus, dass der Täter seinen **Tatvorsatz aufgibt** und bewusst und gewollt eine neue **Kausalkette in Gang setzt**, die für das Ausbleiben des Erfolges mitursächlich wird. Sofern andere, von seinem Willen unabhängige Umstände ebenfalls zur Nichtvollendung der Tat beitragen, soll dies einem strafbefreienden Rücktritt nicht entgegenstehen. Schaltet der Täter Dritte zur Rettung ein, ist wesentlich, dass bis zur Erfolgsverhinderung durch diese der **Rettungswille** des Täters **fortbesteht**.[44] Begrün-

42 *Wessels/Beulke* Strafrecht AT Rn. 627.
43 LK-*Schröder* § 16, 34; Schönke/Schröder-*Eser* § 24 Rn. 24.
44 *BGH* NStZ 1989, 525.

det wird diese, sehr großzügige Anforderung an die Rettungsbemühungen zum einen mit dem Wortlaut, der nur von der „Verhinderung" spricht und zum anderen wiederum mit dem **Opferschutz**. Würde man vom Täter das Bestmögliche verlangen, könnte dies dazu führen, dass der Täter sich selbst belasten muss und aus diesem Grund die Rettung unterlässt.[45]

In der **Literatur** wird hingegen teilweise verlangt, dass der Täter ernsthaft und **unter Ausschöpfung der optimalen Verhinderungsmöglichkeiten** die Vollendung verhindern müsse. Sofern der Täter Dritte mit der Rettung betraue, müsse er diese als Anstifter initiiert und mit Tatherrschaft gesteuert haben. Begründet wird dies im Hinblick auf § 24 Abs. 1 S. 2 mit der Vermeidung vor Wertungswidersprüchen. Müsse der Täter beim untauglichen Versuch sich ernsthaft bemühen, so könne es beim beendeten Versuch, welcher tatsächlich gefährlich sei, nicht ausreichen, wenn er nur irgendeine belanglose Handlung vornehme.[46]

Beispiel A hat in dem Haus der abwesenden Eheleute B und C Feuer gelegt, als ihn wegen der im oberen Geschoss schlafenden Kinder plötzlich Gewissensbisse plagen. Er ruft aufgrund dessen in der Gaststätte an, in der sich die Ehefrau B befindet und erklärt ihr, dass sie sofort nachhause kommen möge. Den Grund, warum sie nachhause kommen soll, teilt er ihr nicht mit. Gleichwohl eilt B sofort nachhause, entdeckt den Brand, der alsdann durch die Feuerwehr, die von B herbeigerufen wird, gelöscht werden kann, bevor er von den Gardinen auf das Haus übergreift. Um sicherzugehen, dass der Brand rechtzeitig entdeckt wird, ist A darüber hinaus selbst zur Brandstelle geeilt, wo er vor der Feuerwehr eintrifft.[47]

Der BGH hat hier zu Gunsten des A einen strafbefreienden Rücktritt vom beendeten Versuch angenommen. Von einem beendeten Versuch war auszugehen, da nach der Vorstellung des A alles Erforderliche getan war, um den Erfolg herbeizuführen. Durch das Anrufen der Ehefrau B habe A eine Kausalkette in Gang gesetzt, welche mitursächlich wurde für das Ausbleiben des Erfolges. Das darüber hinaus das weitere Tätigwerden der B den Erfolg herbeigeführt hat, soll sich nicht zu Lasten des Täters auswirken, zumal der Rettungswille bis zum Ende fortbestand, was auch daraus zu ersehen ist, dass A zur Brandstelle zurückkehrte, um zu kontrollieren, ob tatsächlich Rettungsmaßnahmen ergriffen werden. ■

46 Wesentlich für den strafbefreienden Rücktritt ist jedoch nach allen Auffassungen, dass dieser **erfolgreich** war. Misslingen die Bemühungen beim beendeten Versuch, geht das **Risiko des Erfolgseintritts** und der Bestrafung wegen vollendeter Tat **zu Lasten des Täters**.[48]

Dies gilt jedoch nicht, wenn der **Erfolg** aufgrund von Umständen eingetreten ist, die dem Täter **objektiv nicht zurechenbar** sind und der Täter Verhinderungsbemühungen eingeleitet hat, die grundsätzlich für einen Rücktritt ausreichend gewesen wären („**misslungener Rücktritt**" beim beendeten Versuch). In diesen Fällen soll der Täter allerdings nicht gem. § 24 Abs. 1 S. 1 Alt. 2, sondern nach **§ 24 Abs. 1 S. 2 analog** strafbefreiend zurücktreten.[49]

Hinweis

Eine Analogie ist hier unproblematisch, da sie sich zu Gunsten des Täters auswirkt!

45 *BGH* NStZ 2006, 503; *Jäger* Strafrecht AT Rn. 320.
46 *Lackner/Kühl* § 24 Rn. 19b; *Herzberg* NStZ 1989, 49.
47 *BGH* NJW 1985, 813.
48 *Wessels/Beulke* Strafrecht AT Rn. 645.
49 *Wessels/Beulke* Strafrecht AT Rn. 646; *BGH* StV 1982, 219.

Beispiel A sticht mehrfach auf B ein, bis dieser bewusstlos zusammenbricht. A glaubt nunmehr, dass der Tod des B ohne weitere Maßnahmen eintreten werde. Als er den röchelnden B am Boden liegen sieht, überkommt ihn das schlechte Gewissen und er ruft einen Krankenwagen herbei. Trotz sofort eingeleiteter Rettungsbemühungen verstirbt B jedoch geraume Zeit später im Krankenhaus.

Hier ist kein Raum für einen Rücktritt, da der Erfolg tatsächlich eingetreten ist. Zwar hat A nach Vornahme der letzten Ausführungshandlung Bemühungen unternommen, um die Vollendung zu verhindern. Allerdings sind diese Rettungsbemühungen gescheitert. Ein erfolgreicher Rücktritt vom Versuch hätte nur dann vorgelegen, wenn die von A eingeleiteten Rettungsbemühungen dazu geführt hätten, dass B infolge der ärztlichen Versorgung den Angriff überlebt hätte. ■

Beispiel A sticht wieder auf B ein und alarmiert danach die Rettungskräfte. Da die Stichverletzungen nicht so schwer waren, hätte B im Krankenhaus gerettet werden können. Dorthin kommt B jedoch gar nicht mehr, da der Fahrer während der Fahrt im Fußraum nach seinem herunter gefallenen Handy sucht und einen schweren Verkehrsunfall verursacht, an dessen Folgen B stirbt.

Hier ist der Erfolg zwar eingetreten, kann dem A aber aufgrund des Dazwischentretens eines Dritten nicht zugerechnet werden. Da A sich aber ernsthaft bemüht hat, den Erfolg zu verhindern, ist er gem. § 24 Abs. 1 S. 2 analog strafbefreiend zurückgetreten. ■

VII. Rücktritt vom beendeten untauglichen Versuch

Beim untauglichen Versuch kann der Erfolg objektiv nicht eintreten, weil der Täter z. B. ein **47**
untaugliches Mittel gewählt hat. Damit kann aber auch keine Kausalkette in Gang gesetzt werden, die dazu führt, dass der Erfolg ausbleibt. Von daher scheidet in solchen Fällen ein Rücktritt gem. § 24 Abs. 1 S. 1 Alt. 2 aus, wenn aus Sicht des Täters alles Erforderliche getan wurde, damit der Erfolg eintreten kann. Diese Fälle regelt **§ 24 Abs. 1 S. 2**, wonach es ausreicht, wenn der Täter sich **ernsthaft bemüht**, den Erfolg zu verhindern. Voraussetzung ist wiederum, dass der Täter die Untauglichkeit seines Versuchs nicht erkannt hat, da anderenfalls ein fehlgeschlagener Versuch vorläge.

> Ein **ernsthaftes Bemühen** liegt vor, wenn der Täter alle Maßnahmen ergreift, die zur Abwendung des Erfolges aus seiner Sicht notwendig und geeignet sind.[50]

Beispiel A verabreicht B einen harmlosen Medikamentencocktail, von welchem er jedoch ausgeht, dass er tödlich sein könne. Nachdem B die Medikamente zu sich genommen hat, überlegt A es sich anders und ruft einen Rettungswagen herbei. Den Sanitätern erklärt er, er habe B ein Gift verabreicht, welches tödlich wirke. Aufgrund dessen wird B der Magen ausgepumpt. Hinterher stellt sich heraus, dass B auch ohne diese Maßnahme den Angriff überlebt hätte.

Hier handelt es sich um einen untauglichen beendeten Versuch, bei dem die Rettungsbemühungen des A nicht ursächlich wurden für das Ausbleiben des Erfolges, da diese hinweggedacht werden können, ohne dass der Tod einträte. Gleichwohl soll das Zurück-

50 *BGHSt* 33, 295; *BGH* StV 1997, 244.

finden des Täters zur Rechtsordnung honoriert werden, weswegen ein strafbefreiender Rücktritt möglich ist. ■

Hinweis

Beim **unbeendeten untauglichen Versuch** reicht das Aufgeben der Tat aus, so dass auf diese Fälle § 24 Abs. 1 S. 2 nicht anwendbar ist. Der Rücktritt erfolgt gem. § 24 Abs. 1 S. 1, 1. Alt.

VIII. Freiwilligkeit

48 Als letzten Prüfungspunkt müssen Sie in einer Klausur nun danach fragen, ob der Täter **„freiwillig"** vom Versuch zurückgetreten ist. Die Freiwilligkeit wird in Literatur und Rechtsprechung unterschiedlich definiert.

In der **Literatur** wird **teilweise** zur Voraussetzung gemacht, dass der Täter wieder zur Rechtsordnung, d. h. zur Achtung der rechtlichen Verbote und Gebote zurückgefunden und sich damit als ungefährlich erwiesen hat.[51] Nach diesem **normativen Verständnis** handelt der Täter z. B. dann freiwillig, wenn er aus Reue oder Mitleid mit dem Opfer von der Tatbegehung ablässt, da er damit gezeigt habe, dass er nicht nur kühl einer abwägenden Verbrechervernunft gefolgt sei, sondern in die Legalität habe zurückkehren wollen.[51]

Die **herrschende Meinung** in der Literatur sowie die **Rechtsprechung** legen **psychologisierende Kriterien** bei der Beurteilung der Freiwilligkeit zugrunde. Danach handelt derjenige freiwillig, wer die weitere Tatbegehung aufgrund **autonomer Motive** aufgibt. Entscheidend ist, ob der Täter als „Herr seiner Entschlüsse" in freier Selbstbestimmung die Tat aufgegeben hat. Unerheblich ist, ob das Rücktrittsmotiv sittlich billigenswert ist oder nicht. Als autonome Motive werden Gewissensbisse, Reue, Mitleid mit dem Opfer, Angst vor Strafe sowie Scham angesehen.[52] **Heteronome Motive** liegen vor, wenn der Täter fremdbestimmt zur Aufgabe der Tat veranlasst wird. Von solchen heteronomen Motiven wird z. B. ausgegangen, wenn nachträglich eine Situation eingetreten ist, die die Durchführung der Tat zwar nicht ausschließen, die der Täter vernünftigerweise aber nicht auf sich nehmen möchte, z. B. eine plötzliche Polizeikontrolle, die die Gefahr der sofortigen Entdeckung in sich birgt. Auch innere Hemmungen, wie z. B. die Unfähigkeit des Täters, Blut zu sehen, schließen als heteronomes Motiv die Freiwilligkeit aus.

Online-Wissens-Check

Was ist der Unterschied zwischen einem untauglichen und einem fehlgeschlagenen Versuch?

Überprüfen Sie jetzt online Ihr Wissen zu den in diesem Abschnitt erarbeiteten Themen. Unter **www.juracademy.de/skripte/login** steht Ihnen ein Online-Wissens-Check speziell zu diesem Skript zur Verfügung, den Sie mit dem Zugangscode auf der letzten Seite kostenlos nutzen können.

51 SK-*Rudolphi* § 24 Rn. 24.

52 Schönke/Schröder-*Eser* § 24 Rn. 43; *BGH* StV 1983, 413; *BGH* NStZ-RR 1995, 8.

E. Übungsfall Nr. 1

„Der Pechvogel" 49

A arbeitet als Reinigungskraft in einem Supermarkt, den er jeden Abend zwischen 22.00 Uhr abends und 5.00 Uhr morgens zu putzen hat. Der Supermarkt befindet sich in einem Industriegebiet und wird in dieser Zeit nicht von einem Wachdienst kontrolliert. Eines Tages gerät A in finanzielle Schwierigkeiten. Um wenigstens seinen unangenehmsten Gläubiger zu befriedigen, benötigt er 5000 €. Da es niemanden gibt, von dem er sich das Geld leihen könnte, beschließt er, in der kommenden Nacht die Kassen im Supermarkt aufzubrechen und das darin befindliche Geld mitzunehmen. Gegen 22.00 Uhr betritt er den Supermarkt und nähert sich mit einem Schraubenzieher in der Hand den Kassen. Schnell muss er jedoch feststellen, dass die Kassen an diesem Abend ausnahmsweise offen sind und kein Geld enthalten. Frustriert steckt er den Schraubenzieher wieder ein, putzt und geht nach Hause.[53]

Dort angekommen erinnert er sich daran, dass er in einer Zigarrenkiste unter dem Bett noch eine alte Pistole seines Großvaters versteckt hat. Mit dieser Pistole im Hosenbund begibt er sich in die Spielhalle des S. Er beabsichtigt, S durch Vorhalten der entsicherten Waffe und ggf. Abgeben eines Warnschusses einzuschüchtern und das Geld aus der Kasse zu nehmen. Vor lauter Aufregung des in diesen Dingen ungeübten A löst sich jedoch als A wild mit der Waffe herumfuchtelt – von ihm ungewollt – ein Schuss, der den S, den A gerade aufgefordert hatte, die Hände hoch zu nehmen und sich umzudrehen, tödlich von hinten in die Brust trifft. A stürmt erschrocken und ohne Geld aus der Spielhalle direkt in die Arme der zufällig vorbei kommenden Streifenpolizisten.[54]

Strafbarkeit des A? (eventuell erforderliche Anträge sind gestellt)

Lösung 50

Erster Handlungsabschnitt: Im Supermarkt

A. Strafbarkeit des A

I. Strafbarkeit gemäß §§ 242, 243 Abs. 1 Nr. 2, 22, 23

A könnte sich wegen versuchten Diebstahls in einem besonders schweren Fall gem. §§ 242, 243 Abs. 1 Nr. 2, 22, 23 strafbar gemacht haben, indem er den Supermarkt betrat und sich den Kassen näherte.

1. Vorprüfung

Da die Kassen leer waren, kam es nicht zu einer Wegnahme, so dass der Diebstahl nicht vollendet ist. Die Strafbarkeit des Versuchs ergibt sich aus § 242 Abs. 2.

2. Tatentschluss

Der Tatentschluss des A müsste auf die Wegnahme einer fremden beweglichen Sache gerichtet gewesen sein.

A wollte das in den Kassen befindliche Geld heraus- und anschließend mitnehmen. Das Geld wäre sowohl eine Sache gem. § 90 BGB als auch beweglich gewesen. Es hätte ferner tatsächlich und auch nach der Vorstellung des

53 Vgl. *BayOLG* JR 1999, 36 mit Anm. *Wolters*.
54 Vgl. *BGH* NJW 1996, 2663.

A im Eigentum des Inhabers des Supermarktes gestanden, so dass es für A auch fremd gewesen wäre. Eine Wegnahme liegt in dem Bruch fremden und der Begründung neuen, nicht notwendig tätereigenen Gewahrsams gegen oder ohne den Willen des Gewahrsamsinhabers. Das Geld hätte sich, dadurch dass es in den verschlossenen Kassen gelegen hätte, im Gewahrsam des Eigentümers des Supermarktes befunden. Diesen Gewahrsam hätte A durch Öffnen der Kassen, Herausnehmen und Einstecken des Geldes gebrochen. Dieser Bruch wäre auch gegen den Willen des Eigentümers des Supermarktes geschehen. Darin hätte eine Wegnahmehandlung gelegen, so dass der Tatentschluss des A auf die Vollendung des objektiven Tatbestandes des § 242 gerichtet war.

Darüber hinaus müsste A mit Zueignungsabsicht gehandelt haben. Diese liegt vor, wenn der Vorsatz des Täters sich auf die dauerhafte Verdrängung des bisherigen Eigentümers aus seiner Position richtet, wobei dolus eventualis ausreicht, und er darüber hinaus beabsichtigt, sich zumindest vorübergehend an die Stelle des Eigentümers zu setzen. A wollte das Geld dazu verwenden, seinen Gläubiger zu befriedigen. Er wollte mithin dem Inhaber des Supermarktes das Geld dauerhaft entziehen und sich selbst als Eigentümer gerieren. Die Zueignungsabsicht liegt somit vor.

Ferner müsste der Tatentschluss des A auch auf die Rechtswidrigkeit dieser erstrebten Zueignung gerichtet gewesen sein. Das wäre der Fall, wenn er wusste, dass er keinen einredefreien und fälligen Anspruch auf die Sache hatte und dies zumindest billigend in Kauf nahm. Es gibt keine Anhaltspunkte dafür, dass A glaubte er könne das Geld einfordern, so dass auch diese Voraussetzung gegeben ist.

Der Tatentschluss liegt damit vor.

3. Unmittelbares Ansetzen

Fraglich ist, ob A, als er sich den Kassen näherte, bereits unmittelbar zur Tatbestandsverwirklichung angesetzt hat. Dies wäre zu bejahen, wenn er zu diesem Zeitpunkt die Schwelle zum „Jetzt geht's los" überschritten hätte, nach seinem Tatplan keine wesentlichen Zwischenschritte mehr erforderlich wären und das Rechtsgut infolge dessen bereits konkret gefährdet wäre.

Nach dem Tatplan des A musste dieser noch die Kassen aufbrechen, um an das Geld zu gelangen. Dies könnte noch einen wesentlichen Zwischenschritt darstellen, weil nicht sicher ist, ob ihm das gelungen wäre. Auf der anderen Seite hätte A 7 Stunden Zeit gehabt, um die Kassen aufzubrechen. Während dieser Zeit hätte er auch soviel Lärm machen können wie erforderlich, da sich der Supermarkt in einem, um diese Uhrzeit sicherlich ausgestorbenen Industriegebiet befand und es keinen Wachdienst gab, der ihn hätte überraschen können. Aus diesem Grund war das Öffnen der Kassen kein wesentlicher Zwischenschritt mehr, so dass nach der Vorstellung des A das Geld bereits mit dem Betreten konkret gefährdet war.[55] Da die Kassen jedoch tatsächlich leer waren, liegt ein untauglicher Versuch des Diebstahls vor, der jedoch – wie sich aus § 23 Abs. 3 ergibt – strafbar ist.

JURIQ-Klausurtipp

Hier könnten Sie mit einer gut vertretbaren Begründung das unmittelbare Ansetzen auch ablehnen. Sie würden dann allerdings nicht mehr zu dem Klausurklassiker „Versuch des Regelbeispiels" gelangen, so dass Sie sich in der Klausur aus taktischen Gründen für die Bejahung des unmittelbaren Ansetzens entscheiden sollten.

4. Rechtswidrigkeit und Schuld

Rechtfertigungs- und Entschuldigungsgründe sind nicht ersichtlich, so dass A auch rechtswidrig und schuldhaft gehandelt hat.

55 So auch *BayOLG* JR 1999, 36; a. A. *Wolters* in seiner Anmerkung zum Urteil, wonach sich die Täterin noch in einem straflosen Vorbereitungsstadium befand.

5. Besonders schwerer Fall gemäß § 243 Abs. 1 Nr. 2

Fraglich ist, ob nicht ein versuchter Diebstahl in einem besonders schweren Fall angenommen werden kann. Nach der Vorstellung des A hätte sich das Geld in den Kassen befunden, die er aufbrechen wollte. Diese Kassen könnten ein verschlossenes Behältnis sein. Ein solches Behältnis ist ein Raumgebilde, welches nicht dem Betreten von Menschen dafür aber der Sicherung von Gegenständen vor Wegnahme dient. Die Kassen hätten das Geld vor der Wegnahme gesichert, da sie verschlossen gewesen wären. Allerdings hat A die Kassen nicht aufgebrochen, so dass die Indizwirkung des Regelbeispiels nicht ausgelöst sein könnte.

Die Rechtsprechung bejaht jedoch die Anwendung des Regelbeispiels, auch wenn dieses nur versucht ist. Sie verweist darauf, dass die Regelbeispiele von ihrer Ausgestaltung her qualifikationsähnlich seien, da sie sowohl einen objektiven als auch einen subjektiven Tatbestand hätten. Darüber hinaus seien Regelbeispiele des § 243 einstmals Qualifikationen gewesen. Die Änderung in Regelbeispiele habe der Gesetzgeber vorgenommen, um den richterlichen Entscheidungsspielraum zu erweitern, nicht aber, um ihn zu verengen. Ferner sei Grundlage für die Bemessung der Schuld der Tatentschluss des Täters. Beinhalte dieser Tatentschluss jedoch die Verwirklichung des Regelbeispiels, so spreche nichts dagegen, auch im Falle des Versuchs einen besonders schweren Fall anzunehmen.[56]

Dieser Rechtsprechung ist allerdings entgegen zu halten, dass sie gegen das Analogieverbot verstößt. Gem. § 22 kann nur eine Straftat versucht werden. Ein Regelbeispiel ist jedoch eine Strafzumessungsvorschrift und keine selbstständige Straftat, worauf auch der BGH hinweist, wenn er sagt, dass Regelbeispiele „qualifikationsähnlich" seinen und damit deutlich macht, dass sie eben gerade keine Qualifikationen sind. Von daher ist mit der Literatur, die auf diesen Verstoß gegen das Analogieverbot hinweist, der Versuch des Regelbeispiels abzulehnen.[57]

A hat sich demgemäß nur wegen versuchten einfachen Diebstahls strafbar gemacht (a.A. selbstverständlich vertretbar).

6. Rücktritt

Fraglich ist, ob A nicht strafbefreiend zurückgetreten ist, als er ohne Geld den Supermarkt verließ. Voraussetzung dafür ist jedoch zunächst, dass kein fehlgeschlagener Versuch vorliegt. Ein fehlgeschlagener Versuch muss angenommen werden, wenn aus Sicht des Täters der Erfolg ohne zeitliche Zäsur nicht mehr herbeigeführt werden kann. Abgestellt wird dabei auf den Zeitpunkt der letzten Ausführungshandlung. Da die Kassen leer waren und A dies auch erkannte, konnte der Diebstahl in dieser Nacht an diesem Ort nicht mehr vollendet werden. Es liegt damit ein fehlgeschlagener Versuch vor, von welchem ein Rücktritt nicht möglich ist.

A hat sich somit wegen versuchten einfachen Diebstahls gem. §§ 242, 22, 23 strafbar gemacht.

II. Strafbarkeit gemäß §§ 242, 244 Abs. 1 Nr. 1a

1. Vorprüfung

Wie bereits festgestellt ist der Diebstahl nicht vollendet. Die Strafbarkeit des qualifizierten Diebstahls ergibt sich aus Abs. 2.

2. Tatentschluss

Fraglich ist, ob der Tatentschluss des A auf die Verwirklichung des § 244 Abs. 1 Nr. 1a gerichtet war. Dann müsste er bei der Tat eine Waffe oder ein anderes gefährliches Werkzeug bei sich geführt haben wollen. In Betracht kommt der Schraubenzieher als gefährliches Werkzeug. Was unter einem gefährlichen Werkzeug i. S. d. § 244 Abs. 1 Nr. 1a zu verstehen ist, ist umstritten.

Einig ist man sich, dass die für § 224 entwickelte Definition vorliegend nicht verwendet werden kann, da diese Definition auf die konkrete Verwendung im Einzelfall abstellt, welche bei § 244 Abs. 1 Nr. 1a jedoch nicht erforderlich ist. Eine Definition, nach welcher jedes Werkzeug gefährlich ist, welches nach seiner objektiven Beschaffenheit, geeignet ist, erhebliche

56 So auch *BayOLG* JR 1999, 36.

57 Vgl. dazu auch *Jäger* Strafrecht AT Rn. 259 ff.

Verletzungen herbeizuführen, ist zu weit, da alsdann auch einfache Gegenstände wie massive Gürtelschnallen unter den Begriff fallen mit der Folge, dass ein Diebstahl, bei welchem der Täter diese Gegenstände bei sich führt, ein qualifizierter Diebstahl mit einer erhöhten Strafandrohung wäre. Eine Definition[58], die auf die subjektive Gebrauchsabsicht des Täters abstellt, ist systemwidrig, da diese Gebrauchsabsicht im Gegensatz zu Ziffer 1b gerade nicht erforderlich ist und den Begriff des gefährlichen Werkzeuges in Ziffer 1a überflüssig machen würde, da jeder Gegenstand alsdann unter Ziffer 1b subsumierbar wäre. Unter Beachtung des Strafzwecks der Norm (Eskalationsgefahr) könnte von daher folgende Definition vorzugswürdig sein: Gefährlich ist ein Werkzeug dann, wenn es waffenähnlich ist und aufgrund seiner Beschaffenheit geeignet ist, erhebliche Verletzungen herbeizuführen. Die Waffenähnlichkeit führt dazu, dass der Täter in einer bedrängten Situation sich des Gegenstandes schnell erinnert und ihn zur Bedrohung des Opfers einsetzt[59]

Der BGH[60] hat in seiner Entscheidung vom 3. Juni 2008 zunächst deutlich gemacht, dass er die Fassung des § 244 Abs. 1 Nr. 1a und § 250 Abs. 1 Nr. 1a für missglückt hält. Die fehlerhafte Fassung des Gesetzes sowie die Untauglichkeit des vom Gesetzgeber erteilten Auslegungshinweises führen nach Auffassung des BGH dazu,

„...dass mit den Mitteln herkömmlicher Auslegungstechnik eine umfassende, sachgerechte Lösung für alle denkbaren Einzelfälle nicht zu erreichen ist. Der Senat sieht deshalb davon ab, im vorliegenden Fall über die Beantwortung der präzisierten, dem konkreten Sachverhalt angepassten Rechtsfrage hinaus den Versuch zu unternehmen, das Tatbestandsmerkmal "anderes gefährliches Werkzeug" im Sinne des § 244 Abs. 1 Nr. 1 Buchst. a StGB allgemeingültig zu definieren."[61]

Der BGH ist allerdings der Auffassung, dass die Bestimmung des Tatbestandsmerkmals allein anhand objektiver Kriterien zu erfolgen hat, wobei er aus o.g. Gründen eine allgemein gültige Definition schuldig bleibt. Er erkennt, dass es dadurch zu einer schwer kalkulierbaren Einzelfallkasuistik kommen kann und dass die Gefahr widersprüchlicher Entscheidungen „offenkundig" ist. Insofern nimmt er den Gesetzgeber in die Pflicht, indem er darauf hinweist, dass die „Misslichkeiten" durch eine Neufassung des Gesetzes beseitigt werden müssten.[62]

Ein Schraubenzieher ist jedoch ein gewöhnliches Diebstahlswerkzeug und weist weder eine Ähnlichkeit mit einem Messer noch mit sonst einer Waffe auf. Auch hatte A weder einen Verwendungsvorbehalt noch eine Verwendungsabsicht. Der Tatentschluss des A war mithin nicht darauf gerichtet, bei der Begehung des Diebstahls ein gefährliches Werkzeug gem. § 244 I Nr. 1a bei sich zu führen.

Eine Strafbarkeit gem. §§ 242, 244 Abs. 1 Nr. 1a scheidet damit aus.

III. Strafbarkeit gemäß § 123

Eine Strafbarkeit gem. § 123 scheidet aus, da A den Supermarkt nicht gegen den Willen des Hausrechtsinhabers betreten hat.

IV. Strafbarkeit gemäß §§ 303, 22, 23

A hat sich jedoch gem. §§ 303, 22, 23 der versuchten Sachbeschädigung strafbar gemacht, da sein Tatentschluss auf das Aufbrechen der Kassen gerichtet war, welche dabei beschädigt worden wären.

Zweiter Handlungsabschnitt: In der Spielhalle

A. Strafbarkeit des A

I. Strafbarkeit gemäß §§ 249, 251, 22, 23

A könnte sich wegen versuchten Raubes mit Todesfolge gem. §§ 249, 251, 22, 23 strafbar gemacht haben, indem er einen Schuss auf S abgab.

58 S. *Wessels/Hillenkamp* Strafrecht BT 2 Rn. 260 ff.

59 Vgl. zum Meinungsstand auch *Jäger* Strafrecht AT Rn. 269 ff.

60 *BGH* Beschluss vom 3.6.2008, 3 StR 246/07, abrufbar unter www.bundesgerichtshof.de.

61 *BGH* a.a.O., Rn. 24, abrufbar unter www.bundesgerichtshof.de

62 *BGH* a.a.O., Rn. 32, abrufbar unter www.bundesgerichtshof.de; siehe dazu auch Anmerkung Mitsch, NJW 2008, 2865, der eine ersatzlose Streichung des Begriffes vorschlägt

1. Vorprüfung

A hat kein Geld aus der Kasse genommen, so dass eine Vollendung des Raubes nicht gegeben ist. Die Strafbarkeit des Versuchs ergibt sich aus § 23 Abs. 1.

2. Tatentschluss

A wollte den S durch Vorhalten der Waffe und ggf. Abgeben eines Warnschusses mit gegenwärtiger Gefahr für Leib und Leben bedrohen. Diese Drohung wollte er einsetzen, um das Geld, welches eine fremde bewegliche Sache gewesen wäre, gegen den Willen des S wegzunehmen. Der Tatentschluss war damit auf die Verwirklichung des objektiven Tatbestandes des Raubes gerichtet.

A besaß auch die erforderliche Zueignungsabsicht, da er S dauerhaft aus seiner Eigentümerposition verdrängen und sich selbst in dessen Position zu setzen beabsichtigte. Dass er auch hier keinen fälligen und einredefreien Anspruch auf das Geld gehabt hätte, wusste er ebenfalls.

Der Tatentschluss ist damit zu bejahen.

3. Unmittelbares Ansetzen

Indem A dem S die Waffe vorhielt, hat er einen Akt des zweiaktigen Raubes verwirklicht, nämlich das Drohen. Damit hat er subjektiv die Schwelle zum „Jetzt geht's los" überschritten und das geschützte Rechtsgut ohne weitere Zwischenschritte nach seiner Vorstellung konkret gefährdet.

A hat somit unmittelbar zum Raub angesetzt.

4. Schwere Folge gemäß § 251

Der Tod des S ist eingetreten. Dieser wurde auch kausal durch den Einsatz der Schusswaffe also Drohmittel herbeigeführt. Fraglich ist, ob der Unmittelbarkeitszusammenhang gegeben ist. Dieser liegt vor, wenn der Täter durch die Raubmittel eine spezifische Gefährlichkeit geschaffen hat, die sich dann nachfolgend in typischer Weise realisiert hat. Das Vorhalten einer entsicherten Waffe birgt stets die Gefahr, dass sich aufgrund von Unachtsamkeit, Aufregung oder durch ein entstehendes Handgemenge ein Schuss löst. Eben diese Gefahr hat sich vorliegend realisiert, so dass der Unmittelbarkeitszusammenhang bejaht werden kann. A hat auch die im Verkehr erforderliche Sorgfalt in besonders hohem Maße außer Acht gelassen und damit leichtfertig gehandelt, indem er – so aufgeregt und unerfahren wie er war – mit einer ungesicherten Waffe hantierte. Die Voraussetzungen des § 251 liegen somit vor.

5. Rechtswidrigkeit und Schuld

Rechtfertigungs- und Schuldausschließungsgründe sind nicht ersichtlich.

6. Rücktritt

A könnte strafbefreiend vom Versuch zurückgetreten sein, indem er die Spielhalle ohne Geld verließ. Fraglich ist jedoch, ob ein solcher **Rücktritt noch möglich** ist, da die schwere Folge gem. § 251 bereits eingetreten ist.

In der **Literatur** wird teilweise vertreten, dass ein Rücktritt vom erfolgsqualifizierten Versuch nicht möglich sei, da eine Gefährdungsumkehr bei Eintritt der Folge nicht stattgefunden habe. Der Schutzzweck des erfolgsqualifizierten Deliktes würde umgangen, wenn man den Rücktritt zuließe.[63]

Demgegenüber vertritt die **h.M.** die Auffassung, dass § 24 insoweit eindeutig sei. Das Grunddelikt sei auch bei einem erfolgsqualifizierten Delikt nur versucht, weswegen ein Rücktritt möglich sei. Der Ausschluss des Rücktritts stelle ein unzulässige Restriktion des § 24 zu Lasten des Täters dar.[64]

Dem ist beizupflichten. Mit dem Rücktritt vom versuchten Grunddelikt entfällt der Anknüpfungspunkt für die Erfolgsqualifikation, so dass eine Strafbarkeit diesbezüglich nicht mehr möglich ist. Der Unwertgehalt der Tötung kann durch § 222 bestraft werden. Dementsprechend ist mit der h.M. vorliegend ein strafbefreiender Rücktritt gegeben.

A hat sich nicht gem. §§ 249, 251, 22, 23 strafbar gemacht.

63 *Jäger* Strafrecht AT Rn. 325; *Wolter* JuS 1981, 178.
64 *Küper* JZ 1997, 229; *Wessels/Beulke* Strafrecht AT Rn. 653a; *BGH* NJW 1996, 2663.

II. Strafbarkeit gemäß § 222

A hat sich jedoch der fahrlässigen Tötung strafbar gemacht, indem er unachtsam die entsicherte Waffe auf S richtete und dabei einen Schuss abgab.

III. Strafbarkeit gemäß § 240

A hat sich auch der Nötigung gem. § 240 strafbar gemacht, indem er S durch Vorhalten der Waffe dazu zwang, die Hände hoch zu nehmen und sich umzudrehen.

IV. Strafbarkeit gemäß § 123

Eine Strafbarkeit gem. § 123 kommt erneut nicht in Betracht, da A nicht offen feindselig, sondern zunächst als normaler Gast die Spielhalle betreten hat.

Gesamtergebnis

A hat sich gem. §§ 242, 22, 23 in Tateinheit mit §§ 303, 22, 23 strafbar gemacht. Tatmehrheitlich dazu hat er sich gem. §§ 222 und 240 strafbar gemacht, die zueinander wiederum in Tateinheit stehen.

3. Teil
Das Unterlassungsdelikt

A. Überblick

Das Unterlassen einer rechtlich gebotenen Handlung stellt neben dem aktiven Tun die 51
zweite Grundform strafrechtlichen Verhaltens dar. Unterscheiden müssen Sie **zwei verschiedene Formen von Unterlassungsdelikten**:

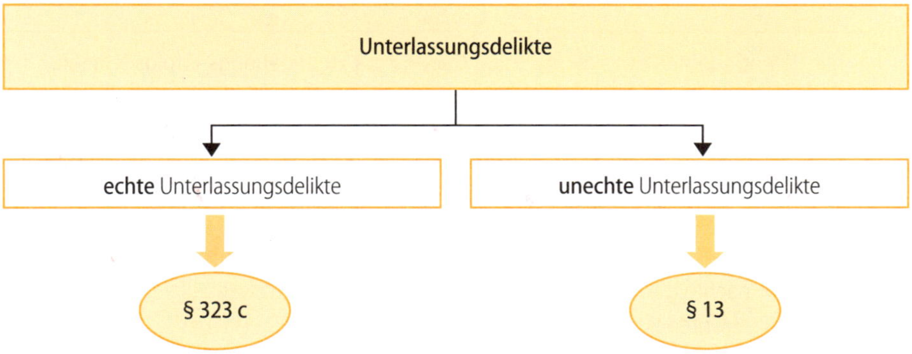

Die **echten Unterlassungsdelikte** sind zumeist Straftatbestände, die vom Gesetzgeber als Gebotsnorm geschaffen wurden und deren Verwirklichung im **Unterlassen einer gesetzlich geforderten Tätigkeit** liegt. Der Eintritt eines von dem Unterlassen abgrenzbaren Erfolges wird nicht vorausgesetzt.

Hinweis

Die echten Unterlassungsdelikte sind damit das **Gegenstück zu den Tätigkeitsdelikten**.

Beispiel Die Nichtanzeige geplanter Straftaten gem. § 138, der Hausfriedensbruch in der zweiten Alternative gem. § 123 Abs. 1 sowie vor allem die unterlassene Hilfeleistung nach § 323c sind echte Unterlassungsdelikte. Für die Strafbarkeit kommt es allein auf das Unterlassen der rechtlich verlangten Handlung an. ■

Hinweis

Klausurrelevant ist hier vor allem der § 323c, der häufig in Zusammenhang mit der Teilnahme an der Selbsttötung geprüft werden muss. Eine ausführliche Darstellung zu diesem Thema finden Sie im Skript Strafrecht BT I.

Die **unechten Unterlassungsdelikte** sind Straftatbestände, die vom Gesetzgeber nicht als 52
Unterlassungsdelikte normiert wurden. Vielmehr kann **jedes Erfolgsdelikt** auch durch Unterlassen begangen werden. Voraussetzung ist, dass gem. § 13 der Täter verpflichtet ist, den Erfolg abzuwenden und sein Unterlassen von der Wertigkeit einem aktiven Tun entspricht.

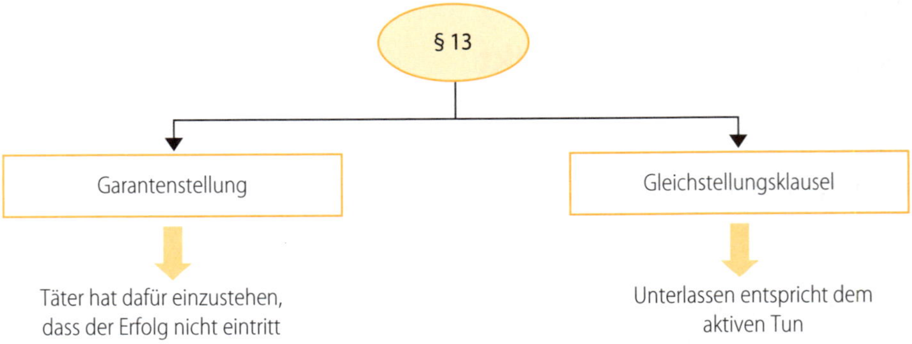

Hinweis

Unechte Unterlassungsdelikte sind damit das **Gegenstück zu Begehungs-Erfolgsdelikten.**

Beispiel Ein Täter, der einem Nichtschwimmer nicht aus dem Wasser hilft, obwohl er (beispielsweise weil er der Vater ist) verpflichtet ist, ihm zu helfen, ist genauso strafbar wie ein Täter, der den Nichtschwimmer von der Klippe ins Meer gestürzt hat. ■

» Sollten Sie den Aufbau des fahrlässigen Delikts noch nicht oder nicht mehr können, dann nutzen Sie an dieser Stelle die Gelegenheit und wiederholen Sie dieses Thema, dargestellt im Skript Strafrecht AT I. «

53 Die unechten Unterlassungsdelikte sind **sowohl vorsätzlich als auch fahrlässig** begehbar. Wir werden uns nachfolgend am Aufbau des vorsätzlichen Unterlassungsdeliktes orientieren. Beim fahrlässigen Unterlassungsdelikt müssen Sie den nachfolgend dargestellten Aufbau dem Fahrlässigkeitsdelikt anpassen, d. h. es entfällt der subjektive Tatbestand, stattdessen ist im (objektiven) Tatbestand zusätzlich der Fahrlässigkeitsvorwurf zu prüfen.

Der **Aufbau** des vorsätzlichen unechten Unterlassungsdelikts sieht wie folgt aus:

Das vorsätzliche unechte Unterlassungsdelikt

I. Objektiver Tatbestand

1. besondere Merkmale des Tatsubjektes, sofern vom Gesetz gefordert (Beispiel: Amtsträger in § 340)
2. das Tatobjekt entsprechend den tatbestandlich vorausgesetzten Merkmalen (Beispiel: „ein anderer Mensch" bei § 212)
3. Eintritt des tatbestandlichen Erfolges
4. Unterlassen der Abwendung des Erfolges bei objektiver Möglichkeit zur Vornahme der gebotenen Handlung
   - Abgrenzung Tun/Unterlassen Rn. 57
   - Abgrenzung täterschaftliches Unterlassen von der Beihilfe durch Unterlassen Rn. 61
5. Kausalität
6. objektive Zurechung des Erfolges zum Unterlassen
7. Garantenstellung
   - Beschützergarant aus enger persönlicher Verbundenheit Rn. 68
   - Überwachergarant aus Ingerenz Rn. 75
8. Entsprechungsklausel
   - Mord durch Unterlassen zur Verdeckung[1] Rn. 93

II. Subjektiver Tatbestand

Vorsatz

III. Rechtswidrigkeit

Rechtfertigende Pflichtenkollision

IV. Schuld

Unzumutbarkeit normgemäßen Verhaltens

PRÜFUNGSSCHEMA

B. Objektiver Tatbestand

Wie Sie beim Lesen des Aufbauschemas festgestellt haben, müssen Sie beim Unterlassungs- 54
delikt, wie beim Begehungsdelikt auch, zunächst die **deliktsspezifischen Besonderheiten** beachten. Handelt es sich bei der von Ihnen in der Klausur zu prüfenden Straftat um eine Körperverletzung im Amt durch Unterlassen gem. §§ 340, 223, 13, dann müssen Sie neben den allgemeinen Voraussetzungen prüfen, ob der Täter Amtsträger ist. Handelt es sich um eine Misshandlung Schutzbefohlener durch Unterlassen gem. §§ 225 Abs. 1, 13, muss festgestellt werden, ob das Opfer die Voraussetzungen der Norm erfüllt. Diese Besonderheiten der Normen werden in den Skripten Strafrecht Besonderer Teil I–III dargestellt. Nachfolgend werden wir uns, wie beim Begehungsdelikt auch, mit den **allgemeinen Grundsätzen des Unterlassungsdelikts** beschäftigen, die für alle Unterlassungsdelikte gleichermaßen bedeutsam sind.

1 S. Übungsfall Nr. 2.

I. Unterlassen der gebotenen Handlung

55 Im Gegensatz zum Begehungsdelikt muss beim Unterlassungsdelikt der Erfolg kausal und objektiv zurechenbar durch das **Unterlassen der gebotenen Handlung** herbeigeführt worden sein.

Eine Handlung ist geboten, wenn sie in der konkreten Gefahrenlage erforderlich ist und für den Täter die physisch-reale Möglichkeit besteht, das Gebotene in sinnvoller Weise zu tun.[2]

Unterlassen bedeutet also nicht schlichtes Untätigsein, sondern vielmehr die **Nichtvornahme** eine, in der konkreten Situation **rechtlich geforderten und damit erforderlichen Tätigkeit**. Welche Handlung der Täter hätte vornehmen müssen, hängt von den Umständen des Einzelfalles ab und ist von Ihnen in der Klausur **objektiv zu bestimmen**. Zu beachten ist dabei, dass dem Täter in der Gefahrensituation das Handeln physisch-real möglich sein muss.[3]

56 Das Unterlassen wird mithin – wie die Fahrlässigkeit auch – in (jedenfalls gedanklich) **2 Schritten** geprüft:

- Ermittlung der Handlung, die ein Dritter in der konkreten Situation vorgenommen hätte
- Feststellung, dass der Täter hinter den Anforderungen zurückgeblieben ist, obwohl er physisch in der Lage war, die Handlung vorzunehmen.

Die **physisch reale Möglichkeit** fehlt zum Beispiel bei Nichtvorhandensein der zur Rettung notwendigen Hilfsmittel oder bei der individuellen Unfähigkeit des Täters, die zur Vermeidung des Erfolgs gebotene Handlung vorzunehmen.

Beispiel Als A an einem schönen Sonntagvormittag an der Ruhr spazieren geht, erblickt er seinen Sohn, den fünfjährigen B, der in dem Fluss zu ertrinken droht. A springt nicht in die Ruhr, um ihn zu retten, da er selbst Nichtschwimmer ist und bei diesem Versuch ebenfalls ertrinken würde.

Hier fehlt es für A an der physisch-realen Möglichkeit, die erforderliche Rettungshandlung, nämlich das Hinterherschwimmen und Herausziehen des B, vorzunehmen. Fraglich ist in diesen Fällen jedoch, ob A nicht durch das Herbeirufen Dritter die erforderliche Rettung hätte veranlassen können. Im konkreten Fall bedeutet dies, dass A andere Spaziergänger auf die Notlage hätte aufmerksam machen und veranlassen müssen, den B zu retten. ■

JURIQ-Klausurtipp

Bedenken Sie in der Klausur, dass es häufig **mehrere Handlungsalternativen** gibt. Ist dem Täter eine davon physisch real nicht möglich, so bedeutet dies nicht zwangsläufig, dass er straffrei ist, sofern es noch andere Möglichkeiten gibt, die ebenfalls den Eintritt des Erfolges verhindert hätten.

2 *Wessels/Beulke* Strafrecht AT Rn. 708.

3 *Wessels/Beulke* Strafrecht AT Rn. 708; *Fischer* § 13 Rn. 42.

II. Abgrenzung positives Tun – Unterlassen

57 In der Klausur können Ihnen Sachverhalte begegnen, bei denen nicht auf den ersten Blick ersichtlich ist, ob der **Erfolg durch ein Unterlassen oder durch ein Handeln herbeigeführt** wurde. Da ein Unterlassen nur dann strafbar ist, wenn die Voraussetzungen des § 13 verwirklicht sind, der Täter also insbesondere als Garant verpflichtet ist, den Erfolg abzuwenden, ist die Abgrenzung zwischen positivem Tun und Unterlassen sehr bedeutsam.

Beispiel A wirft dem in den Brunnen gefallenen B ein Seil zu. Noch bevor B dieses Seil ergreifen kann, zieht A es wieder zurück, woraufhin B ertrinkt.

Knüpft man an das Werfen des Seils als aktives Tun an, so ist eine Strafbarkeit des A gem. § 212 zu bejahen. Knüpft man hingegen an die unterlassene, erfolgreiche Rettung des B an, so wäre A nur dann zu bestrafen, wenn er eine Garantenstellung inne gehabt hätte, was z. B. der Fall ist, wenn A der Vater des B war. Fehlt diese Garantenstellung, so kann A sich nur nach § 323c (Straferwartung max. 1 Jahr) strafbar gemacht haben. ■

Die Abgrenzung ist sowohl im Fahrlässigkeits- als auch im Vorsatzbereich relevant. Insbesondere im **Fahrlässigkeitsbereich** ist sie besonders schwierig, da das Außerachtlassen der im Verkehr erforderlichen Sorgfalt stets ein Unterlassen beinhaltet.

Beispiel Radfahrer R versäumt es, abends das Licht einzuschalten und fährt unbeleuchtet los. Aufgrund der fehlenden Beleuchtung erkennt er den Fußgänger A nicht rechtzeitig und fährt ihn an. A zieht sich dabei schwere Prellungen zu.

Hier liegt in dem Nicht-Einschalten des Lichtes ein Unterlassen, in dem Fahren ohne Licht hingegen ein aktives Tun. Sofern man auf das Unterlassen abstellen wollte, wäre eine Garantenstellung des R erforderlich. ■

58 In Literatur und Rechtsprechung werden verschiedene Lösungsansätze zur Abgrenzung des aktiven Tuns vom Unterlassen vertreten.

Der teilweise im Schrifttum vertretene **naturalistische Ansatz** überprüft, ob der Täter eine Aktivität im Sinne einer positiven Energie in Richtung auf das verletzte Rechtsgut entfaltet hat und ob diese Aktivität in einer ununterbrochenen Kette reale Außenweltsveränderungen herbeigeführt hat, die ohne Hinzudenken hypothetischer, weiterer Faktoren mit dem Erfolg verknüpft sind.[4] Hat der Täter diese Aktivität entfaltet, so ist von aktivem Tun auszugehen. Liegt kein Energieeinsatz in Richtung auf das verletzte Rechtsgut vor, so ist von Unterlassen auszugehen. Bei mehrdeutigen Verhaltensweisen wird ein Handeln angenommen, wenn der Vorwurf der Unterlassungstat nicht zur Strafbarkeit führt bzw. geringer wiegt.[5]

Nach **herrschender Meinung** ist die Abgrenzung nach normativen Kriterien zu entscheiden. Zwar wird auch von dieser Meinung zunächst überprüft, ob Aktivität oder Inaktivität des Täters in Bezug auf den konkreten Deliktserfolg vorliegt. Bei **mehrdeutigen Verhaltensweisen** wird jedoch auf den sozialen Sinngehalt des Verhaltens bzw. den **Schwerpunkt der Vorwerfbarkeit** abgestellt.[6]

4 SK-*Rudolphi* Vor § 13 Rn. 6; *Maurach/Gössel/Zipf* Strafrecht AT 2 § 45 Rn. 30.
5 Vgl. zu den verschiedenen Lösungsansätzen auch *Jäger* Strafrecht AT Rn. 333.
6 *Wessels/Beulke* Strafrecht AT Rn. 700; *BGHSt* 6, 46; *OLG Karlsruhe* GA 1980, 429; vgl. auch *Jäger* Strafrecht AT Rn. 333 zum weiteren Meinungsstand.

JURIQ-Klausurtipp

In aller Regel gelangen die unterschiedlichen Ansätze zu ähnlichen Ergebnissen, so dass Sie sich in der Klausur auf die **Darstellung der herrschenden Meinung** beschränken können. Diskutiert wird die Problematik bei dem Prüfungspunkt „Unterlassen der gebotenen Handlung".

Beispiel Im obigen Radleuchtenfall[7] wurde zu Recht das Vorliegen eines aktiven fahrlässigen Begehungsdeliktes angenommen. Der Schwerpunkt der Vorwerfbarkeit lag in der Teilnahme am Straßenverkehr durch Fahren ohne Licht, also in einem aktiven Tun. Das Unterlassungsmoment, nämlich das Nichteinschalten der Beleuchtung stellte dabei die Außerachtlassung der im Verkehr erforderlichen Sorgfalt, also das Fahrlässigkeitsmoment dar. ■

Beispiel Auch beim Ziegenhaarfall[8] wurde auf ein aktives Tun abgestellt. Hier hatte der Täter seinen Arbeiterinnen chinesische Ziegenhaare ausgehändigt, ohne sie vorher zu desinfizieren. Vier Arbeiterinnen infizierten sich mit Milzbrand und starben. Der Schwerpunkt der Vorwerfbarkeit wurde hier in der Weitergabe der nicht desinfizierten Ziegenhaare gesehen. Das Unterlassungsmoment der fehlenden Desinfektion wurde als Sorgfaltspflichtwidrigkeit angesehen. ■

59 Problematisch in der Klausur (seltener in der Praxis!) ist gelegentlich die Abgrenzung zwischen aktivem Tun und Unterlassen **beim Abbruch von Rettungshandlungen**. Dabei sind drei Fallgestaltungen zu differenzieren:

Beispiel A wirft dem ertrinkenden B das Seil zu. Noch bevor B das Seil ergreifen kann, zieht A es wieder zurück. Strafbarkeit des A? ■

Beispiel A wirft dem in den Brunnenschacht gefallenen B wiederum das Seil zu. B ergreift dieses Seil und beginnt hochzuklettern, als A das Seil loslässt. B fällt wieder in den Brunnen und ertrinkt. Strafbarkeit des A? ■

Beispiel C will gerade dem B das Seil herunterwerfen als A kommt und ihn unter Vorhalten einer Schusswaffe dazu zwingt, das Seil nicht zu werfen. Strafbarkeit des A? ■

Ein **Unterlassen** liegt nach überwiegender Auffassung vor, wenn der Täter die Rettungsbemühungen abbricht, **bevor die Rettungshandlung das Opfer erreicht** hat und sich ihm eine tatsächlich realisierbare Rettungsmöglichkeit eröffnet hat. Die Situation des Opfers ist in diesen Fällen objektiv dieselbe, als wenn der Täter gar nichts unternommen hätte.[9]

Ein **aktives Tun** wird hingegen überwiegend angenommen, wenn die **Rettungsbemühungen das Opfer erreicht** haben und der Täter eine bereits realisierbare Rettungsmöglichkeit aktiv vernichtet.[10]

Ein **aktives Tun** liegt auch vor, wenn der Täter **Rettungshandlungen eines Dritten** durch Zwang oder Täuschung **vereitelt**.

7 *RGSt* 63, 392.
8 *RGSt* 63, 211.
9 *Jäger* Strafrecht AT Rn. 335.
10 *Wessels/Beulke* Strafrecht AT Rn. 702; *Jäger* Strafrecht AT Rn. 335.

Für die *obigen Beispiele* bedeutet dies, dass in der ersten Alternative eine Tötung durch Unterlassung anzunehmen ist, da die Rettungshandlung B noch nicht erreicht hatte, denn für B bestand, da er das Seil noch nicht ergriffen hatte, noch keine tatsächliche realisierbare Rettungsmöglichkeit.

Im zweiten Fall liegt eine Tötung durch aktives Tun vor, da sich durch das Ergreifen des Seiles und des beginnenden Hochziehens die Rettungsmöglichkeit für den B bereits realisiert hatte und in greifbare Nähe gerückt war.

Im dritten Fall hat A sich wegen aktiver Tötung gem. § 212 strafbar gemacht, da auch hier der Schwerpunkt der Vorwerfbarkeit nicht in dem Unterlassen der eigenen Rettungsbemühungen, sondern in dem aktiven Abhalten des C liegt. C hingegen könnte sich der Tötung durch Unterlassen strafbar gemacht haben. Allerdings ist er gem. § 35 entschuldigt, da er sich in einem Nötigungsnotstand befand.

In der Praxis weitaus häufiger sind die Fälle anzutreffen, in denen ein **Arzt lebenserhaltende** 60
medizinische Maßnahmen einstellt und dadurch die „Rettung" des Patienten unterlässt. Nimmt der Arzt von vornherein diese Maßnahmen nicht vor, liegt darin unproblematisch ein Unterlassen. Ein solches wird jedoch auch dann angenommen, wenn der Arzt bereits eingeleitete Maßnahmen rückgängig macht, da auch dann der **Schwerpunkt der Vorwerfbarkeit** in dem Unterlassen der Lebensverlängerung und nicht in dem Abschalten des Geräts gesehen wird.[11] Nach neuer BGH-Rechtsprechung gilt dies auch für nicht medizinische Betreuer und zwar selbst dann, wenn sich das Opfer nicht im Sterbeprozess befindet.

» Wiederholen Sie in diesem Zusammenhang das Thema „Teilnahme an der Selbsttötung", ausführlich dargestellt in den Skripten Strafrecht AT I und BT I. «

Hinweis

Damit kann eine Straflosigkeit des Arztes wegen **passiver Sterbehilfe** angenommen werden. Würde man auf ein aktives Tun abstellen, läge eine aktive Sterbehilfe vor, die in Deutschland gem. § 216 strafbar ist.

Beispiel Tochter T, deren Mutter seit Jahren im Wachkoma liegt, wurde inzwischen zur Betreuerin der Mutter bestellt. Aufgrund des seinerzeitig ausdrücklich geäußerten Willens der Mutter möchte T die über eine Magensonde stattfindende, künstliche Ernährung der Mutter einstellen und ihr so ein natürliches Sterben ermöglichen. Da die Heimleitung sich weigert, diese Maßnahme umzusetzen, bzw., sofern T sie selber vornimmt, zu dulden, rät Anwalt A, der T seit langem rechtliche betreut, den Schlauch der Magensonde über dem Bauchnabel abzuschneiden. Er ist der Auffassung, dass in Anbetracht des Willens der Mutter das ärztliche Personal des Krankenhauses keine neue Sode legen und die Mutter alsdann sterben wird. Er erklärt der T, dass dies straflose Sterbehilfe sei. T geht dementsprechend vor. Die Mutter, der jedoch wider Erwarten eine neue Sonde gelegt wird, verstirbt 2 Wochen später an einer anderen Ursache.

T wurde vom Landgericht vom Vorwurf des versuchten Totschlags frei gesprochen, weil zu ihren Gunsten ein unvermeidbarer Verbotsirrtum gem. § 17 angenommen wurde. A hingegen wurde wegen mittäterschaftlichen, versuchten Totschlags verurteilt. Der BGH[12] hat dieses Urteil aufgehoben und A frei gesprochen. Nach seiner Auffassung trifft die Bewertung des Landgerichts nicht zu, wonach A sich durch seine Mitwirkung an der

11 *Wessels/Beulke* Strafrecht AT Rn. 703; *Jäger* Strafrecht AT Rn. 336; *BGHSt* 40, 257.
12 *BGH* Urteil vom 25.06.2010, 2 StR 454/09, abrufbar unter www.bundesgerichtshof.de

aktiven Verhinderung der Wiederaufnahme der Ernährung wegen versuchten Totschlags strafbar gemacht habe. Die von T – in Übereinstimmung auch mit den inzwischen in Kraft getretenen Regelungen der §§ 1901a, 1904 BGB – geprüfte Einwilligung der Mutter rechtfertigte nicht nur den Behandlungsabbruch durch bloßes Unterlassen weiterer Ernährung, sondern auch ein aktives Tun, das der Beendigung oder Verhinderung einer von ihr nicht oder nicht mehr gewollten Behandlung diente. Eine nur an den Äußerlichkeiten von Tun oder Unterlassen orientierte Unterscheidung der straflosen Sterbehilfe vom strafbaren Töten des Patienten wird dem sachlichen Unterschied zwischen der auf eine Lebensbeendigung gerichteten Tötung und Verhaltensweisen nicht gerecht, die dem krankheitsbedingten Sterbenlassen mit Einwilligung des Betroffenen seinen Lauf lassen. ■

III. Abgrenzung täterschaftlichen Unterlassens von der Beihilfe durch Unterlassen

P

61 Problematisch und umstritten ist, ob ein Täter, der es unterlässt, eine Rechtsgutsverletzung zu verhindern, die ein Dritter vorsätzlich begeht, Täter eines Unterlassungsdeliktes oder lediglich Teilnehmer an diesem Unterlassungsdelikt ist.

Beispiel Der verurteilte Jugendliche J, der zusammen mit A und B eine Zelle teilt, wird von diesen über einen längeren Zeitraum „in einer Atmosphäre der Gewalt" gequält und gedemütigt. So muss er 20 Purzelbäume schlagen, bis zum Erbrechen eine große Menge Hering essen und sexuelle Nötigungen über sich ergehen lassen. Am Tattag nimmt nun A an J eine simulierte Exekution vor, indem er J an einen Stuhl fesselt und ihm eine Plastiktüte über den Kopf zieht, die er erst entfernt, nachdem J kurz davor ist, zu ersticken. B hat dabei lediglich zugesehen.

Der BGH[13] hat ausgeführt, dass B gegenüber J zunächst eine Garantenstellung aus Ingerenz gehabt habe, da er dem A durch die vorangegangenen Misshandlungen zu verstehen gegeben habe, dass dieser sich bei weiteren Misshandlungen keine Hemmungen aufzuerlegen brauche. Damit aber habe er die Gefahr der Eskalation geschaffen. Fraglich ist nun aber, ob sich B wegen mittäterschaftlich begangener, gefährlicher Körperverletzung und Nötigung durch Unterlassen oder nur wegen Beihilfe dazu durch Unterlassen strafbar gemacht hat. ■

» Diese Abgrenzungskriterien werden ausführlich dargestellt bei „Täterschaft und Teilnahme", dort unter Rn 98. Zum besseren Verständnis empfiehlt es sich, die dortigen Ausführungen zu lesen. «

Nach **herrschender Meinung** ist auf die im Begehungsbereich entwickelten **Abgrenzungskriterien zwischen Täterschaft und Teilnahme** abzustellen, um eine dem Einzelfall gerechte Entscheidung zu treffen. Demnach ist entscheidend, ob der Garant mit Tatherrschaft und Willen zur Tatherrschaft die geforderte Handlung unterlässt,[14] oder ob er die Tat als eigene oder als fremde will.[15] Dabei erfolgt die Abgrenzung nach dem Täterwillen auf der Grundlage der genannten objektiven Kriterien. Tatherrschaft und Wille zur Tatherrschaft bilden ein Indiz für den Willen, die Tat als eigene zu begehen.[16]

---

13 *BGH* Urteil vom 12.2.2010, 4 StR 488/08, abrufbar unter www.bundesgerichtshof.de
14 *Maurach/Gössel/Zipf* Strafrecht AT 2 § 47 Abs. V Rn. 111; *Wessels/Beulke* Strafrecht AT § 16 II Rn. 733.
15 *BGH* NJW 1963, 1763; NJW 1966, 1763.
16 *BGHSt* 28, 346 (348); *BGH* NJW 1987, 2881.

Nach einer **teilweise** in der Literatur vertretenen Auffassung ist das pflichtwidrige Untätigbleiben gegenüber dem vorsätzlich handelnden Begehungstäter **immer nur eine Beihilfe des Garanten**. Alleine der aktiv Handelnde beherrsche das Geschehen und „verstelle" daher dem Garanten den „Zugang" zum strafbaren Erfolg.[17] Auch aus Akzessorietätsgründen sei nur Beihilfe möglich. Das Unrecht des Garantenunterlassens sei von dem Vorsatzinhalt und der Vorsatzverwirklichung des Begehungstäters abhängig.[18] **62**

Nach **anderen Auffassungen** hingegen kann im Unterlassensbereich der Gesichtspunkt der Tatherrschaft zur Abgrenzung Täterschaft/Teilnahme nicht herangezogen werden. Die bloße Möglichkeit, einen Erfolg zu verhindern, begründe keine Tatherrschaft, sondern sei lediglich im Rahmen der Kausalität von Bedeutung. Bei den Unterlassungsdelikten handele es sich um Pflichtdelikte, bei denen allein die Verletzung der Erfolgsabwendungspflicht unrechtsbegründend wirke. Dabei lege die **Garantenpflicht** nicht nur den potentiellen Täterkreis fest, sondern wirke auch **täterschaftskonstituierend**, indem jeder, der die Erfolgsabwendungspflicht verletze, Täter sei.[19]

Eine **weitere Meinung** unterscheidet schließlich nach **Art und Inhalt der verletzten Handlungspflicht**. Entscheidend sei, ob die Tat wertmäßig die Voraussetzungen einer Beihilfe oder einer Täterschaft erfülle. Der **Beschützergarant** sei regelmäßig als **Täter** anzusehen. Seine Pflicht sei unmittelbar erfolgsbezogen, ihn interessiere nicht der zum Erfolg führende Kausalverlauf, sondern allein die Erfolgsabwendung als solche. Der **Überwachergarant** hingegen unterliege einer qualitativ anderen Rechtspflicht, deren Unterlassen wertmäßig einer Beihilfe näher stünde.[20]

Beispiel Im obigen Beispiel hat der BGH nur eine Beihilfe durch Unterlassen angenommen. B wurde nur als Randfigur des Geschehens angesehen. Die Tatbestandsverwirklichung wurde primär von dem das Geschehen steuernden A in den Händen gehalten, auch wenn B verhindernd hätte eingreifen können. ■

JURIQ-Klausurtipp

Die Problematik ist in der Klausur **bei der Tathandlung** zu erörtern, auch wenn Sie im Rahmen der Subsumtion bei einer Theorie eine „Vorausschau" auf die Art der Garantenstellung machen müssen.

IV. Kausalität und objektive Zurechnung

Ebenso wie bei den Begehungsdelikten ist auch bei den Unterlassungsdelikten eine Verbindung zwischen Unterlassen und Erfolg nötig. Diese Verbindung wird hergestellt zum einen durch die Kausalität und zum anderen durch die objektive Zurechnung. **63**

Bei den Unterlassungsdelikten muss die conditio-sine-qua-non-Formel allerdings modifiziert werden. Ein Hinwegdenken macht hier keinen Sinn, da der Täter ja gerade nichts getan hat, was man hinwegdenken könnte.

---

17 *Gallas* JZ 1960, 686 (687).
18 *Ranft* ZStW 1984, 815 ff.
19 *Roxin* Täterschaft und Tatherrschaft, 8. Aufl. 2006 S. 458 ff.
20 Schönke/Schröder-*Cramer* Vor § 25 Rn. 104 ff.

> Das Unterlassen ist für den Erfolg **kausal**, wenn die rechtlich gebotene Handlung nicht hinzugedacht werden kann, ohne dass der tatbestandsmäßige (konkrete) Erfolg entfiele.[21]

Im Gegensatz zu den Begehungsdelikten stellt die **Rechtsprechung** bei der Definition der Kausalität nicht auf den konkreten Erfolg ab, sondern auf den **tatbestandsmäßigen Erfolg**, um so einer Ausuferung der Haftung für Unterlassungen entgegenzuwirken.

Die Literatur **hingegen** stellt hingegen wie sonst auch auf den **Erfolg in seiner konkreten Gestalt** ab und nimmt die Einschränkung im Bereich der objektiven Zurechnung vor.[22] Im Rahmen der objektiven Zurechnung wird ein **spezieller Pflichtwidrigkeitszusammenhang** gefordert. Bei diesem speziellen Pflichtwidrigkeitszusammenhang wird danach gefragt, ob die Vornahme der gebotenen Rettungshandlung in der konkreten Gefahrsituation mit an Sicherheit grenzender Wahrscheinlichkeit zur Erhaltung des gefährdeten Rechtsguts, d.h. zur Vermeidung des nunmehr tatbestandlichen Erfolges oder jedenfalls zu einer wesentlich geringeren Verletzung geführt hätte. Für den Fall, dass der gleiche tatbestandliche Erfolg lediglich in anderer Gestalt auch bei pflichtgemäßem Verhalten eingetreten wäre, wird der Pflichtwidrigkeitszusammenhang und damit die objektive Zurechnung verneint.[23]

JURIQ-Klausurtipp

Bedenken Sie, dass die Rechtsprechung die objektive Zurechnung nur bei den Fahrlässigkeitsdelikten, nicht jedoch bei den Vorsatzdelikten prüft. Insofern scheint die Einschränkung bei der Kausalität nachvollziehbar. Sie brauchen in der Klausur keine Entscheidung zwischen den unterschiedlichen Definitionsansätzen zu treffen. Es reicht, wenn Sie die **Unterschiede darstellen** und darauf hinweisen, dass die Literatur die Einschränkung bei der objektiven Zurechnung vornimmt und dementsprechend zum selben Ergebnis gelangt.

Beispiel Bei einem Brand wird A mit seinen beiden Kleinkindern in einer Dachgeschosswohnung eingeschlossen. Ein Entkommen ist lediglich durch einen Sprung aus dem Fenster, welches sich ca. sechs bis sieben Meter über der Erde befindet, möglich. Unterhalb des Fensters warteten drei kräftige Männer mit ausgebreiteten Armen darauf, dass A die Kinder aus dem Fenster wirft. Wegen des Verletzungsrisikos kann sich A jedoch nicht entschließen, die Kinder hinab zu werfen. In letzter Sekunde bringt er sich selbst durch einen Sprung nach unten in Sicherheit, während die Kinder in den Flammen umkommen.

Bei der Kausalität hat der BGH in diesem sog. Fensterwurffall[24] nicht danach gefragt, ob die Kinder dem Flammentod entgangen wären, sondern ob sie ganz allgemein dem Tod entgangen wären, wenn A sie rechtzeitig aus dem Fenster geworfen hätte. Wegen der in diesem Fall zu 90% bestehenden Gewissheit, dass bei dem Wurf die Kinder gerettet worden wären, wurde die Kausalität bejaht.

Die Literatur hätte bei der Kausalität danach gefragt, ob die Kinder dem Erfolg in seiner konkreten Gestalt, also dem Tod durch Verbrennen, entgangen wären. Dies wäre von der Literatur bejaht worden. Bei der objektiven Zurechnung hätte dann im Rahmen des spe-

21 *BGHSt* 6, 1; 37, 106; *BGH* NStZ 2000, 583.

22 *Wessels/Beulke* Strafrecht AT Rn. 712.

23 *Wessels/Beulke* Strafrecht AT Rn. 713; *Otto* in Jura 2001, 275.

24 *BGH* JZ, 1973, 173.

ziellen Pflichtwidrigkeitszusammenhangs danach gefragt werden müssen, ob der Wurf aus dem Fenster mit an Sicherheit grenzender Wahrscheinlichkeit zum Überleben der Kinder geführt hätte. Dies wäre von der Literatur im Rahmen der objektiven Zurechnung ebenso bejaht worden wie vom BGH im Rahmen der Kausalität. ■

Beispiel Nehmen Sie alternativ an, das Kind wäre auch beim Hinabwerfen mit an Sicherheit grenzender Wahrscheinlichkeit gestorben, womit der Vater gerechnet hat. In diesem Fall würde der BGH die Kausalität verneinen, da derselbe **tatbestandliche** Erfolg auch beim Hinabwerfen eingetreten wäre. Die Literatur würde erneut die Kausalität bejahen, da der **konkrete** Erfolg (Tod durch Verbrennen) ausgeblieben wäre. Allerdings würde die Literatur dann den Pflichtwidrigkeitszusammenhang verneinen, da der tatbestandliche Erfolg auch bei Vornahme der Handlung eingetreten wäre. ■

V. Die Voraussetzungen des § 13

Das Unterlassen der Erfolgsabwendung ist – wie dargestellt – gem. § 13 Abs. 1 nur dann 64
strafbar, wenn

- der Täter dafür einzustehen hat, dass der Erfolg nicht eintritt und
- das Unterlassen der Verwirklichung des Tatbestandes durch ein Tun entspricht.

1. Garantenstellung

Die Garantenstellung bedeutet, dass der Unterlassende rechtlich dafür einzustehen hat, dass 65
der tatbestandsmäßige Erfolg ausbleibt. Die Umstände, die die Garantenstellung begründen, sind ungeschriebene Tatbestandsmerkmale der unechten Unterlassungsdelikte.[25]

Die theoretische Begründung und Systematisierung von Garantenpflichten ist im Einzelnen umstritten. Früher wurde als Entstehungsgrund Gesetz, Vertrag, vorausgegangenes gefährdendes Tun und enge Lebensbeziehung anerkannt.[26] Neuerdings wird die Einteilung nach der Funktion der Handlungspflichten vorgenommen. Demnach gibt es

- **Beschützergaranten**, welchen eine umfassende Obhutspflicht für ein bestimmtes Rechtsgut zukommt und die aus diesem Grund dafür Sorge tragen müssen, dass dieses Rechtsgut nicht verletzt wird und
- **Überwachergaranten**, welchen eine Verantwortlichkeit für bestimmte Gefahrenquellen zukommt und die verhindern müssen, dass diese Gefahrenquellen unbeteiligte Dritten verletzen.[27]

---

25 *BGHSt* 16, 155.

26 *BGHSt* 2, 150; 19, 167.

27 *Wessels/Beulke* Strafrecht AT Rn. 715; Schönke/Schröder-*Stree* § 13 Rn. 9.

Die Garantenstellungen unterscheiden sich mithin nach der **Schutzrichtung**:

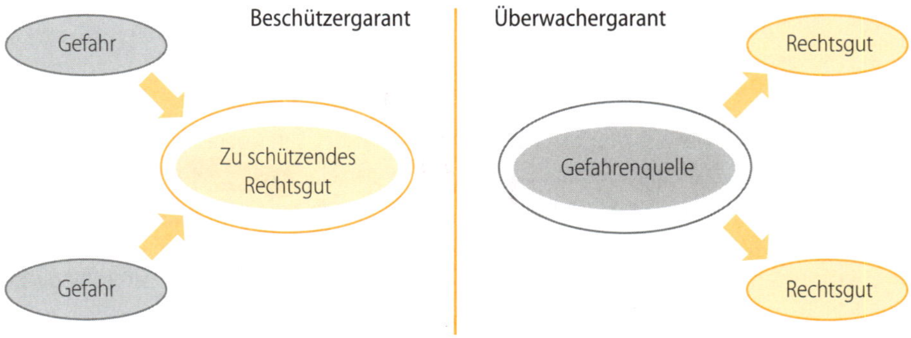

a) Beschützer- oder Obhutsgarant

66 Den Beschützergaranten ist gemein, dass das Opfer sich in einer Beziehung zum Täter befindet, die durch ein gewisses **Vertrauen** geprägt ist, so dass das Opfer sich darauf verlassen kann, dass der Täter im Ernstfall für seine Interessen „einsteht" und das Opfer es in Anbetracht dessen vielleicht auch unterlässt, anderweitige Schutzmaßnahmen zu ergreifen.

aa) Garantenstellung aus enger persönlicher Verbundenheit

67 Eine solche Garantenstellung kann bestehen zwischen engen Familienangehörigen, wie z. B. Ehegatten,[28] Verwandten gerader Linie[29] sowie zwischen Geschwistern und Verlobten.[30] Teilweise wird hier von **gesetzlich fundierten Garantenstellungen** gesprochen (§§ 1353 ff., 1626, 1631 BGB). Dies bedeutet nicht, dass die Garantenstellung auf dem Gesetz beruht. Es bedeutet lediglich, dass die Aspekte, die zu einer Bejahung der Einstandspflicht führen auch zu besonderen anderweitigen, zivilrechtlichen Pflichten führen, wie z. B. einer Unterhaltspflicht der Ehegatten untereinander.[31]

68 **Umstritten** ist, ob eine Garantenstellung eine **tatsächlich vorhandene Familien- oder Lebensgemeinschaft** voraussetzt.

Dies wird **teilweise in der Literatur** bejaht, so dass eine Tochter, die keinerlei Beziehungen mehr zu ihrer Mutter unterhält auch keine Verpflichtung hat, diese vor Gefahren zu schützen.[32] Nach **herrschender Auffassung** hingegen kommt es jedenfalls bei **Verwandten in gerader Linie** dann nicht auf das Vorhandensein einer tatsächlich bestehenden Familiengemeinschaft an, wenn Gefahren für Leib, Leben oder Freiheit drohen, da sich in diesen Fällen die Opfer auf ein konkludentes Beistandsversprechen verlassen würden.[33]

Ob bei **getrennt lebenden Ehegatten** Schutzpflichten bestehen, hängt vom Einzelfall ab. Es kann von Bedeutung sein, seit wann die Trennung besteht und ob die Ehegatten in Freundschaft oder Feindschaft auseinander gegangen sind.[34] Ist die Ehe zerrüttet und hat dies zu

28 *BGHSt* 2, 150.
29 *BGHSt* 7, 268; 19, 167.
30 *BGH* JR 1955, 144.
31 *Jäger* Strafrecht AT Rn. 338.
32 *Joecks* § 13 Rn. 25.
33 *Jäger* Strafrecht AT Rn. 338; *Wessels/Beulke* Strafrecht AT Rn. 718.
34 *Jäger* Strafrecht AT Rn. 339.

der Trennung geführt, so wird man eine Garantenstellung nicht mehr annehmen können. Steht hingegen der endgültige Trennungswille noch nicht fest, so soll nach Auffassung des BGH die Garantenstellung bestehen bleiben.[35]

Auf der anderen Seite muss auch eine tatsächlich vorhandene Lebensgemeinschaft bei Verwandten nicht zwingend zu einer Garantenstellung führen. So soll es nach einer Entscheidung des LG Kiel bei **Geschwistern** bedeutsam sein, ob der unterlassende Geschwisterteil den anderen tatsächlich in seine Obhut genommen hat.[36]

Beispiel Die A bewohnt mit ihrem Bruder B zusammen eine Dreizimmerwohnung, deren Miete sich beide teilen. Als B nach dem Genuss von Drogen für mehrere Tage das Bewusstsein verliert, unterlässt es A, einen Arzt herbeizurufen. B zieht sich in diesem Zustand eine Lungenentzündung zu, an deren Folgen er verstirbt.

Da A keinen Tötungsvorsatz hatte, könnte sie sich wegen Aussetzung mit Todesfolge gem. § 221 Abs. 1 Nr. 2 i.V.m. Abs. 3 strafbar gemacht haben. Voraussetzung dafür ist, dass sie ihren Bruder in einer hilflosen Lage im Stich gelassen hat, obwohl sie ihn in ihrer Obhut hatte oder ihm sonst beizustehen verpflichtet war. Das Landgericht Kiel[36] hat eine Garantenstellung der A verneint. Es hat ausgeführt, dass das Verwandtschaftsverhältnis in Anbetracht des sich ändernden Familienbildes nicht mehr ausreiche, um eine Garantenstellung zu begründen. Es müssten vielmehr darüber hinaus Anhaltspunkte für ein tatsächliches Obhutsverhältnis vorliegen, die das LG in diesem Fall nicht erkennen konnte. ■

JURIQ-Klausurtipp

Wie Sie den soeben dargestellten Entscheidungen entnehmen können, gibt es keine „reflexartige" Bejahung einer Garantenstellung in dieser Fallgruppe.

In der Klausur sollten Sie bei verwandtschaftlichen Verhältnissen mithin überprüfen, ob es Anhaltspunkte im Sachverhalt gibt, die Anlass zu der Frage geben, ob die bloße Verwandtschaft ausreicht oder ob nicht zusätzlich ein Obhutsverhältnis erforderlich ist. Wie immer **kann mit entsprechender Argumentation jede Position vertreten werden**. Bei dieser Argumentation sollten Sie das eingangs dargestellte Vertrauensprinzip berücksichtigen, auf dem die Beschützergarantenstellungen basieren.

bb) Garantenstellung aus anderen Lebens- oder Gefahrengemeinschaften

Garantenstellungen können sich auch aus nicht familiären Gemeinschaften ergeben. Voraus- **69**
setzung ist jedoch ein **Vertrauensverhältnis**, welches die Gewähr für gegenseitige Hilfe und Fürsorge in sozialtypischen Gefahrenlagen einschließt.[37] Hierunter werden **eheähnliche Lebensgemeinschaften** ebenso subsumiert wie ein Zusammenschluss von Bergsteigern, Weltumseglern, Tiefseetauchern oder sonstigen Expeditionsteilnehmern.[38] Bloße Zufallsgemeinschaften von z. B. Zechkumpanen oder Rauschgiftkonsumenten reichen für die Annahme einer Lebens- oder Gefahrengemeinschaft nicht aus.[39]

35 *BGH* NJW 2003, 3212.
36 *LG Kiel* NStZ 2004, 157.
37 *Wessels/Beulke* Strafrecht AT Rn. 719.
38 Schönke/Schröder-*Stree* § 13 Rn. 25.
39 *BGH* NJW 1954, 1047; *OLG Stuttgart* NJW 1981, 182.

cc) Garantenstellung aus Vertrag

70 Garantenstellungen können sich auch aus Vertrag ergeben. Diese Fallgruppe wird insbesondere bei den **Vermögensdelikten** relevant. So kann die Zusage eines Bankkunden, Fehlbuchungen gegenüber der Bank zu offenbaren, zu einer Garantenstellung und damit zu einem Betrug durch Unterlassen führen, wenn der Kunde diese Pflicht verletzt.[40] Bei dauerhaften Geschäftsbeziehungen und darauf gegründeten besonderen Vertrauensverhältnissen leitet der BGH gelegentlich aus dem Grundsatz von **Treu und Glauben** Garantenpflichten ab.[41]

dd) Garantenstellung aus der freiwilligen Übernahme von Schutz- und Beistandspflichten

71 Garantenstellungen können sich auch aus der freiwilligen Übernahme von Schutz- und Beistandspflichten ergeben, so z. B. durch einen Babysitter, einen Bergführer, durch den häuslichen Krankenpflegedienst sowie die Übernahme der ärztlichen Behandlung (in diesen Fällen liegt häufig auch eine Garantenstellung aus Vertrag vor). Voraussetzung für die Garantenstellung ist die **faktische** nicht die zivilrechtliche **Übernahme der betreffenden Schutzpflicht**. Wesentlich ist, ob im Vertrauen auf die zugesagte Übernahme andere Schutzmaßnahmen unterblieben sind oder unterbleiben durften.[42]

Eine **Hilfeleistung** für einen in Not Geratenen kann, muss aber nicht zu einer Garantenstellung führen. Entscheidend ist, ob der Täter durch seine Hilfeleistung die **Situation für das Opfer nachteilig verändert** hat, was unter anderem angenommen werden kann, wenn das Opfer dem Einwirkungsbereich anderer präsenter und hilfsbereiter Personen entzogen wird oder sich diese darauf verlassen, dass der Täter sich um das Opfer kümmern wird.[43]

Beispiel A sammelt nachts die stark durch Heroin berauschte B auf, die nur leicht bekleidet bei Minustemperaturen im Winter auf der Straße nach Hause läuft. Er beabsichtigt, sie mit nach Hause zu nehmen und dort übernachten zu lassen. Allerdings kann er sie zu Hause angekommen nicht aufwecken, weshalb er sie mit einer einfachen Wolldecke zudeckt und im Auto liegen lässt. B erleidet eine Unterkühlung und verstirbt, wobei nicht feststellbar ist, ob die Unterkühlung oder das konsumierte Heroin ursächlich geworden sind.[43]

Da dem A kein Tötungsvorsatz unterstellt werden kann und zudem die Kausalität zwischen dem Unterlassen des Aufweckens und der damit vermiedenen Unterkühlung und dem Tod nicht nachweisbar ist, kommt lediglich eine Strafbarkeit gem. §§ 223, 224 Abs. 1 Nr. 5 in Betracht. Der Körperverletzungserfolg besteht in der Unterkühlung. Die erforderliche Handlung, die A unterlassen hat, besteht in dem Aufwecken oder nach Hause tragen der B. Dieses Unterlassen war auch kausal für die Unterkühlung. Fraglich ist allerdings, ob A auch eine Garantenstellung inne hatte. Die Garantenstellung könnte sich aus tatsächlicher Übernahme einer Schutz- oder Beistandspflicht ergeben, da A die B in sein Auto hat einsteigen lassen. Fraglich ist jedoch, ob dadurch schon eine Beistandspflicht begründet wurde. Zu beachten ist, dass A dann dadurch, dass er der B zunächst geholfen hat, strenger „haften" würde, als derjenige, der vollkommen untätig bliebe, da dieser sich lediglich gem. § 323c strafbar machen kann.

40 *BGHSt* 46, 196.
41 *BGHSt* 6, 198; *BGH* wistra 2000, 419.
42 *Jäger* Strafrecht AT Rn. 342.
43 *BGH* NJW 1993, 2628.

Da vorliegend nicht ersichtlich ist, dass es andere hilfsbereite Personen gegeben hat, deren Einwirkungsbereich B entzogen wurde, kann die bloße Aufnahme der B in das Auto noch keine Garantenstellung begründen. Eine Strafbarkeit gem. §§ 223, 224 Abs. 1 Nr. 5 scheidet damit aus.[44] In Betracht kommt jedoch eine Strafbarkeit gem. § 323c, der den Vorwurf, der Täter habe nicht „sorgfältig" genug gerettet, hinreichend pönalisiert. ■

ee) Garantenstellung aus der Stellung als Amtsträger

Eine Garantenstellung kann sich auch aus der Stellung als Amtsträger und dem damit ein- 72
hergehenden besonderen Pflichtenkreis ergeben, wobei die **Reichweite dieser Garantenstellung umstritten** ist.

Teilweise wird im **Schrifttum** eine Handlungspflicht von Amtsträgern nur für die dienstlich anvertrauten Rechtsgüter der Anstellungskörperschaft, nicht aber in Bezug auf Rechtsgüter der Allgemeinheit oder einzelner Bürger angenommen.[45] Nach **herrschender Meinung** erstreckt sich hingegen die Garantenstellung des Amtsträgers auf alle Güter, die vom Schutzzweck der in seinen Zuständigkeitsbereich fallenden Aufgabe erfasst werden. Das Handlungsgebot gilt jedoch grundsätzlich nur während der Dienstausübung und setzt voraus, dass eine öffentlich rechtliche Pflicht zum Eingreifen besteht.[46]

Beispiel Polizeibeamter P wird über Notruf über einen Streit im Hause des Nachbarn N unterrichtet. Der Anzeigende macht deutlich, dass aufgrund der Geräusche davon auszugehen sei, dass N gerade seine Ehefrau verprügele. P, der glaubt, dass die Frau es sicherlich verdient habe, bleibt untätig. Hier kommt nach h.M. eine Strafbarkeit aus Körperverletzung im Amt durch Unterlassen in Betracht, da P aufgrund seiner Amtsträgerstellung verpflichtet war, die Körperverletzungen, die N seiner Ehefrau zufügte, zu verhindern[47]

Anders wäre der Fall dann zu beurteilen, wenn P außerdienstlich von diesem Ehestreit Kenntnis erlangt hätte. Bei dieser außerdienstlichen Kenntniserlangung trifft P als Beamten nur dann eine Garantenpflicht, wenn es sich um Delikte handelt, die das öffentliche Interesse maßgeblich tangieren, was vor allem bei schweren Delikten, wie z. B. Totschlag, der Fall ist.[48] ■

Die Garantenstellung von Amtsträgern wird häufig auch in Zusammenhang mit **§ 258a** relevant, wenn ein **Polizeibeamter oder Staatsanwalt es unterlässt**, ein **Ermittlungsverfahren einzuleiten**, obwohl hinreichende Anhaltspunkte für das Vorliegen einer Straftat bestehen. Die Garantenstellung ergibt sich hier aus dem **Legalitätsprinzip gem. § 152 Abs. 2 StPO.** Hier müssen Sie in der Klausur differenzieren: erfolgt die Kenntniserlangung während des Dienstes, besteht uneingeschränkt eine Pflicht zum Tätigwerden. Erlangt der Beamte außerhalb seines Dienstes von der Straftat Kenntnis, besteht eine Rechtspflicht nur, wenn besonders schützenswerte öffentliche Interessen betroffen sind, z. B. wenn es sich um Schwerstkriminalität handelt.[49]

---

44 Vgl. hierzu auch *Jäger* Strafrecht AT Rn. 346.
45 SK-*Rudolphi* § 13 Rn. 54c.
46 *BGH* NJW 1989, 914; 1993, 544; Schönke/Schröder-*Stree* § 13 Rn. 52.
47 *BGH* JA, 1987, 210.
48 *BGHSt* 38, 388.
49 *BGH* NStZ 2001, 199.

b) Überwachergarant

73 Der Überwachergarant beherrscht eine Gefahrenquelle, was ihn dazu verpflichtet, die Allgemeinheit vor Gefahren zu schützen, die von dieser Seite drohen. Die **klausurrelevanteste Fallgruppe** ist die Ingerenz.

aa) Garantenstellung aus einem schadensnahen Vorverhalten, sog. Ingerenz

74 Bei der Ingerenz ist die **Gefahrenquelle der Täter selbst.** Dieser hat durch ein dem Unterlassen **vorangegangenes Verhalten** eine konkrete Gefahr für Rechtsgüter Dritter geschaffen, weswegen er nun verpflichtet ist, Rettungsmaßnahmen zur Abwendung des daraus drohenden Erfolges zu ergreifen.[50] Voraussetzung ist hierbei, dass das Vorverhalten **„schadensnah"** ist, was Sie in der Klausur bejahen können, wenn der Täter gerade die Gefahr geschaffen hat, die sich in dem abzuwendenden Erfolg zu realisieren droht.

Beispiel A bricht unbemerkt in einen Supermarkt ein, um die Tageseinnahmen aus den Kassen zu entwenden. Beim Verlassen des Supermarktes findet er den Wachbeamten W, der gerade einen Schlaganfall erlitten hat. Um sich nicht selbst der Strafverfolgung preis zu geben, sieht A davon ab, Rettungsmaßnahmen zu veranlassen, obwohl er dies für erforderlich hält.

Hier hat A keine Garantenstellung aus Ingerenz. Zwar stellt der Einbruch ein pflichtwidriges Vorverhalten dar. Mit dem Einbruch hat er jedoch keine Gefahr für das Leben des Wachbeamten geschaffen. In Betracht kommt eine unterlassene Hilfeleistung nach § 323c.

Der Sachverhalt wäre anders zu beurteilen, wenn A mit gezückter Waffe den Supermarkt betreten hätte und den Wachmann damit massiv bedroht hätte. Hätte dieser nun vor Aufregung einen Herzanfall erlitten, wäre das schadensnahe Vorverhalten zu bejahen.

75 Unstreitig liegt eine Garantenstellung aus Ingerenz vor, wenn das Vorverhalten des Täters pflichtwidrig war. **Umstritten** ist jedoch, ob auch ein **rechtmäßiges Vorverhalten** eine Garantenstellung begründen kann.

Beispiel Autofahrer A fährt mit der zulässigen Höchstgeschwindigkeit auf der Landstraße nach Hause, als ihm völlig überraschend ein Fahrradfahrer (F) die Vorfahrt nimmt. Es kommt zu einem Zusammenstoß, infolge dessen der Radfahrer schwer verletzt wird. Obwohl A erkennt, dass F ärztliche Hilfe benötigt, lässt er ihn liegen und fährt weiter. F verstirbt infolge seiner Verletzungen, hätte aber gerettet werden können, wenn A den Notarzt verständigt hätte.

Fraglich ist, ob sich A gem. §§ 212, 13 oder „nur" gem. § 323c strafbar gemacht hat. Für eine Strafbarkeit wegen Totschlags durch Unterlassen müsste A eine Garantenstellung inne gehabt haben. Diese könnte sich vorliegend nur aus Ingerenz ergeben. Allerdings hat sich A sorgfaltsgemäß verhalten. Der Unfall wurde allein durch F verschuldet.

50 *BGHSt* 38, 356; *BGH* NStZ 1992, 31.

Nach der **teilweise in der Literatur** vertretenen **Verursachungstheorie** reicht es aus, wenn der Täter für die Gefahrentstehung kausal geworden ist, da jedermann sich für die Konsequenzen seines Verhaltens verantworten müsse.[51] Nach **herrschender Auffassung** bedarf es jedoch grundsätzlich eines pflichtwidrigen Vorverhaltens, damit den Täter eine besondere Handlungspflicht trifft, da er andernfalls für sämtliche Risiken, auch solche, die andere schuldhaft herbeiführten, verantwortlich sei.[52]

Im obigen *Beispiel* wäre A somit nach h.M. nur nach § 323c zu bestrafen.

Der **BGH**[53] folgt dieser Auffassung jedoch nicht uneingeschränkt. So hat er einen Autofahrer, der sich pflichtwidrig im Straßenverkehr verhalten hat, weil er die zulässige Geschwindigkeit überschritten hat, dessen **Pflichtwidrigkeit** sich jedoch **im Erfolg nicht realisiert** hat, gleichwohl als Garant aus Ingerenz angesehen. Damit ist er im Ergebnis aber der Verursachungstheorie gefolgt. In der Literatur ist diese Entscheidung aus diesem Grund kritisiert worden.[54]

Beispiel Stellen Sie sich vor, A hätte im obigen Fall die Geschwindigkeit um 30 km/h überschritten. Ein Sachverständiger stellt später aber fest, dass sich der Unfall auch bei Einhaltung der zulässigen Geschwindigkeit nicht hätte vermeiden lassen.

Sie würden in der Klausur mit der Prüfung des § 222 durch das Anfahren beginnen, würden dann aber die objektive Zurechnung verneinen. Der Täter hat durch die Geschwindigkeitsüberschreitung zwar ein rechtlich relevantes Risiko geschaffen. Dieses Risiko hat sich aber nicht realisiert. Realisiert hat sich ein Risiko, welches der Radfahrer gesetzt hat.

Anschließend könnten Sie eine Strafbarkeit gem. §§ 212, 13 prüfen. Bei der Garantenstellung aus Ingerenz liegt zwar ein pflichtwidriges Vorverhalten vor. Dieses hat auch Gefahren geschaffen. Diese Gefahren stehen aber nicht in Zusammenhang mit dem Erfolg. Lässt man die reine Ursächlichkeit ausreichen, kann man die Garantenstellung bejahen. Verlangt man ein schadensnahes, pflichtwidriges Verhalten muss man die Garantenstellung verneinen und wegen § 323c bestrafen. ■

Die unterschiedlichen Auffassungen wirken sich auch aus, wenn der Täter **aufgrund von** 76
Rechtfertigungsgründen pflichtgemäß handelt. Zu unterscheiden ist jedoch eine Rechtfertigung aufgrund der **Abwehr eines Angriffs gem. § 32** von der Rechtfertigung aufgrund eines **Aggressivnotstandes gem. § 34.**[55]

Beispiel A wird abends auf dem Nachhauseweg von B, der sie vergewaltigen will, attackiert. Sie kann den Angriff abwehren, indem sie B mit einem Taschenmesser eine Stichwunde in die Bauchgegend versetzt. Den stark blutenden B lässt sie liegen, obgleich sie erkennt, dass dieser ohne ihre Hilfe sterben wird. ■

» Erinnern Sie sich? Bei § 32 trägt der Angreifer das Folgenrisiko. Sollte Ihnen das noch nichts oder nichts mehr sagen, dann können Sie an dieser Stelle die Gelegenheit nutzen und das Thema „Rechtswidrigkeit“ im Skript Strafrecht AT I nachlesen. «

Nach **überwiegender Auffassung** wird eine Garantenstellung auch in diesen Fällen abgelehnt. Es wird davon ausgegangen, dass derjenige, der durch einen Angriff eine Verteidigungshandlung auslöst und sich auf diese Weise selbst in Gefahr bringt, nicht von dem Angegriffenen erwarten könne, dass dieser nunmehr als Garant zu seinem Schutz verpflichtet

51 *Arzt* JA 1980, 712; *Herzberg* JZ 1986, 986.
52 *BGHSt* 25, 218; *Wessels/Beulke* Strafrecht AT Rn. 726.
53 *BGHSt* 32, 34.
54 *Jäger* Strafrecht AT Rn. 358.
55 *BGH* NStZ 2000, 414.

sei.[56] Zudem würde durch die Konstruktion einer anschließenden Unterlassungstat die Straflosigkeit der erlaubten Verteidigungshandlung umgangen werden können. Beachten Sie auch hier, dass jedoch eine **Strafbarkeit gem. § 323c** in Betracht kommt. Voraussetzung dafür ist jedoch, dass dem vormaligen Opfer die erforderliche Handlung auch zumutbar ist, was zu verneinen sein dürfte, wenn damit zu rechnen ist, dass der Täter seinen Angriff fortsetzt.

Nach der **Verursachungstheorie** reicht wiederum allein die Verursachung der Gefahr aus.[57] Damit wird aber schon durch die bloße Kausalität eine Garantenpflicht begründet.

Beim **Aggressivnotstand** greift der Täter hingegen in Rechtsgüter Unbeteiligter ein. Auch wenn dieses Verhalten gem. § 34 erlaubt ist, so ist er gleichwohl nach allen Auffassungen verpflichtet, die sich daraus für das Opfer ergebenden Gefahren zu beseitigen.[58]

bb) Garantenstellung aus Verkehrssicherungspflichten

77 Derjenige, der die **Herrschaft über Anlagen, Einrichtungen oder Sachen** hat, ist verpflichtet, Gefahren abzuwenden, die aus dem Betrieb oder dem Zustand derselben erwachsen.

Beispiel A ist Eigentümer eines maroden Hauses in der Kölner Innenstadt. Durch einen herabfallenden Ziegel wird B am Kopf getroffen und verstirbt.

Hier kann sich A der fahrlässigen Tötung durch Unterlassen strafbar gemacht haben, indem er es unterließ, das Dach zu sichern. Die Garantenstellung ergibt sich aus der Verkehrssicherungspflicht des A, die dieser innehat, weil er Eigentümer einer Gefahrenquelle ist. ■

cc) Garantenstellung aus dem In-Verkehr-Bringen von Produkten

78 Eine Garantenstellung kann sich aus dem In-Verkehr-Bringen von Produkten, von denen **auch bei bestimmungsgemäßer Verwendung** für den Verbraucher die Gefahr des Eintritts von Gesundheitsschäden ausgeht, ergeben. Der Hersteller dieser Produkte ist verpflichtet, die Produkte zu überwachen und ggf. eine Rückrufaktion vorzunehmen.[59]

Beispiel Der Leiter der Technikabteilung der T-AG hat Kenntnis davon erhalten, dass bei einigen Modellen das Gaspedal klemmt. Obgleich er die Gefahr erkennt, verzichtet er darauf, eine Rückrufaktion für diese Modelle zu veranlassen, da er mit einem immensen Imageschaden der ansonsten als technisch sehr zuverlässig geltenden Autos rechnet. Einige Tage später verletzt sich ein Insasse schwer, weil er aufgrund des klemmenden Gaspedals einen Unfall verursacht.

Hier kann sich T jedenfalls wegen fahrlässiger Körperverletzung durch Unterlassen strafbar machen. Als Beschützergarant hatte er dafür zu sorgen, dass von seinem Produkt keine Gefahren ausgehen. ■

---

56 *BGHSt* 23, 327; *Wessels/Beulke* Strafrecht AT Rn. 726.
57 *Arzt* JA 1980, 714; *Herzberg* JuS 1971, 74.
58 *Jäger* Strafrecht AT Rn. 362.
59 *BGHSt* 37, 106 (Ledersprayfall), vgl. dazu auch vertiefend *Jäger* Strafrecht AT Rn. 365.

dd) Garantenstellung aus der Pflicht zur Beaufsichtigung Dritter

Bei **minderjährigen Kindern** besteht nicht nur eine Garantenstellung der Eltern als Beschützergaranten, sondern auch eine solche als Überwachergaranten. Die Eltern müssen zum einen dafür Sorge tragen, dass ihrem Kind von dritter Seite keine Gefahren drohen (Beschützergarant). Die Eltern haben jedoch auch dafür Sorge zu tragen, dass Dritten durch ihre Kinder keine Gefahren drohen (Überwachergarant). 79

Beispiel A sieht vom Küchenfenster, dass ihre 5-jährige Tochter T beabsichtigt, mit einem Nagel in den Lack des Autos des Nachbarn ein schönes Bild einzuritzen. Da sie den Nachbarn nicht leiden kann, unterlässt sie es, T davon abzuhalten.

Hier kann sich A der Sachbeschädigung durch Unterlassung strafbar gemacht haben. Als Überwachergarantin hatte sie dafür einzustehen, dass von ihrer Tochter T keine Gefahren für die Rechtsgüter des Nachbarn ausgehen. ■

Bei **Erwachsenen** besteht gegenüber anderen Erwachsenen grundsätzlich keine Garantenpflicht, auch nicht bei Ehegatten.[60] Etwas anderes gilt lediglich für den Arzt in einer psychiatrischen Anstalt: dieser muss verhindern, dass seine Patienten andere verletzen.

ee) Garantenstellung aus der Herrschaft über eine Räumlichkeit

Eine Garantenstellung kann sich auch für denjenigen ergeben, der **Inhaber des Hausrechtes** ist und aufgrund dessen Herrschaftsgewalt über eine Räumlichkeit ausübt. Voraussetzung ist jedoch, dass zusätzlich zur räumlichen Herrschaftsstellung eine Vertrauensstellung des Hausrechtsinhabers vorliegt, die dazu führt, dass Besucher davon ausgehen, es werde ihnen in den Räumlichkeiten nichts passieren.[61] 80

Beispiel Der BGH hat die Garantenstellung des Eigentümers eines Hauses in einem Fall verneint, in welchem 3 Täter eine Frau auf den Dachboden eines Hauses verschleppten und sie dort vergewaltigten. Der Eigentümer bekam den Vorfall mit, unternahm jedoch nichts zur Rettung der Frau.[62]

Bejaht hat er hingegen die Garantenstellung einer Gastwirtin, die Gäste nicht davon abhielt, eine Frau in der Gaststätte körperlich zu misshandeln.[63] ■

2. Entsprechungsklausel

Nach § 13 Abs. 1 HS 2 hängt die strafrechtliche Haftung des Garanten des Weiteren davon ab, dass das Unterlassen der Verwirklichung des gesetzlichen Tatbestandes durch ein aktives Tun entspricht (sog. Entsprechungsklausel). 81

Diese Klausel hat bei den Delikten, die sich in einer **beliebigen Verursachung des Erfolges** erschöpfen (nicht verhaltensgebundene Delikte), keine besondere Bedeutung, da bei diesen Delikten keine Anforderung des Gesetzes über die Art und Weise der Herbeiführung des Erfolges vorliegen. In der Klausur reicht dementsprechend der feststellende Satz, dass das Unterlassen dem aktiven Tun entspricht.

60 *Wessels/Beulke* Strafrecht AT Rn. 724.
61 *Jäger* Strafrecht AT Rn. 370; *BGHSt* 30, 391.
62 *BGHSt* 30, 391.
63 *BGH* NJW 1966, 1763.

Etwas anderes gilt für **verhaltensgebundene Delikte**, bei welchen der Gesetzgeber eine bestimmte Art und Weise der Begehung vorgesehen hat. In diesen Fällen kommt eine Gleichstellung nur dann in Betracht, wenn sich der in den Handlungsmerkmalen des Begehungstatbestandes liegende Unwertgehalt auch in dem konkreten Unterlassen wieder findet.[64]

> »Von besonderer Bedeutung ist die Entsprechungsklausel auch in Zusammenhang mit einem Mord in Verdeckungsabsicht durch Unterlassen. Lesen Sie hierzu den Übungsfall Nr. 2.«

Beispiel A hat in Erfahrung gebracht, dass B seine Tochter hinterrücks überfallen und verprügeln möchte. Da A der Auffassung ist, dass seine Tochter diese Prügel verdient habe, schreitet er nicht ein.

Hier hat sich A jedenfalls einer Körperverletzung durch Unterlassen strafbar gemacht. Eine gefährliche Körperverletzung durch Unterlassen aufgrund eines hinterlistigen Überfalls kommt vorliegend jedoch nicht in Betracht, da die besondere Art und Weise der Begehung (hinterlistig) sich im bloßen Unterlassen nicht wieder findet.[65] ■

C. Subjektiver Tatbestand

82 Ebenso wie bei den Begehungsdelikten muss auch der Unterlassungsvorsatz als Wissen und Wollen der Tatbestandsverwirklichung den **gesamten objektiven Tatbestand** umfassen. Zum Tatbestandsvorsatz gehört auch die Kenntnis der Umstände, die die **Garantenstellung** ausmachen. Unterscheiden müssen Sie in diesem Zusammenhang zwei verschiedene Irrtümer:

Irrtum über die Garantenstellung → Irrtum gem. § 16 Abs. 1

Irrtum über die Garantenpflicht → Irrtum gem. § 17

Ein **Irrtum über die Garantenstellung** ist ein Tatbestandsirrtum gem. § 16 Abs. 1 Satz 1. Bei diesem Irrtum kennt der Täter die tatsächlichen Umstände nicht, die seine Garantenstellung ausmachen. Davon zu unterscheiden ist ein **Irrtum über die Garantenpflicht**, d. h. die aus der Garantenstellung folgende Pflicht zum Tätigwerden. Hier kennt der Täter die tatsächlichen Umstände, glaubt aber aufgrund rechtlicher Fehleinschätzung, nicht zum Handeln verpflichtet zu sein. Ein derartiger Irrtum stellt einen Verbotsirrtum dar, der über § 17 zu lösen ist und **in der Schuld geprüft** werden muss. Sie müssen also in der Klausur die Frage beantworten, ob der Irrtum vermeidbar war.

Beispiel Als A abends nach Hause kommt, stellt er fest, dass sein Wohnhaus lichterloh brennt. Aus dem oberen Fenster hört und sieht er eine Person um Hilfe schreien. Aufgrund der Rauchentwicklung und der sonstigen Geräusche geht er davon aus, dass es sich bei dieser Person um seine Nachbarin N handelt. Da er N noch nie leiden konnte, unterlässt er die Rettung. Tatsächlich handelt es sich jedoch um seine Mutter, die aufgrund der unterlassenen Rettung erstickt.

---

64 *Wessels/Beulke* Strafrecht AT Rn. 730.

65 Schönke/Schröder-*Stree* § 13 Rn. 4.

Hier ist zwar der objektive Tatbestand der Tötung durch Unterlassen verwirklicht, da A gegenüber seiner Mutter eine Garantenstellung innehatte. Aufgrund des Irrtums kannte A jedoch die tatsächlichen Voraussetzungen dieser Garantenstellung nicht, da er davon ausging, dass es sich bei der Person nicht um seine Mutter sondern um die Nachbarin N handelte, welcher gegenüber er keine besonderen Pflichten hatte. Eine Strafbarkeit gem. §§ 212, 13 kommt mithin nicht in Betracht. A kann sich jedoch der fahrlässigen Tötung durch Unterlassen sowie darüber hinaus der unterlassenen Hilfeleistung strafbar gemacht haben. ■

Beispiel A kommt nach Hause und sieht sein Haus brennen. Er erkennt zutreffend, dass seine Mutter um Hilfe ruft. Er glaubt jedoch, dass nur Eltern für ihre Kinder nicht jedoch Kinder für ihre Eltern einstandspflichtig seien, weswegen er eine Rettung unterlässt.

Hier liegt kein vorsatzausschließender Irrtum gem. § 16 Abs. 1 vor, da A alle tatsächlichen Umstände kannte. Er glaubte jedoch, nicht zum Handeln verpflichtet und deswegen nicht strafbar zu sein. Dieser Verbotsirrtum wäre jedoch bei Anspannung seines Gewissens leicht vermeidbar gewesen, so dass sich A gem. §§ 212, 13 strafbar gemacht hat. ■

» Sollten Sie insoweit Wissenslücken haben, nutzen Sie die Gelegenheit und wiederholen Sie den subjektiven Tatbestand des Begehungsdelikts, ausführlich dargestellt im Skript Strafrecht AT I. «

Ansonsten können Ihnen beim Unterlassungsvorsatz sämtliche Probleme begegnen, die auch beim Begehungsdelikt auftreten können, z. B. ein error in objecto vel persona in Abgrenzung zur aberratio ictus.

D. Rechtswidrigkeit

Neben den allgemeinen Rechtfertigungsgründen kommt bei den Unterlassungsdelikten die gesetzlich nicht normierte, **rechtfertigende Pflichtenkollision als besonderer Rechtfertigungsgrund** in Betracht. Die rechtfertigende Pflichtenkollision ist ein gewohnheitsrechtlich anerkannter Rechtfertigungsgrund, dem das **Analogieverbot** nicht entgegensteht, da es sich um eine Analogie zugunsten des Täters handelt. 83

Die rechtfertigende Pflichtenkollision

PRÜFUNGSSCHEMA

1. **Mehrere rechtliche begründete Handlungspflichten treten an den Täter heran**
2. **Er kann nur eine Handlungspflicht auf Kosten der anderen erfüllen**
3. **Er erfüllt die höherrangige Pflicht zulasten der niederen Pflicht**
4. **Er steht subjektiv im Widerstreit der unterschiedlichen Pflichten**

» Ob ein subjektives Rechtfertigungselement erforderlich ist wird ausführlich im Skript Strafrecht AT I dargestellt. Nutzen Sie die Gelegenheit und lesen Sie dieses Thema nach. «

Bei der rechtfertigen Pflichtenkollision handelt der Täter dann nicht rechtswidrig, wenn er bei rangverschiedenen Pflichten die höherrangige auf Kosten der zweitrangigen Pflicht erfüllt. Liegen gleichwertige Pflichten vor, lässt die Rechtsordnung dem Täter die Wahl, sich für die eine oder für die andere zu entscheiden. Unabdingbare Voraussetzung bei der Pflichtenkollision ist, dass die eine Pflicht nur auf Kosten der anderen Pflicht erfüllt werden kann.[66] Das **Rangverhältnis** hängt ab 84

66 LK-*Hirsch* Vor § 32 Rn. 71; Schönke/Schröder-*Lenckner* Vor § 32 Rn. 73; *Blei* Strafrecht 1, AT, 18. Aufl. 1983 § 88 I 4c.

- von dem **Wert** der gefährdeten Güter (Leben vor Vermögen),
- von der **rechtlichen Stellung** des Täters zum Objekt (Garantenstellung oder normale Hilfspflicht aus § 323c),
- von der **Nähe der Gefahr** und
- der **Wahrscheinlichkeit des Schadenseintritts.**

Beispiel Wenn in obigem Häuserbrandfall (Rn. 82) eine Lebensgefahr für die Nachbarin N bestanden hätte und lediglich die Gefahr einer einfachen Körperverletzung für die Mutter M, A jedoch nur eine der beiden hätte retten können und sich aufgrund der Lebensgefahr für die Nachbarin N entschieden hätte, läge keine Körperverletzung durch Unterlassen im Hinblick auf die Mutter M vor. Zwar besteht gegenüber der Mutter eine Garantenstellung. Im Rahmen der Rechtswidrigkeit ist jedoch festzustellen, dass A nur eine von zwei Pflichten erfüllen konnte und sich insofern für die höherwertige Pflicht der Lebensrettung entschieden hat, auch wenn er als Garant in erster Linie der Mutter gegenüber verpflichtet ist, für diese aber lediglich eine leichte Leibesgefahr bestand.

» Sind Ihnen noch oder schon alle Irrtümer vertraut? Wenn nicht, dann sollten Sie an dieser Stelle die Gelegenheit nutzen und die Irrtümer im Bereich der Rechtfertigung lernen. «

Hätte für beide eine Lebensgefahr bestanden, hätte A die Pflicht gehabt, seine Mutter zu retten. Die Tötung der Nachbarin gem. § 323c durch Unterlassen wäre dann gerechtfertigt gewesen.

Hätte A irrig angenommen, er müsse die Nachbarin retten, weil diese jünger ist als die Mutter, so hätte er sich in einem Erlaubnisirrtum befunden. Hätte er die Nachbarin gerettet in der irrigen Annahme, es handele sich um seine Mutter, läge ein Erlaubnistatbestandsirrtum vor. ■

E. Schuld

85 Ebenso wie bei den Fahrlässigkeitsdelikten wird auch bei den unechten Unterlassungsdelikten die **Unzumutbarkeit normgemäßen Verhaltens** als besonderer Entschuldigungsgrund angesehen.[67] Nach herrschender Meinung ist die Zumutbarkeit normgemäßen Verhaltens in der Schuld und nicht schon im Tatbestand, wie bei dem echten Unterlassungsdelikt des § 323c zu prüfen.[68]

Danach kann im Einzelfall von einem Schuldvorwurf abgesehen werden, wenn
- der Täter **eigene Interessen preisgeben** muss und
- ihm diese Preisgabe nicht zuzumuten ist.[69]

Ob dem Täter ein normgerechtes Verhalten zugemutet werden kann oder nicht, hängt nicht nur von der bei ihm vorliegenden **Interessenlage** sondern vor allem auch von der **Schwere der drohenden Rechtsgutsverletzung** ab. Je schwerwiegender die Gefahr ist, desto mehr eigene Interessen hat der Täter preiszugeben.

Beispiel Ehemann E kann sein cholerisches Temperament nicht zügeln, so dass es regelmäßig zu schweren Misshandlungen der Töchter kommt. Seine Frau F unterlässt es, ihn durch eine Anzeige davon abzuhalten, weil sie glaubt, auf A als Verdiener des Familieneinkommens nicht verzichten zu können.

---

67 *BGH* NStZ 1984, 164; JR 1994, 510.
68 *BGHSt* 6, 46; *Jescheck/Weigend* Strafrecht AT § 59 VIII; *Wessels/Beulke* Strafrecht AT Rn. 739.
69 *BGH* NStZ 1994, 29; *Wessels/Beulke* Strafrecht AT Rn. 739.

Hier kommt eine von F begangene Körperverletzung durch Unterlassen in Betracht. Das normgemäße Verhalten war ihr in Anbetracht der schweren Misshandlungen der Töchter zumutbar.[70] ■

JURIQ-Klausurtipp

In der Klausur müssen Sie mithin eine **Abwägung** vornehmen, so dass im Ergebnis vieles vertretbar ist. Achten Sie darauf, dass Sie lebensnah und nachvollziehbar argumentieren.

F. Versuch und Rücktritt

I. Versuch

Das versuchte Unterlassungsdelikt wird aufgebaut wie das versuchte Begehungsdelikt: 86

Der Versuch des Unterlassungsdelikts

PRÜFUNGSSCHEMA

I. Vorprüfung
1. Keine Vollendungshaftung aus dem fraglichen Delikt
2. Strafbarkeit des Versuchs gem. § 23 Abs. 1

II. Tatentschluss
1. Vorsatz bezogen auf alle objektiven Tatbestandsmerkmale der Straftat
2. eventuell erforderliche Absichten sowie sonstige im Vorsatz zu prüfende Tatbestandsmerkmale

III. Unmittelbares Ansetzen
Zeitpunkt Rn. 87

IV. Rechtswidrigkeit

V. Schuld

VI. Rücktritt gem. § 24

Die **Vorprüfung** sowie der **Tatentschluss** weisen im Verhältnis zum Begehungsdelikt keine spezifischen Besonderheiten auf. Hier wie dort richtet sich die Strafbarkeit des Versuchs danach, ob es sich um ein Vergehen oder ein Verbrechen handelt. Der Tatentschluss entspricht dem subjektiven Tatbestand, der sämtliche Voraussetzungen des unechten Unterlassungsdelikts umfassen muss.

Schwierig ist jedoch die Beantwortung der Frage, wann der Täter unmittelbar angesetzt hat. 87
Beim Begehungsdelikt liegt eine nach außen getretene Handlung vor, an welche angeknüpft werden kann. Beim Unterlassungsdelikt hingegen ist der Täter „lediglich" untätig geblieben. Umstritten ist, ab wann diese Untätigkeit das Stadium des Versuchs erreicht.

70 *BGH* NStZ 1984, 164.

Teilweise wird in der Literatur vertreten, dass schon das **Verstreichenlassen der ersten Rettungsmöglichkeit** den Versuchsbeginn darstelle.[71] Eine andere Auffassung in der Literatur meint, dass der Täter erst mit dem **Verstreichenlassen der letzen Rettungsmöglichkeit** unmittelbar ansetzt.[72]

Der ersten Auffassung wird entgegengehalten, dass die Strafbarkeit des Versuchs zu weit nach vorne ausgedehnt werde. Bei der zweiten Auffassung verbleibe hingegen kein Raum mehr für einen strafbefreienden Rücktritt.[73] **Die überwiegende Ansicht differenziert** wie folgt:[74]

- Ist das **geschützte Objekt** nach den Vorstellungen des Täters bereits **unmittelbar in Gefahr** geraten und steht der Eintritt des tatbestandlichen Erfolges nahe bevor, so verlangt das Gesetz die sofortige Erfüllung der Rettungspflicht. Ein Versuch ist dann zu bejahen, wenn der Täter die erste zur Erfolgsvermeidung geeignete Handlungsmöglichkeit ungenutzt verstreichen lässt.[75]

Beispiel Der fünfjährige A fällt von einer Brücke in den Rhein und driftet stromabwärts, was V auch erkennt. In diesem Fall hat der Vater V unmittelbar angesetzt, wenn er die erste Rettungsmöglichkeit unterlässt. Er muss sofort die erforderlichen Rettungsmaßnahmen ergreifen und darf nicht erst den weiteren Verlauf abwarten in der Hoffnung, A könne sich noch selbst ans Ufer retten. ■

- Ist hingegen die **Gefahr für das Rechtsgut noch weiter entfernt**, so beginnt der Versuch sobald diese Gefahr sich konkretisiert hat und in ein akutes Stadium getreten ist. Bleibt der Täter noch immer untätig oder gibt er die Möglichkeit der Rettung aus der Hand und lässt dem Geschehen seinen Lauf, so liegt ein Versuch vor. [76]

Beispiel A findet seinen bewusstlosen Vater V auf den Schienen einer ICE-Trasse liegend. Sofern der nächste Zug erst in einer Stunde kommt, begründet das sofortige Unterlassen des Herunterziehens des Vaters von den Schienen noch keinen strafbaren Versuch. Versuch ist erst dann zu bejahen, wenn A den Zug herannahen sieht und noch immer keine Rettungsmaßnahmen ergreift. Ein Versuch ist auch zu bejahen, wenn A den V auf den Schienen liegen lässt, sich von der Gefahrenstelle entfernt und V so seinem Schicksal überlässt. ■

II. Rücktritt

88 Wie beim Begehungsdelikt auch müssen Sie die **Rücktrittsprüfung damit beginnen**, ob nicht **ein fehlgeschlagener Versuch** vorliegt, von welchem der Täter nicht zurücktreten kann. Haben Sie das verneint, müssen Sie danach fragen, ob es sich bei dem Versuch um einen unbeendeten, beendeten oder untauglichen Versuch handelt.

71 *Herzberg* MDR 1973, 89; *Schröder* JUS 1962, 81.
72 *Welzel* Das deutsche Strafrecht, 11. Aufl. 1969, S. 221.
73 *Jäger* Strafrecht AT Rn. 303.
74 *Wessels/Beulke* Strafrecht AT Rn. 741 f; *BGHSt* 38, 356.
75 Schönke/Schröder-*Eser* § 22 Rn. 50.
76 *Wessels/Beulke* Strafrecht AT Rn. 742.

Hinweis

Der BGH[77] hat früher vertreten, dass es beim Unterlassungsdelikt keinen unbeendeten Versuch gebe. Dies wurde in der Literatur, die die Differenzierung zwischen unbeendetem und beendetem Versuch vornimmt, kritisiert. Inzwischen hat sich der BGH[78] der Auffassung der Literatur angeschlossen.

Beachten Sie, dass anders als beim Begehungsdelikt ein Rücktritt vom unbeendeten Versuch durch Untätigbleiben nicht in Betracht kommt, da dies ja gerade der Vorwurf ist, der gegenüber dem Täter erhoben wird und der dazu führt, dass das unmittelbare Ansetzen bejaht wird. Auch beim unbeendeten Versuch muss der Täter also handeln.

- Ein **unbeendeter Versuch** liegt vor, solange der Eintritt des tatbestandlichen Erfolges noch durch **Nachholung der gebotenen Handlung** abgewendet werden kann. Durch diese Nachholung hat der Täter die *„weitere Ausführung der Tat"*, die in einem Unterlassen lag, aufgegeben.

- **Beendet** ist ein Versuch jedoch, wenn die Nachholung der gebotenen Handlung nach der Vorstellung des Täters alleine nicht mehr ausreicht, um den tatbestandlichen Erfolg abzuwenden, es also der **Ergreifung weiterer Maßnahmen** bedarf.

Beispiel Die mit der gesamten Situation überforderte A beschließt, ihren 3 Monate alten Sohn verhungern zu lassen. Nach einem Tag – der Säugling ist bereits bedenklich aber noch nicht lebensbedrohend dehydriert – überkommt sie das schlechte Gewissen, so dass sie die Ernährung wieder aufnimmt.

Hier hat der Tötungsversuch spätestens mit dem wiederholten Vorenthalten der Nahrung und der dadurch einhergehenden Beeinträchtigung des körperlichen Wohlbefindens begonnen. Durch Vornahme der gebotenen Handlung ist A jedoch vom unbeendeten Versuch strafbefreiend zurückgetreten. Ein beendeter Versuch hätte vorgelegen, wenn nach Vorstellung von A die alleinige Wiederaufnahme der Nahrung nicht ausgereicht hätte. In diesem Fall hätte A aktiv Gegenmaßnahmen ergreifen müssen, so z. B. einen Rettungswagen rufen und das Kind ins Krankenhaus bringen lassen müssen. ■

Auch beim Unterlassungsdelikt wird – wie beim Begehungsdelikt – kontrovers diskutiert, ob 89
es beim **beendeten Versuch** ausreicht, wenn der Täter eine Kausalkette in Gang setzt,[79] die zum Ausbleiben des Erfolges führt, oder ob er die bestmögliche Verhinderungsmöglichkeit[80] wählen muss.

Beispiel A möchte seinem Leben ein Ende setzen und öffnet dazu in seiner Wohnung die Gashähne. Nach geraumer Zeit erkennt er, dass er durch eine mögliche Explosion auch die anderen Hausbewohner gefährden könnte und ruft bei der Rettungsleitstelle an, welche er unter Nennung seines Namens und seiner Adresse über das Geschehen informiert. Die Gashähne dreht er allerdings trotz Aufforderung durch die Rettungsleitstelle nicht ab, weil er an seinem Selbsttötungsentschluss festhält. Die später eintreffende Feuerwehr

77 *BGHSt* 31, 46.
78 *BGH* NStZ 2003, 28.
79 *BGH* StV 1999, 211.
80 *Baumann/Weber/Mitsch* Strafrecht AT § 27 Rn. 28.

evakuiert die Bewohner des Hauses, dreht die Gashähne zu und wiederbelebt A, der inzwischen bewusstlos geworden war.[81]

Ein versuchter Mord durch Aufdrehen der Gashähne kommt nicht in Betracht, da A zu diesem Zeitpunkt noch keinen Tötungsvorsatz hatte. Da A jedoch später mit dem Tod der Hausbewohner rechnete, es aber gleichwohl unterließ, die Gashähne abzudrehen, könnte er sich eines versuchten Mordes durch Unterlassen gem. §§ 211, 22, 23, 13 strafbar gemacht haben. Der Tatentschluss ist zu bejahen. Das unmittelbare Ansetzen lag spätestens zu dem Zeitpunkt vor, als A von der Rettungsleitstelle zum Abdrehen der Gashähne aufgefordert wurde. Fraglich ist, ob A gem. § 24 Abs. 1 S. 1 Alt. 2 strafbefreiend vom Versuch zurückgetreten ist. Zunächst muss davon ausgegangen werden, dass ein beendeter Versuch vorlag, da es wohl auch nach Auffassung des A nicht ausgereicht hätte, lediglich die Gashähne zuzudrehen. Wollte man nun vom Täter das Bestmögliche verlangen, dann hätte das Anrufen der Rettungsleitstelle nicht ausgereicht. Vielmehr hätte A die Gashähne zudrehen und die Bewohner evakuieren müssen. Der BGH hat jedoch – wie bei den Begehungsdelikten auch – das Ingangsetzen einer Kausalkette als ausreichend angesehen. ■

» **Nutzen Sie an dieser Stelle die Gelegenheit und wiederholen den Rücktritt vom Begehungsdelikt (Rn. 29), sofern Sie festgestellt haben, dass Sie das Thema nicht mehr oder noch nicht können.** «

90 Sofern der Täter von einem **untauglichen Unterlassungsversuch** zurücktreten möchte, muss er sich gem. § 24 Abs. 1 S. 2 ernsthaft bemühen, den Erfolg, der objektiv durch sein Unterlassen nicht eintreten konnte, mithin also auch durch seine Bemühungen nicht vermieden werden kann, zu verhindern.[82]

G. Täterschaft und Teilnahme

91 **Mittäterschaft und mittelbare Täterschaft** sind unter den Voraussetzungen der § 25 Abs. 1 Alt. 2 und Abs. 2 möglich, sofern der Täter zudem die Voraussetzungen des § 13 erfüllt.

Eine **Anstiftung und Beihilfe zum Unterlassungsdelikt** ist unproblematisch. In diesen Fällen ist das Unterlassungsdelikt die vorsätzliche, rechtswidrige Haupttat eines anderen.

Eine **Anstiftung durch Unterlassen** wird nach h.M. nicht möglich sein, dass es eines geistigen Kontakts zwischen dem Anstifter und dem Angestifteten bedarf.

Beispiel A verhindert es nicht, dass sich in M der Entschluss entwickelt, das gemeinsame, 3 Monate alte Kind verhungern zu lassen. Hier hat A nach überwiegender Auffassung keinen Tatentschluss in M hervorgerufen. ■

Möglich ist aber eine **Beihilfe durch Unterlassen**. In diesen Fällen müssen Sie aber beachten, dass der Beihelfende dann erneut die Voraussetzungen des § 13 erfüllen muss.

Beispiel Nachdem M die Ernährung eingestellt hat, unterlässt es A, sich selbst um die Versorgung des Kindes zu kümmern. Das Kind stirbt nach einigen Tagen. ■

Problematisch und klausurrelevant sind die Fälle der **Abgrenzung** zwischen Beihilfe und Neben- oder Mittäterschaft durch Unterlassen.

Beispiel Im obigen Fall könnte A auch eine täterschaftliche Tötung durch Unterlassen begangen haben. ■

Dieses Problem wurde bereits unter der Rn. 61 ausführlich erörtert.

81 *BGH* NStZ 2003, 28; vgl. dazu auch die Falllösung bei *Jäger* Strafrecht AT Rn. 326b.
82 Siehe dazu den Fall bei *Jäger* Strafrecht AT Rn. 327.

H. Übungsfall Nr. 2

„Kevin in Not" 92

Der 5-jährige Kevin (K) ist von dem Lebensgefährten L seiner Mutter bereits mehrfach körperlich misshandelt worden, ohne dass es bislang zu lebensgefährlichen Verletzungen gekommen ist. Während seine Mutter M arbeitet, versetzt L, der auf K aufpassen soll, dem K, dessen geräuschvolles Spielen ihn nervt, erneut – ohne Tötungsvorsatz – so heftige Schläge, dass es zu einer schwerwiegenden Lungenquetschung kommt. Obgleich L erkennt, dass K dringend ärztliche Hilfe benötigt, lässt er K alleine zu Hause liegen und begibt sich in seine Stammkneipe. Dabei rechnet er jetzt fest mit dem Tod des K, der ihm allerdings gelegen kommt, da er verhindern möchte, dass seine Freundin ihn anzeigt.

Als M nach Hause kommt erkennt sie, dass K Schmerzen leidet und deswegen ärztliche Hilfe benötigt. Die konkrete Ursache der Schmerzen und das Vorhandensein sowie das Ausmaß der inneren Verletzungen sind ihr nicht bekannt. Gleichwohl unterlässt sie es, den Arzt aufzusuchen, weil sie befürchtet, dass L etwas mit der Situation zu tun haben könnte. Da sie finanziell von ihm abhängig ist, hat sie Angst um die Bestreitung ihres Lebensunterhalts, wenn L ins Gefängnis käme. Zu diesem Zeitpunkt geht sie noch nicht davon aus, dass K schwer verletzt ist und sterben könnte. Sie begreift jedoch zutreffend, dass ärztliche Hilfe zur Schmerzlinderung notwendig ist. Als K jedoch das Bewusstsein verliert, ruft sie den Rettungswagen. Leider können die Ärzte für das Kind nichts mehr tun. K hätte jedoch überlebt, wenn sowohl L als auch später M unmittelbar den Rettungswagen herbeigerufen hätten.

Strafbarkeit von L und M? (eventuell erforderliche Anträge sind gestellt)

Lösung 93

A. Strafbarkeit des L

I. Strafbarkeit gemäß §§ 223, 224 I Nr. 5

L könnte sich wegen gefährlicher Körperverletzung gem. §§ 223, 224 Abs. 1 Nr. 5 strafbar gemacht haben, indem er K schlug.

1. Objektiver Tatbestand

Voraussetzung ist zunächst, dass L den K körperlich misshandelt oder an der Gesundheit geschädigt hat.

Eine körperliche Misshandlung ist jede üble unangemessene Behandlung, die das körperliche Wohlempfinden mehr als nur unerheblich beeinträchtigt. Unter einer Gesundheitsschädigung ist das Hervorrufen oder Steigern eines pathologischen Zustands zu verstehen.

Hier hat L dem K so heftige Schläge versetzt, dass es zu einer schweren Lungenquetschung gekommen ist. Dies stellt sowohl eine üble unangemessene Behandlung als auch das Hervorrufen eines krankhaften, d. h. pathologischen Zustands dar. Zwischen den Schlägen und der Lungenquetschung besteht Kausalität. Auch hinsichtlich der objektiven Zurechnung bestehen keinerlei Bedenken. Der objektive Tatbestand des § 223 ist damit verwirklicht.

Fraglich ist, ob die Schläge darüber hinaus gemäß § 224 Abs. 1 Nr. 5 eine das Leben gefährdende Behandlung darstellen. In Rechtsprechung und Literatur ist dabei umstritten, ob die Gefahr eine abstrakte oder konkrete Gefahr sein muss. Einer Auffassung zufolge reicht es aus, wenn die Behandlung nach den Umständen des Einzelfalls objektiv-generell, d. h. abstrakt, geeignet ist, das Opfer in Lebensgefahr zu bringen.[83] Die Gegenauffassung verlangt hingegen eine wirkliche, d. h. konkrete Lebensgefahr für das Opfer durch die Behandlung.[84] Da keine der anderen Nummern des § 224 den Eintritt einer Folge bzw. einer konkreten Gefahr voraussetzt, ist mit dem BGH davon auszugehen, dass auch bei der Nr. 5 eine konkrete Gefahr nicht zu fordern ist. Auch der Wortlaut der Nr. 5, welcher lediglich von einer „lebensgefährdenden Behandlung" spricht, gibt keinen Anhaltspunkt dafür, dass diese Lebensgefahr eine konkrete Gefahr sein muss.

Vorliegend bestand objektiv allerdings sowohl eine abstrakte als auch eine konkrete Gefahr für das Leben des fünfjährigen K. Damit ist auch der objektive Tatbestand des § 224 Abs. 1 Nr. 5 verwirklicht.

JURIQ Klausurtipp

Die Entscheidung des Streits hätte vorliegend auch dahingestellt bleiben können, da beide Auffassungen zur Bejahung der Voraussetzungen gelangen. Allerdings wird es im subjektiven Tatbestand relevant sein, ob man eine abstrakte oder nur eine konkrete Gefahr verlangt. Es dürfte unproblematisch sein, dem L zu unterstellen, dass er mit der Möglichkeit einer abstrakten Lebensgefahr gerechnet und diese billigend in Kauf genommen hat. Argumentativ schwieriger dürfte es werden, wenn man eine konkrete Gefahr verlangt, weswegen schon an dieser Stelle der Streit zwischen Rechtsprechung und Literatur zu entscheiden war.

2. Subjektiver Tatbestand

L müsste vorsätzlich gehandelt haben. Bezüglich des Verabreichens der Schläge und der damit einhergehenden körperlichen Misshandlung hat L jedenfalls mit dolus directus 2. Grades gehandelt. In Anbetracht der Heftigkeit der Schläge kann auch davon ausgegangen werden, dass er jedenfalls mit der Möglichkeit erheblicher Verletzungen und damit auch mit der Möglichkeit einer abstrakten Lebensgefahr rechnete und diese auch billigend in Kauf nahm. Vorsatz ist somit diesbezüglich gegeben. Es kann L jedoch nicht unterstellt werden, dass er mit der Möglichkeit einer Lungenquetschung rechnete und diese billigend in Kauf nahm.

3. Rechtswidrigkeit und Schuld

Rechtfertigungs- und Schuldausschließungsgründe sind nicht ersichtlich.

L hat sich damit gemäß §§ 223, 224 Abs. 1 Nr. 5 der gefährlichen Körperverletzung strafbar gemacht.

II. Strafbarkeit gemäß § 227

L könnte sich des Weiteren wegen Körperverletzung mit Todesfolge gem. § 227 strafbar gemacht haben, indem er auf K einschlug.

1. Tatbestand des Grunddelikts

Der Tatbestand des Grunddelikts (§ 223) ist, wie oben geprüft, verwirklicht.

2. Schwere Folge

Der Tod des K ist eingetreten und beruhte kausal auf den von L ausgeführten Schlägen. Auch hinsichtlich des gefahrspezifischen Unmittelbarkeitszusammenhangs bestehen keine Bedenken. Sowohl die Schläge als auch die durch die Schläge herbeigeführte Lungenquetschung bargen das Risiko des Todes, welches sich alsdann in typischer Weise im Erfolg verwirklicht hat.

Des Weiteren müsste L hinsichtlich des Todeseintritts fahrlässig gehandelt haben. Fahrlässigkeit bedeutet die Außerachtlassung der im Verkehr erforderlichen Sorgfalt bei objektiver Vorhersehbarkeit des tatbestandlichen Erfolges.

Die Sorgfaltswidrigkeit lag hier in der Verwirklichung des Grunddelikts. Zu prüfen ist von daher allein, ob es bei Verabreichung der

83 *BGHSt* 36, 9.
84 Schönke/Schröder-*Stree* § 224 Rn. 12.

Schläge für einen Dritten in der Situation des L objektiv vorhersehbar war, dass der Tod eintreten könnte. Da L auf K mit äußerster Heftigkeit eingeschlagen hat, liegt es nahe, dass diese Schläge schwere innere Verletzungen nach sich ziehen und damit auch das Risiko einer tödlichen Verletzung beinhalten können. Für einen objektiven Dritten war es damit objektiv vorhersehbar, dass der Tod eintreten kann. Die Fahrlässigkeit gemäß § 18 ist damit zu bejahen.

3. Rechtswidrigkeit und Schuld

Rechtfertigungs- und Schuldausschließungsgründe sind nicht ersichtlich. L hat sich damit auch wegen Körperverletzung mit Todesfolge gem. § 227 strafbar gemacht.

III. Strafbarkeit gemäß § 222

Auch § 222 ist verwirklicht. Dieser tritt jedoch in Gesetzeskonkurrenz hinter § 227 zurück.

IV. Strafbarkeit gemäß § 225 Abs. 1 Nr. 1, Abs. 3 Nr. 1

L könnte sich darüber hinaus der Misshandlung von Schutzbefohlenen gem. § 225 Abs. 1 Nr. 1, Abs. 3 Nr. 1 strafbar gemacht haben, indem er K schlug.

1. Objektiver Tatbestand

Dann müsste K zunächst eine Person unter 18 Jahren sein, die der Fürsorge oder Obhut des L unterstanden hat. K ist fünf Jahre alt und war dem L zur Beaufsichtigung anvertraut. Damit unterstand er während der Ausführung der Tathandlung der Fürsorge des L.

Die Schläge könnten eine rohe Misshandlung i. S. d. § 225 Abs. 1 darstellen. Eine Misshandlung ist zunächst, wie bei den Körperverletzungsdelikten auch, eine üble, unangemessene Behandlung. Ein rohes Misshandeln setzt darüber hinaus eine gefühllose, das Leiden des Opfers missachtende Gesinnung voraus.[85] Das Tatbestandsmerkmal „roh" beschreibt dabei sowohl die innere Haltung des Täters als auch das „wie" der Misshandlung.[86]

Die Heftigkeit der Schläge stellt objektiv ein rohes Misshandeln dar. Da L dem K die Schläge verabreichte, weil ihn dessen lautstarkes Spielen nervte, kann auch von einer gefühllosen Gesinnung ausgegangen werden, zumal L dem K nicht nur einen, sondern gleich mehrere harte Schläge versetzte.

Der objektive Tatbestand des § 225 Abs. 1 ist damit verwirklicht.

Darüber hinaus ist auch der objektive Tatbestand der Qualifikation gem. § 225 Abs. 3 Nr. 1 verwirklicht, da K durch die Schläge des L in die Gefahr des Todes gebracht wurde. Bei dieser Gefahr handelt es sich um eine konkrete Gefahr. Da sich die Gefahr jedoch vorliegend im Tod realisiert hat, bestehen hinsichtlich der Konkretheit keinerlei Bedenken.

2. Subjektiver Tatbestand

L handelte jedenfalls vorsätzlich hinsichtlich der Verwirklichung des objektiven Tatbestandes des § 225 Abs. 1 Nr. 1. Fraglich ist, ob er auch mit der Möglichkeit rechnete, K mit den Schlägen in die konkrete Gefahr des Todes zu bringen und ob er diese Möglichkeit billigend in Kauf nahm. Zwar könnte die Heftigkeit der Schläge für einen solchen Vorsatz sprechen. Andererseits fehlen sonstige Anhaltspunkte, die diese generelle Annahme bestätigen können. Insbesondere ist zu beachten, dass frühere Schläge nicht zu lebensgefährlichen Verletzungen geführt haben. Zugunsten des L muss daher davon ausgegangen werden, dass ihm die konkrete Todesgefahr nicht bewusst war.

3. Rechtswidrigkeit und Schuld

L hat rechtswidrig und schuldhaft gehandelt, da Rechtfertigungs- und Entschuldigungsgründe nicht ersichtlich sind.

L hat sich gemäß § 225 Abs. 1 Nr. 1 StGB strafbar gemacht.

V. Strafbarkeit gemäß §§ 211, 212, 13

L könnte sich ferner wegen Mordes durch Unterlassen gem. §§ 211, 212, 13 strafbar gemacht haben, indem er L einfach zu Hause liegen ließ.

85 *BGHSt* 3, 109.
86 *BGH* NStZ 2004, 94.

1. Objektiver Tatbestand

Der tatbestandliche Erfolg, nämlich der Tod, ist eingetreten. Des Weiteren müsste L die rechtlich gebotene, d. h. erforderliche Rettungshandlung bei physisch-realer Möglichkeit zur Vornahme derselben unterlassen haben.

Erforderlich wäre es gewesen, die Rettungssanitäter zu alarmieren und K ins Krankenhaus bringen zu lassen, um ihn dort ärztlich versorgen zu lassen. Diese dem L mögliche Handlung hat L unterlassen.

Dieses Unterlassen hat auch kausal den Tod des K herbeigeführt, da dieser bei rechtzeitiger Herbeirufung der Rettungskräfte hätte gerettet werden können.

L hat des Weiteren durch dieses Unterlassen ein rechtlich relevantes Risiko geschaffen, welches sich später in tatbestandstypischer Weise im Tod realisiert hat. Auch die objektive Zurechnung ist damit gegeben.

Weiterhin müsste L als Garant verpflichtet gewesen sein, die Rettungskräfte für K zu rufen. In Betracht kommt vorliegend eine Garantenstellung als Überwachergarant aus Ingerenz. Das pflichtwidrige Vorverhalten des L bestand hier in den heftigen Schlägen, die dieser K verabreichte. Aufgrund dieser Schläge war L verpflichtet, die sich daraus ergebenden Gefahren für K zu vermeiden. Eine Garantenstellung aus Ingerenz liegt mithin vor.

Fraglich ist jedoch, ob das Unterlassen des L gem. § 13 gleichwertig mit einem vergleichbaren Handeln ist. Vorliegend ergibt sich die Problematik daraus, dass L deswegen das Herbeirufen der Rettungskräfte unterließ, weil er seine Tatbeteiligung verdecken wollte, er also eventuell mit Verdeckungsabsicht handelte.

JURIQ-Klausurtipp

Das Mordmerkmal der Verdeckungsabsicht wird eigentlich im subjektiven Tatbestand geprüft. Vorliegend ergibt sich die Problematik jedoch aus dem Zusammentreffen des Unterlassens mit der Verdeckungsabsicht, so dass die Verdeckungsabsicht ausnahmsweise im objektiven Tatbestand zu prüfen ist.

Mit Verdeckungsabsicht handelt, wer eine Tötung begeht in der Absicht, eine andere Straftat zu verdecken. Hier rechnete L zum Zeitpunkt des Liegenlassens des K fest damit, dass der Tod des K eintreten werde. Insoweit hatte L dolus directus 2. Grades. Dieser Tod kam ihm auch gelegen, da er verhindern wollte, dass seine Freundin ihn wegen der vorangegangenen Misshandlung anzeigt. Insofern könnte bei L Verdeckungsabsicht vorgelegen haben.

Fraglich ist jedoch, ob die zu verdeckende Körperverletzung mit Todesfolge eine „andere Tat" i. S. d. § 211 darstellt, da zwischen beiden Taten ein enger zeitlicher und, wenn man nur auf die Verletzung der körperlichen Integrität abstellt, auch sachlicher Zusammenhang gegeben ist. Darüber hinaus sind beide Taten durch eine gewisse Spontaneität gekennzeichnet, die der restriktiven Handhabung des Mordmerkmals entgegenstehen könnte. Allerdings ist zu berücksichtigen, dass L zum Zeitpunkt der Schläge noch keinen Tötungsvorsatz hatte. Somit war die Angriffsrichtung zunächst eine andere als später beim Liegen lassen. Darüber hinaus muss eine Gesamtwürdigung der Tat vorgenommen werden. Die Verdeckungsabsicht ist ein Tatmotiv und muss unter Wertungsgesichtspunkten ähnlich den niederen Beweggründen ermittelt werden.[87] Hier hat L aus egoistischen Motiven heraus eine Straftat verdecken wollen, die ihrerseits bereits durch eine rohe Gesinnung gekennzeichnet war. Eine Verdeckungsabsicht kann mithin bejaht werden.

Beim **Zusammentreffen eines Unterlassungsdelikts mit Verdeckungsabsicht** wird nun teilweise in der **Literatur** die Gleichwertigkeit des Unterlassens mit dem Handeln gem. § 13 verneint. Bei einem Verdeckungsmord durch aktives Tun besteht der an den Täter gerichtete Appell darin, dass von ihm verlangt wird, nicht weiter zu töten und sich damit eventuell der Gefahr der Strafverfolgung auszusetzen. Bei einem Verdeckungsmord durch Unterlassen würde jedoch, so die Literatur, von dem Täter verlangt, aktiv das Opfer zu retten und sich somit der Gefahr der Strafverfolgung auszusetzen.

87 *BGHSt* 35, 127.

Damit, so die Literatur, entspreche das Unterlassen von der Wertigkeit her nicht dem aktiven Tun, da das Unterlassen vor dem Hintergrund des Risikos der Strafverfolgung „nachvollziehbarer" und insofern „weniger kriminell" sei.[88]

Zwar unterlässt beim Verdeckungsmord durch Unterlassen der Täter nur die Rettung des Opfers, wohingegen er beim Begehungsdelikt aktiv eine weitere Tat zur Verdeckung begeht. Dies macht jedoch insbesondere bei einer Garantenstellung aus Ingerenz, bei welcher der Täter zuvor die Gefahr, deren Abwendung er jetzt unterlässt, selbst geschaffen hat, keinen Unterschied. Der Handlungsunwert ist in beiden Fällen gleich, da die Untätigkeit auf einem selbst verursachten Handlungsappell beruht. Es ist von daher mit dem **BGH**[89] davon auszugehen, dass auch bei einem Verdeckungsmord durch Unterlassen das Unterlassen dem Handeln gleichsteht.

Die Voraussetzungen des objektiven Tatbestands sind damit gegeben.

2. Subjektiver Tatbestand

L rechnete fest mit der Möglichkeit des Todes und wollte ihn auch. Damit liegt dolus directus 2. Grades vor. Wie bereits dargestellt, besaß L auch die erforderliche Verdeckungsabsicht. Diese Verdeckungsabsicht war auch das treibende Motiv bei der Begehung der Tat, auch wenn es sich um eine Spontantat handelte.

3. Rechtswidrigkeit und Schuld

Rechtfertigungs- und Entschuldigungsgründe sind nicht ersichtlich.

L hat sich damit wegen Mordes durch Unterlassen gem. §§ 211, 212, 13 strafbar gemacht.

B. Strafbarkeit der M

I. Strafbarkeit gemäß §§ 212, 13

Eine Strafbarkeit der M wegen Totschlags durch Unterlassen gem. §§ 212, 13 kommt nicht in Betracht, da ihr zunächst, als sie es unterließ, den Rettungswagen herbeizurufen, nicht bewusst war, dass K schwer verletzt ist und sterben könnte. Insofern kann noch nicht einmal dolus eventualis angenommen werden.

II. Strafbarkeit gemäß §§ 223, 13

M könnte sich jedoch wegen Körperverletzung durch Unterlassen gem. §§ 223, 13 strafbar gemacht haben, indem sie den Arzt nicht herbeiholte und damit die Schmerzlinderung unterließ.

1. Objektiver Tatbestand

Die Schmerzen, die K erlitt, nachdem seine Mutter nach Hause gekommen war, stellen sowohl die Steigerung eines pathologischen Zustandes als auch eine nicht unerhebliche Beeinträchtigung des körperlichen Wohlempfindens dar.

Das Unterlassen der tatbestandlichen Handlung liegt darin, dass M den Notarzt nicht herbeigerufen hat. Hätte sie dies getan, so wäre augenblicklich eine Schmerzlinderung durch Verabreichen entsprechender Medikamente erfolgt. Das Unterlassen ist damit auch kausal für den tatbestandlichen Erfolg, die Aufrechterhaltung der Schmerzen geworden. Auch hinsichtlich der objektiven Zurechnung bestehen keinerlei Bedenken. Da M als Mutter Beschützergarantin ist und ihr Unterlassen einem aktiven Tun entspricht. ist der objektive Tatbestand verwirklicht.

> **JURIQ-Klausurtipp**
>
> Sie können hier nur auf die Schmerzen abstellen, da M von der Lungenquetschung und der dadurch eintretenden Verschlechterung des gesundheitlichen Zustands keine Kenntnis und damit auch keinen Vorsatz hatte. Vorsätzlich handelte sie nur bezüglich der Schmerzen.

2. Subjektiver Tatbestand

M wusste, dass K Schmerzen hat und dass zur Linderung dieser Schmerzen ärztliche Hilfe notwendig ist. Sie handelte aufgrund dessen mit Wissen und Wollen der Tatbestandsverwirklichung.

88 *Jäger* Strafrecht BT Rn. 45; *Grünwald* JuS 1965, 311 ff; *Satzger*, Anm. zu *BGH* 1 StR 288/05, abgedruckt in JURA 4/06 § 227/2.

89 *BGH* NStZ 1992, 125; Schönke/Schröder-*Eser* § 211 Rn. 235.

3. Rechtswidrigkeit und Schuld

Rechtfertigungs- und Entschuldigungsgründe sind nicht ersichtlich.

M hat sich damit wegen Körperverletzung durch Unterlassen gem. §§ 223, 13 strafbar gemacht, indem sie K nicht die erforderliche Schmerzlinderung zukommen ließ.

III. Strafbarkeit gemäß §§ 227, 13

M könnte sich darüber hinaus wegen Körperverletzung mit Todesfolge gem. §§ 227, 13 strafbar gemacht haben, indem sie den Rettungswagen nicht herbeirief.

1. Tatbestand

Wie oben festgestellt, hat M, indem sie es unterließ, den Arzt zu rufen, die Schmerzzustände bei K aufrechterhalten. Die Verwirklichung des objektiven und subjektiven Tatbestands des Grunddelikts ist damit gegeben.

2. Folge gemäß § 227

Der Tod des K ist eingetreten. Fraglich ist ob dieser kausal durch die unterlassene Schmerzlinderung herbeigeführt wurde. Die Schmerzlinderung hätte vorliegend in dem Herbeirufen eines Arztes bestanden. Dieser hätte aber sicherlich den kritischen Zustand des K erkannt und weitere Maßnahmen veranlasst. Damit beruhte der Erfolg auch kausal auf dem tatbestandlichen Unterlassen.

Fraglich ist jedoch darüber hinaus, ob der gefahrspezifische Zusammenhang gegeben ist. Dann müsste in der unterlassenen Schmerzlinderung das Risiko gelegen haben, dass dadurch der Tod des K eintritt. In einem vergleichbaren Fall hat der BGH diesen Unmittelbarkeitszusammenhang verneint.[90] Dem Unterlassen der Schmerzlinderung haftet nicht das Risiko an, dass derjenige, der die Schmerzen erleidet, stirbt. Der Todeseintritt beruht vielmehr auf dem vom L in Gang gesetzten Kausalverlauf. Den Schlägen hat das Risiko des Todes angehaftet, weswegen sich L auch gemäß § 227 strafbar gemacht hat. Der Unmittelbarkeitszusammenhang ist daher zu verneinen.

JURIQ-Klausurtipp

Sie müssen im Rahmen des § 227 genau beachten, welche Körperverletzung M vorsätzlich herbeigeführt hat. Vorliegend war dies lediglich die Aufrechterhaltung oder Vertiefung des Schmerzzustandes. Diesen Körperverletzungserfolg hat sie kausal durch Nichtherbeirufen des Arztes verursacht. Das Herbeirufen des Arztes hätte wiederum der Schmerzlinderung gedient. Dass es mittelbar dann auch den Tod verhindert hätte, ist nur eine „gelegentliche" Folge der tatbestandlich geforderten Handlung zur Schmerzlinderung.

M hat sich damit nicht gem. §§ 227, 13 strafbar gemacht.

IV. Aussetzung gemäß § 221 Abs. 1 Nr. 2

M könnte sich wegen Aussetzung gem. § 221 Abs. 1 Nr. 2 strafbar gemacht haben, indem sie K nicht ärztlich versorgen ließ.

1. Objektiver Tatbestand

Dann müsste M den K zunächst in einer hilflosen Lage im Stich gelassen haben. K konnte sich als 5-jähriges, schwer verletztes Kind nicht selbst aus seiner Notsituation befreien, so dass er sich in einer hilflosen Lage befand. In dieser Lage hat M den K auch im Stich gelassen, indem sie es unterließ, einen Arzt herbeizurufen. Ein räumliches Entfernen ist für das Im-Stich-Lassen nicht erforderlich. Da M als Mutter Beschützergarantin für das Leben des M war, hat sie M auch in ihrer Obhut gehabt.

Hinweis

Für die Begründung der Obhuts- und Beistandspflichten werden die Garantenstellungen gem. § 13 herangezogen.

Darüber hinaus hat M auch eine konkrete Gefahr für das Leben des K geschaffen, die sich vorliegend sogar in dem Erfolg realisiert hat. Der objektive Tatbestand ist damit verwirklicht.

90 *BGH* NJW 1995, 2045.

2. **Subjektiver Tatbestand**

Fraglich ist jedoch, ob M vorsätzlich handelte. Sie erkannte zwar, dass K Schmerzen hatte, ging aber zunächst nicht davon aus, dass M sich in einem lebensbedrohenden Zustand befand. Auch kann ihr nicht unterstellt werden, dass sie mit der konkreten Gefahr einer schweren Gesundheitsschädigung rechnete, so dass Vorsatz auch als dolus eventualis nicht angenommen werden kann.

Eine Strafbarkeit gem. § 221 Abs. 1 Nr. 2 scheidet damit aus.

V. Strafbarkeit gemäß §§ 222, 13

M könnte sich jedoch wegen fahrlässiger Tötung durch Unterlassen gem. §§ 222, 13 strafbar gemacht haben, indem sie den gesundheitlichen Zustand des K nicht abklären ließ.

1. **Tatbestand**

Der Erfolg, nämlich der Tod des K, ist eingetreten. Das Unterlassen besteht in dem unterlassenen Abklären der Ursache der Schmerzen. Dieses hat auch kausal zum Tod geführt, da K hätte gerettet werden können, wenn M das Erforderliche veranlasst hätte.

Fraglich ist, ob das Handeln der M fahrlässig war. Fahrlässigkeit bedeutet die Außerachtlassung der im Verkehr erforderlichen Sorgfalt bei objektiver Vorhersehbarkeit des Erfolges.

Vorliegend hat M, als sie nach Hause kam, erkannt, dass K große Schmerzen leidet und dringend sowohl zur Schmerzlinderung als auch zur Behandlung eines Arztes bedarf. Gleichwohl hat sie diesen Arzt nicht herbeigerufen. Dabei konnte M als medizinischer Laie nicht erkennen und demzufolge auch nicht davon ausgehen, dass K keine lebensgefährdenden Verletzungen erlitten hat. Sie hätte daher schon zur Abklärung dieses Risikos einen Arzt alarmieren müssen. Aus diesem Grund war die Unterlassung sorgfaltspflichtwidrig. Es ist auch objektiv vorhersehbar, dass jemand, der große Schmerzen hat, so schwere Verletzungen erlitten hat, dass diese den Tod nach sich ziehen.

Darüber hinaus müsste auch die objektive Zurechnung gegeben sein. Objektiv zurechenbar ist der Erfolg dann, wenn der Täter ein rechtlich relevantes Risiko geschaffen hat, welches sich alsdann in typischer Weise realisiert hat. Dadurch, dass M es sorgfaltspflichtwidrig unterließ, den Gesundheitszustand des K abzuklären, schaffte sie für dessen Leben ein rechtlich relevantes Risiko. Dieses hat sich alsdann auch in typischer Weise realisiert.

> **Hinweis**
>
> Im Unterschied zu § 227 ist der Anknüpfungspunkt hier ein anderer. Oben musste der Unmittelbarkeitszusammenhang zwischen der vorsätzlich herbeigeführten Körperverletzung und der Todesfolge geklärt werden. Hier muss die objektive Zurechnung zwischen dem fahrlässigen Unterlassen (Nichtabklären der gesundheitlichen Schäden des K) und dem Tod geklärt werden.

Des Weiteren müsste M als Garantin verpflichtet gewesen sein, die oben von ihr geforderte Handlung vorzunehmen. Als Mutter war M gegenüber K Beschützergarantin. Diese Garantenstellung ist in § 1626 BGB „rechtlich fundiert".

Das Nichtherbeirufen der Rettungskräfte entspricht vom Handlungsunwert auch einem aktiven Tun. Damit liegen auch die übrigen Voraussetzungen des § 13 vor. Der Tatbestand der fahrlässigen Tötung durch Unterlassen ist damit verwirklicht.

2. **Rechtswidrigkeit und Schuld**

Rechtfertigungsgründe sind nicht ersichtlich.

Fraglich ist jedoch, ob M nicht wegen Unzumutbarkeit normgemäßen Verhaltens entschuldigt sein könnte. Vorliegend befürchtete M, dass L, der den Lebensunterhalt der Familie bestritt, verhaftet und sie dann entsprechend ohne Einkommen dastehe. Die Preisgabe dieser Interessen ist der M jedoch zumutbar, da ihr Kind schwer verletzt ist und L schon wiederholt K misshandelt hat. In Anbetracht der Möglichkeiten des Sozialstaats musste M auch nicht damit rechnen, mit K „unter der Brücke" zu landen. Eine Entschuldigung kann mithin nicht angenommen werden.

Auch hinsichtlich des subjektiven Fahrlässigkeitsvorwurfs bestehen keinerlei Bedenken. M war in der Lage, die an sie gestellten Sorgfaltsanforderungen zu erkennen und entsprechend zu handeln.

M hat sich damit gem. §§ 222, 13 der fahrlässigen Tötung durch Unterlassen schuldig gemacht.

VI. Strafbarkeit gemäß § 323c

M könnte sich darüber hinaus wegen unterlassener Hilfeleistung gem. § 323c strafbar gemacht, indem sie K nicht ins Krankenhaus brachte.

1. Objektiver Tatbestand

Dann müsste zunächst ein Unglücksfall vorliegen. Ein solcher kann angenommen werden bei einem plötzlich eintretenden Ereignis, das erhebliche Gefahren für Leib, Leben oder Sachen von bedeutendem Wert mit sich bringt. Die vorsätzliche, gefährliche Körperverletzung des L an K stellt einen solchen Unglücksfall dar. Des Weiteren müsste die M eine erforderliche und zumutbare Hilfeleistung unterlassen haben. Diese Hilfeleistung hätte vorliegend in dem Herbeirufen eines Arztes bestanden. Wie bereits dargestellt, wäre ihr diese Handlung auch zumutbar gewesen.

Hinweis

Bei § 323c ist die Zumutbarkeit bereits Tatbestandsmerkmal und nicht – wie beim unechten Unterlassungsdelikt – ein Entschuldigungsgrund.

Der objektive Tatbestand ist damit verwirklicht.

2. Subjektiver Tatbestand

Allerdings ging M zunächst nicht davon aus, dass K schwer verletzt ist. Sie wusste zwar, dass er Schmerzen hatte, kannte aber die gefährliche Körperverletzung nicht, so dass zu ihren Gunsten davon ausgegangen werden muss, dass Sie nicht mit der Möglichkeit eines Unglücksfalles rechnete und diese billigend in Kauf nahm.

Eine Strafbarkeit gem. § 323c scheidet damit aus.

Gesamtergebnis

L hat sich gem. §§ 223, 224 Abs. 1 Nr. 5 und § 227 strafbar gemacht. § 224 Abs. 1 Nr. 5 wird allerdings von § 227 verdrängt. In Tateinheit dazu steht § 225 Abs. 1 Nr. 1. In Tateinheit dazu wiederum steht §§ 211, 13. Allerdings darf die Todesfolge bei der Strafzumessung nicht mehrfach zu Lasten des Täters verwertet werden,[91] was hier unproblematisch ist, da lebenslange Freiheitsstrafe verhängt werden wird.

M hat sich strafbar gemacht gem. §§ 223, 13 in Tateinheit mit §§ 222, 13.

91 *BGH* NStZ 2000, 29.

4. Teil
Täterschaft und Teilnahme

A. Übersicht

Sofern mehrere Personen an der Verwirklichung einer Straftat beteiligt sind, unterscheidet das deutsche Strafrecht zwischen Täterschaft und Teilnahme. Die Vorschriften, die Sie in diesem Zusammenhang kennen müssen, sind die §§ 25–29. **94**

» Lesen Sie diese Normen und versuchen Sie zunächst anhand des Gesetzeswortlauts die Unterschiede zwischen Täterschaft und Teilnahme heraus zu finden, bevor Sie weiterlesen. «

Täterschaft und Teilnahme unterscheiden sich dadurch, dass der Täter eine **eigene Tat** begeht und damit „Zentralfigur" des Geschehens ist, wohingegen der Teilnehmer nur eine **fremde Tat** veranlasst oder fördert und deswegen als „Randfigur" betrachtet wird.

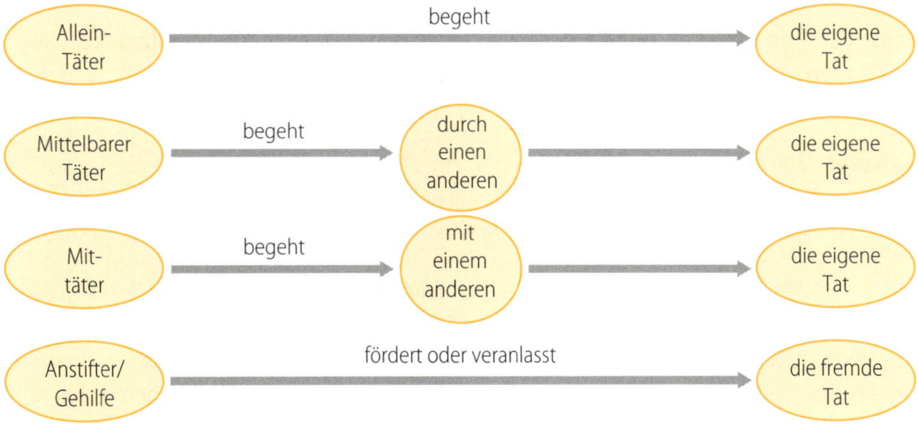

Gem. **§ 25 Abs. 1, 1. Alt.** ist **unmittelbarer Täter** derjenige, der die **Straftat selbst** begeht.

Verwirklichen **mehrere Täter gemeinschaftlich** eine Tat, so sind sie gem. **§ 25 Abs. 2** als **Mittäter** anzusehen. Die Konsequenz der Mittäterschaft ist, dass jedem Täter die Handlung des jeweils anderen zugerechnet wird und damit die Strafbarkeit aus dem jeweiligen Delikt ausgelöst wird.

Beispiel A und B wollen C ausrauben. Sie beschließen, dass A den C festhalten soll, während B ihm das Portemonnaie aus der Hosentasche ziehen soll. Entsprechend diesem Plan gehen sie vor.

Hier wird A die Wegnahmehandlung des B und B das Festhalten durch A zugerechnet mit der Folge, dass sich beide wegen mittäterschaftlich begangenen Raubes gem. §§ 249, 25 Abs. 2 strafbar gemacht haben. ■

Von **mittelbarer Täterschaft** gem. **§ 25 Abs. 1, 2. Alt.** spricht man, wenn die **Tat „durch einen anderen"** verwirklicht wird. Bei der mittelbaren Täterschaft wird ein Mensch wie ein Werkzeug zur Tatbestandsverwirklichung eingesetzt. Kennzeichnend für die mittelbare Täterschaft ist, dass im Normalfall das Werkzeug an einem sog. Strafbarkeitsmangel leidet. Auch hier wird das Handeln des Werkzeugs dem Hintermann zugerechnet.

Beispiel Arzt A bittet die Krankenschwester K dem Patienten P ein „Kreislaufmittel" zu verabreichen, bei welchem es sich jedoch in Wahrheit um ein tödlich wirkendes Gift handelt. K spritzt dem P dieses Gift, woraufhin dieser verstirbt.

Hier hat K zwar den objektiven Tatbestand des Totschlages verwirklicht, in Anbetracht der Unkenntnis handelte sie jedoch nicht mit Vorsatz. A hat die nicht vorsätzlich handelnde K als Werkzeug zur Tötung des P verwendet und sich dementsprechend wegen Totschlags gem. §§ 212, 25 Abs. 1, 2. Alt. strafbar gemacht. ■

Anstifter und damit Teilnehmer ist, gem. **§ 26** derjenige, wer **einen anderen** zu dessen vorsätzlicher und rechtswidriger Haupttat **bestimmt**. Vom Strafrahmen her wird der Anstifter wie der Täter bestraft, weil er als Initiator der Tat anzusehen ist und erst durch seine Handlung die Straftat verwirklicht wurde.

Beispiel A gibt dem Profikiller P 10 000 € damit dieser B tötet. Hier hat die Übergabe der 10 000 € in P den Entschluss hervorgerufen, B zu töten. Ohne diese Veranlassung wäre die alsdann von P verwirklichte Tat niemals begangen worden. ■

Gem. **§ 27 Abs. 1** wird als **Gehilfe** derjenige angesehen, er eine vorsätzliche und rechtswidrige **Haupttat eines anderen** mit seinem Beitrag **fördert**. Gem. § 27 Abs. 2 Satz 2 i. V. m. § 49 Abs. 1 ist die Strafe herabzusetzen.

Beispiel Zur obigen Tat des Profikillers P überreicht C ihm die Waffe, damit die Tat ausgeführt werden kann. Hier hat C sich der Beihilfe zum Mord gem. §§ 211, 27 schuldig gemacht, da er durch das Überreichen der Waffe die von P begangene Tat gefördert hat. ■

95 Die Unterscheidung zwischen Täterschaft und Teilnahme wird **dualistisches Beteiligungssystem** genannt. Im Gegensatz dazu steht das **Einheitstäterprinzip** bei welchem jeder Täter, der einen ursächlichen Beitrag zur Tatbestandsverwirklichung geleistet hat, ohne Rücksicht auf das Gewicht des Beitrages als Täter angesehen wird. Für das Einheitstäterprinzip hat sich das Ordnungswidrigkeitenrecht entschieden, (vgl. § 14 OWiG).[1]

Die Unterscheidung zwischen Täterschaft und Teilnahme ist nur für das **vorsätzliche Delikt** von Bedeutung. Die **Beteiligung an einer Fahrlässigkeitstat** ist strafrechtlich nicht möglich, da Voraussetzung für Anstiftung und Beihilfe die vorsätzliche rechtswidrige Haupttat ist. Auf die Figur der **Mittäterschaft bzw. mittelbaren Täterschaft** kann zumeist verzichtet werden, da jeder Täter als Fahrlässigkeitstäter anzusehen ist, sofern er sorgfaltspflichtwidrig, kausal und objektiv zurechenbar einen Unrechtserfolg herbeigeführt hat.[2]

Beispiel A und B verlassen beide schwer alkoholisiert die Kneipe des X. Da A keine Lust hat, zu laufen, drängt er B dazu, ihn mit dem Auto nach Hause zu fahren, wobei er ihn, kaum dass sie losgefahren sind, dazu antreibt, schneller zu fahren. Schon nach wenigen 100 Metern verliert B alkoholbedingt die Kontrolle über sein Fahrzeug und erfasst auf dem Bürgersteig den Passanten P, der schwer verletzt wird.

Hier haben sich sowohl A als auch B der fahrlässigen Körperverletzung an P strafbar gemacht. Die Sorgfaltspflichtwidrigkeit des B bestand in dem alkoholisierten Fahren, die des A in dem Bedrängen des B. Beide haben mit ihren jeweiligen Tathandlungen das Risiko einer Verletzung von Straßenverkehrsteilnehmern gesetzt, welches sich in typischer

1 *OLG Braunschweig* NStZ 1998, 44.
2 *Maurach/Gössel/Zipf* Strafrecht AT 2 § 47 Rn. 103; *Bottke* GA 2001, 463.

Weise in dem Erfolg niedergeschlagen hat. Ein eigenverantwortliches Dazwischentreten des B, der das Auto gefahren hat, liegt nicht vor, da B innerhalb des Risikos gehandelt hat, welches A gesetzt hat. ■

Lediglich die Fälle, bei denen sich im Nachhinein nicht klären lässt, welche Handlung bei gemeinsamer Sorgfaltspflichtwidrigkeit für den Erfolg kausal geworden ist, sollen nach einer teilweise in der Literatur vertretenen Auffassung als **„fahrlässige Mittäterschaft"** angesehen werden.[3] Dazu ausführlich unter Rn. 110.

Bedenken Sie, dass **Täterschaft und Teilnahme** sowohl **teilbar** als auch **kumulierbar** sind. **96**
Dies bedeutet, dass zum einen sich innerhalb desselben strafrechtlichen Geschehens die jeweilige Rolle des Tatbeteiligten ändern kann. Zum anderen kann eine Person an demselben Delikt zugleich Täter und Teilnehmer sein.

Beispiel A stiftet B an, C auszurauben. Nach dem Plan des A soll B den C festhalten, während A ihn ausraubt. B stimmt diesem Plan zu, schlägt jedoch vor, dass stattdessen A dem C ein starkes Beruhigungsmittel versetzt, während B ihn ausraubt. Dieses Beruhigungsmittel enthält in Wahrheit ein tödlich wirkendes Gift, was A jedoch nicht weiß.

Hier hat sich A zunächst wegen Anstiftung zum späteren mittäterschaftlich begangenen Raub strafbar gemacht. Daneben hat B sich wegen Totschlags in mittelbarer Täterschaft strafbar gemacht, indem er A ein Gift spritzen ließ, von welchem A glaubte, dass es sich um ein Beruhigungsmittel handelte. Die Anstiftung, die A verwirklicht hat, tritt hinter der mittäterschaftlichen Begehung auf Konkurrenzebene zurück. Der mittäterschaftlich begangene Raub hingegen ist tateinheitlich verwirklicht mit der Tötung in mittelbarer Täterschaft durch B. ■

JURIQ-Klausurtipp

Aufgrund der **Teilbarkeit und der Kumulierbarkeit** sind von daher in der Klausur vor die Klammer gezogene Erörterungen zur Stellung der Beteiligten untersagt. Die Frage der Täterschaft und Teilnahme ist innerhalb eines jeden Deliktes neu zu beantworten.

Sofern mehrere Beteiligte zu prüfen sind, gilt die Regel, dass immer **mit dem Tatnächsten zu beginnen** ist. Sofern die Beteiligungsrollen wechseln, kann eine Klarheit herbeigeführt werden durch Bildung von Handlungskomplexen.

Ansonsten ist zu berücksichtigen, dass die **Täter immer vor den Teilnehmern** zu prüfen sind.

Wie bereits ausgeführt, ist gem. § 25 Abs. 1, 1. Alt. **Täter** derjenige, der die Tat selbst begeht, **97**
d.h. derjenige, der **sämtliche Merkmale des objektiven und subjektiven Unrechtstatbestandes** erfüllt. Dieser **tatbestandsbezogene Täterbegriff** hat folgende Konsequenzen

- Bei den **echten und unechten Sonderdelikten** kann Täter nur derjenige sein, der die im Tatbestand vorausgesetzte Subjektsqualität besitzt. Von **echten Sonderdelikten** spricht man, wenn der Subjektsqualität strafbegründende Wirkung zukommt, wie z.B. bei den §§ 331, 332, 336, 344, 348. **Unechte Sonderdelikte** sind solche, bei denen die Subjektsqualität strafschärfende Wirkung hat, z.B. §§ 120 Abs. 2, 258a, 340.

3 *Wessels/Beulke* Strafrecht AT Rn. 507.

Beispiel Täter einer Vorteilsannahme oder Bestechung nach den §§ 331 ff. sowie einer Körperverletzung im Amt gem. §§ 340, 223 kann mithin nur ein Amtsträger sein. Dies gilt auch für den mittelbaren Täter und den Mittäter. ■

Hinweis

Die Unterscheidung zwischen echten und unechten Sonderdelikten kann wichtig werden bei der Teilnahme im Hinblick auf **§ 28.** Die Subjektsqualität wird als besonderes persönliches Merkmal betrachtet. Bei den echten Sonderdelikten ist dieses Merkmal strafbegründend, bei den unechten ist es strafschärfend. Fehlt dem Teilnehmer mithin die Subjektsqualität, so ist bei den echten Sonderdelikten eine Strafmilderung gem. § 28 Abs. 1 vorzunehmen, bei den unechten erfolgt eine sog. „Tatbestandsverschiebung" gem. § 28 Abs. 2. Wir werden uns damit ausführlich in dem Kapitel „Anstiftung und Beihilfe" unter Rn. 160 beschäftigen.

- Bei den **Pflichtdelikten** ist Täterschaft nur möglich, wenn den Handelnden diese Sonderpflicht trifft und er diese Pflicht verletzt.

Beispiel Mittäter oder mittelbarer Täter, die den tatbestandlichen Erfolg durch Unterlassen herbeiführen, müssen eine Garantenstellung gem. § 13 innehaben. ■

» Sofern Sie mit der Einteilung der Delikte Schwierigkeiten haben, sollten Sie die Gelegenheit nutzen und sich mit dem Kapitel „Einteilung der Delikte" im Skript Strafrecht AT I beschäftigen. «

- Bei den **eigenhändigen Delikten** kann nur derjenige Täter sein, der die tatbestandliche Handlung selbst vornimmt. Mittelbare Täterschaft ist damit bei den eigenhändigen Delikten ausgeschlossen.

Beispiel Täter eines Aussagedelikts gem. § 153 kann nur der Aussagende selbst sein. Sofern also ein Dritter den Aussagenden über den wahrheitswidrigen Kern seiner Aussage täuscht und ihn zur Aussage überredet, kann dieser sich nicht gem. §§ 153, 25 Abs. 1, 1. Alt. strafbar machen. Denkbar ist aber eine Strafbarkeit gem. § 160, der geschaffen wurde, um diese Strafbarkeitslücke zu schließen. ■

Hinweis

Für die **Abgrenzung der Täterschaft von der Teilnahme** ergibt sich aus dem soeben dargestellten tatbestandsbezogenen Täterbegriff zweierlei:

- Täter ist **immer derjenige**, der den objektiven und subjektiven Tatbestand verwirklicht und
- Täter ist **niemals derjenige**, der die o.g., besonderen Voraussetzungen des objektiven und subjektiven Tatbestandes nicht erfüllt.
  Dies gilt nicht für die Handlung/das Unterlassen, da dieses gem. § 25 Abs. 1 2. Alt. oder Abs. 2 zugerechnet werden kann. Daraus folgt, dass
- Täter **auch derjenige** sein kann, der die tatbestandliche Handlung/das Unterlassen nicht vorgenommen hat, aber sonst die tatbestandlichen Voraussetzungen erfüllt.

B. Abgrenzung der Täterschaft von der Teilnahme

98 Aufgrund des dualistischen Beteiligungssystems müssen Sie in der Klausur in jedem Einzelfall klären, ob der Beteiligte als Täter oder Teilnehmer gehandelt hat, auch wenn sich dies – wie bei der Anstiftung – nicht auf den Strafrahmen auswirkt. Teilweise ist die Abgrenzung aufgrund der Konsequenzen, die sich aus dem tatbestandsbezogenen Täterbegriff ergeben, wie soeben gesehen,

einfach. Schwierigkeiten bei der Abgrenzung kommen jedoch vor allem im Verhältnis zwischen mittelbarer Täterschaft und Anstiftung sowie zwischen Mittäterschaft und Beihilfe in Betracht. In beiden Fällen können die Tatbeiträge, die die Beteiligten erbringen, sehr ähnlich sein.

In Literatur und Rechtsprechung werden im Wesentlichen **zwei Theorien zur Abgrenzung** vertreten, die Sie kennen müssen.

I. Materiell-objektive Theorie oder Tatherrschaftslehre

In der **Literatur** hat sich in unterschiedlichen Ausprägungen die materiell-objektive Theorie 99
oder Tatherrschaftslehre durchgesetzt. Danach erfolgt die **Abgrenzung** in erster Linie anhand des objektiven Kriteriums der **Tatherrschaft**.

> **Tatherrschaft** bedeutet das vom Vorsatz umfasste In-den-Händen-Halten des tatbestandsmäßigen Geschehensablaufs.[4]

Nach der Tatherrschaftslehre ist **Täter** als Zentralgestalt des Geschehens derjenige, der **mit seinem Tatbeitrag** objektiv das **Ob und Wie der Tatbestandsverwirklichung beherrscht** und einen entsprechenden Willen besitzt. **Teilnehmer** ist, wer als Randfigur des realen Geschehens die Begehung der **Tat lediglich veranlasst oder sonst wie fördert**. [5] Je nach Täterschaft wird die Tatherrschaft wie folgt bestimmt:

- Bei der unmittelbaren Täterschaft bedeutet Tatherrschaft **Handlungsherrschaft**,
- bei der mittelbaren Täterschaft besteht sie in der **Tatherrschaft kraft überlegenen Wissens oder Wollens**,
- bei der Mittäterschaft tritt sie als **funktionale Tatherrschaft** in Erscheinung.

II. Subjektive Theorie

Demgegenüber knüpft die vornehmlich in der Rechtsprechung vertretene subjektive Theorie 100
an die **innere Einstellung des Beteiligten zur Tat** an. Demnach ist

- **Täter** derjenige, der mit **animus auctoris** = Täterwillen handelt und die Tat als eigene will,
- **Teilnehmer** derjenige, der mit **animus socii** = Teilnehmerwillen tätig wird und die Tat als fremde Tat veranlassen oder fördern will.[6]

Früher wurde in der Rechtsprechung eine sehr extreme subjektive Theorie vertreten. Danach war selbst derjenige, der die Tathandlung begangen hatte, dann nicht Täter, wenn er damit lediglich eine fremde Tat fördern wollte.

Beispiel Auf Befehl der UdSSR ermordete der russische KGB Agent Staschynskij den ukrainischen Dissidenten Bandera. Da Staschynskij (der zum Zeitpunkt der Verurteilung bereits zu einem westlichen Geheimdienst übergelaufen war!) nach Auffassung des BGH mit der Tat nur die Interessen der UdSSR durchsetzen wollte, hat der BGH angenommen, dass er nicht mit animus auctoris gehandelt habe und ihn deswegen wegen Beihilfe – mit der obligaten Strafmilderung gem. Abs. 2 – verurteilt.[7] ■

4 *Wessels/Beulke* Strafrecht AT Rn. 512; Schönke/Schröder-*Cramer/Heine* Vor § 25 Rn. 61 ff.; *Jäger* Strafrecht AT Rn. 227.
5 *Wessels/Beulke* Strafrecht AT Rn. 513.
6 *BGHSt* 28, 346; StV 1990, 203; NStZ 1995, 285.
7 *BGHSt* 18, 87.

Dieser extrem subjektiven Theorie ist jedoch inzwischen durch § 25 Abs. 1, 1. Alt. der Boden entzogen. Der BGH nimmt nunmehr eine **Objektivierung** vor, indem er zur Ermittlung des Täter- bzw. Teilnehmerwillens objektive Umstände heranzieht. **Anhaltspunkte** sind

- der **Grad des eigenen Interesses** am Erfolg der Tat,
- der **Umfang der Tatbeteiligung** sowie auch
- die **Tatherrschaft** oder zumindest der Wille zur Tatherrschaft.[8]

Hinweis

Die Übernahme der objektiven Kriterien, insbesondere der Tatherrschaft zeigt, dass die materiell-objektive Theorie sowie subjektive Theorie **nicht weit auseinander** liegen. Unterschiedlich ist jedoch die Herangehensweise an die Abgrenzung: Für die Tatherrschaftslehre ist wesentlicher Anknüpfungspunkt die objektive Feststellung der Tatherrschaft; die subjektive Theorie nimmt diese Tatherrschaft nur als ein Indiz im Rahmen einer Gesamtbewertung zur Ermittlung des animus auctoris.

C. Mittäterschaft

I. Überblick

101 Gem. § 25 Abs. 2 erfordert die Mittäterschaft ein bewusstes und gewolltes Zusammenwirken mehrerer Täter. Die Grundlage der Mittäterschaft ist **das arbeitsteilige Handeln gleichberechtigter Partner**, die aufgrund eines **gemeinsamen Tatplans** die Tatausführung gemeinsam verwirklichen, so dass sich die jeweiligen Tatbeiträge der Einzelnen zu einem einheitlichen Ganzen zusammenfügen.[9] Dementsprechend ist es nicht erforderlich, dass ein Mittäter die eigentliche Tathandlung selbst ausführt. § 25 Abs. 2 ist eine **Zurechnungsnorm**, mit welcher dem Täter, dessen Strafbarkeit gerade geprüft wird, das Handeln des jeweilig anderen Mittäters unter den Voraussetzungen der Norm wie eigenes Handeln zugerechnet wird. Eine Zurechnung gem. § 25 Abs. 2 kommt aber nur zwischen tauglichen Tätern in Betracht. **Taugliche Täter** sind solche, die die übrigen tatbestandlichen Voraussetzungen in ihrer Person erfüllen (tatbestandsbezogener Täterbegriff).

Die **Voraussetzungen der Mittäterschaft** sind somit

- die gemeinsame Tatausführung,
- der gemeinsame Tatplan sowie
- das Vorliegen deliktsspezifischer Merkmale bei jedem Mittäter.

102 Von der Mittäterschaft zu unterscheiden ist die bloße **Nebentäterschaft**, bei welcher ebenfalls mehrere Personen den tatbestandlichen Erfolg herbeiführen. Im Gegensatz zur Mittäterschaft bewirken diese Personen jedoch unabhängig voneinander, d. h. ohne bewusstes und gewolltes Zusammenwirken den tatbestandlichen Erfolg.

8 *BGH* wistra 2001, 420; 2002, 255; NStZ-RR 2002, 74.
9 *BGHSt* 24, 286; *Wessels/Beulke* Strafrecht AT Rn. 526.

Beispiel A und B wollen beide ihren sadistischen Chef C töten. Unabhängig voneinander und ohne Kenntnis des Vorgehens des jeweils anderen vergiften sie die Lieblingspralinen des C, die dieser auf seinem Schreibtisch stehen hat. Hier fehlt es an einem gemeinsamen Tatplan, so dass A und B selbstständige (Neben-)Täter sind. ■

Bei der Klausur können Ihnen zwei Sachverhaltstypen begegnen, die aufbautechnisch unterschiedlich angegangen werden sollten.

Der eine **Sachverhaltstyp** ist dadurch gekennzeichnet, dass **einer der Beteiligten im** 103
Wesentlichen alleine handelt, der andere Beteiligte entweder nur vorbereitend tätig wird oder aber im Rahmen der sukzessiven Mittäterschaft zu einem Zeitpunkt hinzutritt, zu welchem die Vollendung bereits eingetreten ist. In diesem Fall sollten beide **Beteiligten getrennt voneinander** geprüft werden. Beginnen sollten Sie zunächst mit dem **Tatnächsten**, d.h. demjenigen, der in der eigenen Person den Tatbestand verwirklicht hat. Alsdann ist mit dem Beteiligten fortzufahren, in dessen Person das Ausführungsmanko vorliegt. Im Rahmen der Tathandlung ist sodann danach zu fragen, ob ihm gem. § 25 Abs. 2 die Handlungen, die der unmittelbar Handelnde vorgenommen hat, zugerechnet werden können. Das Prüfungsschema[10] **für den getrennten Aufbau** sieht mithin wie folgt aus:

Getrennter Aufbau bei Mittäterschaft

PRÜFUNGSSCHEMA

A. Strafbarkeit des Tatnächsten

B. Strafbarkeit des weiteren Beteiligten als Mittäter gem. § 25 Abs. 2

I. Objektiver Tatbestand

1. deliktspezifische objektive Merkmale, insbesondere auch spezielle Anforderungen an den Täter
2. Bei der Tathandlung: Zurechnung der Handlung des anderen gem. § 25 Abs. 2?
   a) gemeinsamer Tatplan
      - Exzess, insbesondere error in objecto vel persona Rn. 108
      - fahrlässige Mittäterschaft Rn. 110

   b) Eigener Verursachungsbeitrag

   c) Wertung dieses Verursachungsbeitrags nach materiell objektiver und subjektiver Theorie
      - sukzessive Mittäterschaft Rn. 114
      - Tätigkeit nur im Vorbereitungsstadium Rn. 116

II. Subjektiver Tatbestand

1. Tatbestandsvorsatz einschließlich Tatherrschaftsbewusstsein (den Täterwillen nach der subjektiven Theorie haben Sie bereits im objektiven Tatbestand bei der Bewertung geprüft
2. Deliktsspezifische subjektive Tatbestandsmerkmale

III. Rechtswidrigkeit

IV. Schuld

10 Vgl. dazu auch *Jäger* Strafrecht AT Rn. 224.

104 Der zweite **Sachverhaltstyp** ist dadurch gekennzeichnet, dass entweder **beide Beteiligten bei der Ausführung zugegen** sind und arbeitsteilig die einzelnen Deliktsmerkmale verwirklichen, so dass erst durch die Zusammenschau die Tatbestandsverwirklichung eintritt (überwiegend **bei mehraktigen Delikten**, wie dem Raub) **oder** aber, dass im Sachverhalt die **Beteiligten wie eine Person behandelt werden.**

Beispiel A hält C fest, damit B dem C die Armbanduhr abnimmt. Hier stellen beide Handlungen zusammen den objektiven Tatbestand des § 249 dar. ■

Beispiel A, B und C schlagen mit Fäusten auf X ein. Hier haben alle zusammen aufgrund eines gemeinsamen Tatplans jeweils eine eigene Körperverletzungshandlung vorgenommen, so dass streng genommen eine Zurechnung gar nicht nötig ist. § 25 Abs. 2 hat hier lediglich klarstellende Funktion. Anders ist es nur dann, wenn nicht genau feststeht, wer welchen Schlag verpasst hat. Sofern alle Beteiligten als Mittäter angesehen werden können, ist eine genaue Zuordnung überflüssig. ■

Sofern in diesen Fällen nach der Strafbarkeit der Beteiligten gefragt ist, bietet sich an, diese Strafbarkeit zusammen zu prüfen. Das Prüfungsschema für den **gemeinsamen Aufbau** sieht wie folgt aus:

PRÜFUNGSSCHEMA

Gemeinsamer Aufbau bei der Mittäterschaft

I. Objektiver Tatbestand
1. deliktspezifische objektive Merkmale, insbesondere auch spezielle Anforderungen an die Täter
2. Bei der Tathandlung:
   a) Feststellung, wer welche Handlung begangen hat und gutachterliche Prüfung der tatbestandlichen Voraussetzungen
   b) wechselseitige Zurechnung der Handlung des jeweils anderen gem. § 25 Abs. 2 ?
      aa) gemeinsamer Tatplan
      bb) eigener Verursachungsbeitrag
      cc) Wertung dieses Verursachungsbeitrags nach materiell objektiver und subjektiver Theorie

II. Subjektiver Tatbestand
1. Tatbestandsvorsatz einschließlich Tatherrschaftsbewusstsein, für jeden Beteiligten getrennt prüfen
2. deliktsspezifische subjektive Tatbestandsmerkmale bei jedem Beteiligten

III. Rechtswidrigkeit

IV. Schuld

Sofern bei arbeitsteiliger, mittäterschaftlicher Verwirklichung eines Deliktes **nach der Strafbarkeit nur eines Beteiligten** gefragt wird, ist das Prüfungsschema für den getrennten Aufbau der Mittäterschaft anzuwenden. Es entfällt die Prüfung nach A „Strafbarkeit des Tatnächsten". Es wird sofort mit der Strafbarkeit des Beteiligten begonnen. Wiederum wird im Rahmen der Tathandlung danach gefragt, ob der Tatbeitrag, der von dem Beteiligten erbracht wurde, nach dessen Strafbarkeit nicht gefragt wird, dem Täter über § 25 Abs. 2 zugerechnet werden kann. In diesem Fall müssen Sie jedoch diesen Tatbeitrag zunächst gutachterlich prüfen und feststellen, ob er die Anforderungen des Delikts erfüllt.

II. Deliktsspezifische Merkmale beim Mittäter

Wie bereits ausgeführt, verlangt der **tatbestandsbezogene Täterbegriff**, dass der Mittäter 105
sowohl bei den echten Sonderdelikten als auch bei den Pflichtdelikten die Anforderungen erfüllen muss, die der Tatbestand dem Täter stellt. Bei den eigenhändigen Delikten wiederum ist Mittäterschaft nur möglich, wenn beide Täter die Tathandlung vorgenommen haben, so dass § 25 Abs. 2 hier nur klarstellende Funktion hat.

Beispiel Polizist P verprügelt während der Dienstzeit auf der Wache den Ausländer X, den er zum wiederholten Mal wegen Diebstahls festgenommen hat. Festgehalten wird X von B, einem Bekannten des P, der ihn zufällig auf der Wache besucht. Dieser Bekannte B ist selbst nicht Polizist.

Hier hat sich P der Körperverletzung im Amt gem. §§ 340, 223 strafbar gemacht. B kann sich jedoch nur der einfachen, mittäterschaftlich begangenen Körperverletzung gem. §§ 223, 25 Abs. 2 strafbar gemacht haben, da er selbst nicht Amtsträger ist. ■

Daneben müssen Sie für jeden Mittäter einzeln prüfen, ob auch in seiner Person die sonstigen **deliktsspezifischen Merkmale** verwirklicht sind.

Beispiel A steht an der Straßenecke Schmiere, während B in der Villa des Nachbarn X das Tafelsilber wegnehmen soll. Aufgrund der Aufregung vertut sich B jedoch und steigt irrtümlich in das Haus des A ein. Das Tafelsilber stellt für B eine fremde bewegliche Sache dar, die dieser auch weggenommen hat. Für A allerdings kommt nur ein versuchter mittäterschaftlicher Wohnungseinbruchsdiebstahl in Betracht, da es sich bei dem Tatobjekt um seine eigene Sache handelt. ■

III. Gemeinsamer Tatplan

In der Klausur werden Sie im objektiven Tatbestand irgendwann zu der Feststellung gelan- 106
gen, dass der Täter, dessen Strafbarkeit Sie gerade prüfen, die Tathandlung nicht oder nicht vollständig (§ 249) erbracht hat. Dann stellt sich die Frage, ob ihm die Handlung eines anderen, dessen Strafbarkeit Sie zumeist bereits geprüft haben (getrennter Aufbau), gem. § 25 Abs. 2 zugerechnet werden kann. Die erste **Zurechnungsvoraussetzung** ist, dass zwischen den Beteiligten ein gemeinsamer Tatplan bestand.

JURIQ Klausurtipp

Machen Sie sich bewusst, dass Sie nun **im objektiven Tatbestand ein subjektives Element** prüfen. Dies ist nicht anders möglich, da die objektive Zurechnung der Tathandlung von dieser subjektiven Voraussetzung abhängt.[11] Wenn Sie spitze Anmerkungen eines Korrektors vermeiden möchten, können Sie den Prüfungsaufbau dahin gehend abändern, dass Sie nicht zwischen objektivem und subjektivem Tatbestand unterscheiden, sondern nur den „Tatbestand" prüfen.

11 Siehe dazu auch *Jäger* Strafrecht AT Rn. 224a.

Ein gemeinsamer Tatplan bedeutet, dass der Vorsatz eines Mittäters auf die gemeinschaftliche Verwirklichung des jeweiligen Delikts gerichtet sein muss. Jeder Mittäter muss seinen eigenen Beitrag als Teil der Tätigkeit des anderen und umgekehrt kennen.[12] Die erforderliche **Willensübereinstimmung** kann **vor Ausführung der Tat** aber auch, so bei der sukzessiven Mittäterschaft, **während der Tatausführung** hergestellt werden. Sie kann **ausdrücklich oder konkludent** durch schlüssiges Handeln zustande kommen. Voraussetzung jedoch ist eine minimale Verständigung der Beteiligten.[13]

Beispiel A beabsichtigt, B auszurauben. Nachdem er ihn niedergeschlagen hat, kommt C hinzu. Ohne mit A darüber zu reden, beginnt C dem B die Wertgegenstände abzunehmen. A lässt C gewähren mit der Bemerkung „wir machen fifty-fifty" woraufhin C bestätigend nickt. Hier ist während der Tatausführung die erforderliche Willensübereinstimmung zwischen A und C zustande gekommen. ■

107 Kleine **Abweichungen vom geplanten Geschehen** sind vom Tatplan abgedeckt, sofern mit ihnen bei der Tatausführung gerechnet werden musste und sie den Schwere- bzw. Gefährlichkeitsgrad der Tat nicht nachhaltig verändern.[14] Sofern jedoch einer der Tatbeteiligten über den zuvor festgelegten Tatplan in wesentlicher Weise hinausgeht, liegt ein sog. **Exzess eines Mittäters** vor, der den übrigen Beteiligten nicht zugerechnet wird.[15] Ein solcher **Exzess wird angenommen**,

- wenn der Täter **eine andere Tat** als die ursprünglich geplante Tat begeht.

Beispiel A und B haben wiederum verabredet, in die Villa des Nachbarn X einzusteigen und das Tafelsilber zu stehlen. Während A draußen Schmiere steht, begegnet B wider Erwarten dem Hauseigentümer, den er spontan niederschlägt, bevor er das Tafelsilber mitnimmt.

Hier hat B einen Raub gem. § 249 begangen. A könnte sich eines mittäterschaftlich begangenen Raubes gem. §§ 249, 25 Abs. 2 strafbar gemacht haben, indem er Schmiere stand. Das Tafelsilber war dieses Mal eine fremde bewegliche Sache für ihn. Dieses hat B auch mittels Gewalt weggenommen. Fraglich ist, ob dem A diese Wegnahme gem. § 25 Abs. 2 zugerechnet werden kann. Voraussetzung dafür ist zunächst ein gemeinsamer Tatplan. Nach der Vorstellung des A sollte jedoch lediglich eine Wegnahme der fremden Sachen erfolgen. Der Einsatz von Gewalt ist von ihm weder für möglich gehalten noch gebilligt worden. Dementsprechend bezog sich auch der Tatplan, den er zusammen mit B entwickelt hat, nicht auf die Begehung eines Raubes. Infolge dessen liegt ein gemeinsamer Tatplan nicht vor. B hat sich aber wegen mittäterschaftlich begangenen Diebstahls gem. §§ 242, 25 Abs. 2 strafbar gemacht. ■

- wenn der Täter **qualifizierende Merkmale** verwirklicht, die nicht abgesprochen waren.

Beispiel B schlägt oben X zwar nicht nieder, hat aber eine Waffe zum Tatort mitgenommen. Hier hat B sich gem. §§ 242, 244 Abs. 1 Nr. 1a strafbar gemacht. Da das Beisichführen einer Waffe nicht vom Tatplan umfasst war, hat A sich erneut nur wegen mittäterschaftlich begangenen Diebstahls gem. § 242 strafbar gemacht. ■

---

12 Schönke/Schröder-*Cramer/Heine* § 25 Rn. 91; *BGH* NStZ 1984, 413.
13 *BGH* NJW 1995, 2998.
14 *BGH* NStZ-RR 2000, 366; *BGH* NJW 2003, 1541.
15 *Wessels/Beulke* Strafrecht AT Rn. 531.

Hinweis

Beachten Sie, dass ein **Tatplan noch während der Tatausführung** gefasst und damit auch **geändert werden kann**. Geht also ein Mittäter über den ursprünglichen Plan hinaus, ist jedoch der andere spontan während der Tatausführung damit einverstanden, dann wurde ein neuer gemeinsamer Tatplan gefasst. Voraussetzung dafür ist natürlich, dass das Fassen eines neuen Tatplanes zeitlich noch möglich ist.

108 Ein **error in objecto vel persona** durch einen der Mittäter ist nach überwiegender Ansicht für die anderen Mittäter unbeachtlich, sofern sich die Tathandlung im Rahmen des Tatplans hält und die Verwechslung wegen tatbestandlicher Gleichwertigkeit der Objekte den Tatbestandsvorsatz des handelnden Mittäters unberührt lässt.[16] Fraglich ist jedoch, ob dies auch dann gilt, wenn der Irrtum einen der Mittäter betrifft.

» Sofern Sie die bisherigen Gelegenheiten zur Wiederholung des subjektiven Tatbestandes noch nicht genutzt haben, können Sie das an dieser Stelle nachholen, indem Sie das Skript Strafrecht AT I zur Hand nehmen. «

Beispiel A und B wollen X, Geschäftsführer eines Nachtclubs, der sie um mehrere 100 000 € betrogen hat, töten. Da sie nicht wissen, ob X in der fraglichen Nacht den Club durch die Vorder- oder Hintertüre verlassen wird, positioniert sich A vorne und B hinten. Abgesprochen ist, dass derjenige, der X zuerst erblickt, einen oder mehrere Schüsse auf ihn abgeben soll. Nachdem beide mehrere Stunden im Gebüsch gelegen haben, geht A, ohne mit B darüber zu sprechen, in den Club, um nachzusehen, ob X überhaupt anwesend ist. Nachdem er sich diesbezüglich vergewissert hat, verlässt er den Club durch die Hintertüre. B, inzwischen erheblich übermüdet, glaubt, dass es sich um X handele und gibt einen Schuss auf A ab, der diesen jedoch nur am Arm verletzt. Von weiteren Schüssen nimmt B Abstand, da er erkennt, wen er tatsächlich getroffen hat.

Hier hat sich B gem. §§ 211, 22, 23 und 223, 224 Abs. 1 Nr. 2 und 5 strafbar gemacht. Die Objektsverwechselung ist für den Vorsatz unbeachtlich, da er das Objekt getroffen hat, welches er anvisiert hat. ■

Fraglich ist, wie A sich strafbar gemacht hat. Es könnte ein versuchter Mord in Mittäterschaft gem. §§ 211, 22, 23, 25 Abs. 2 in Betracht kommen. Die Vollendung ist ausgeblieben, der Versuch ist strafbar. Ferner müsste der Tatentschluss auf die Tötung eines anderen in Mittäterschaft gerichtet gewesen sein. Nach der Vorstellung des A sollte ein anderer Mensch entweder durch seine oder die Handlung des B getötet werden. Fraglich ist jedoch, ob der Tatentschluss auch den tatsächlich eingetretenen Erfolg betraf.[17] ■

Nach Auffassung des **BGH und der herrschenden Literatur** ist auch in einem solchen Fall der error in persona des einen Mittäters für den anderen Mittäter unbeachtlich. Sofern der Tatentschluss z. B. die Tötung eines Menschen umfasse, sei er zu bejahen, wenn zu dieser Tötung unmittelbar aufgrund des Tatentschlusses angesetzt werde.[18]

Nach einer **teilweise in der Literatur** vertretenen Auffassung liegt die versuchte z. B. Tötung eines Mittäters außerhalb des gemeinsamen Tatplans und stellt damit einen Exzess dar, der dem (verletzten) Mittäter nicht zugerechnet werden kann.

16 *BGHSt* 11, 268; *Wessels/Beulke* Strafrecht AT Rn. 533.
17 Vgl. hierzu auch die ausführliche Falllösung bei *Jäger* Strafrecht AT Rn. 225.
18 *BGHSt* 11, 268; Schönke/Schröder-*Cramer/Heine* § 25 Rn. 96.

Beispiel Nach Auffassung der h.M. hat sich A also der versuchten mittäterschaftlichen Tötung strafbar gemacht. Nach Auffassung der Literatur ist er hingegen nur wegen Verabredung zum Verbrechen gem. § 30 Abs. 2 strafbar.

Beachten Sie, dass eine mittäterschaftlich vollendete Körperverletzung an sich selbst nicht möglich ist, da A kein „anderer Mensch" ist. Beim Versuch wurde nur auf den Tatentschluss abgestellt!

» Sofern Ihnen der Aufbau und die Probleme des erfolgsqualifizierten Delikts nicht mehr präsent sein sollten, können Sie an dieser Stelle die Gelegenheit nutzen und dieses Thema wiederholen, welches im Skript Strafrecht AT I dargestellt ist. «

109 Bei **erfolgsqualifizierten Delikten** wird beim Grunddelikt nur die Tathandlung des jeweils anderen zugerechnet. Aus **§ 29** ergibt sich, dass der Täter nach seiner eigenen Schuld bestraft wird. Für die erfolgsqualifizierten Delikte bedeutet das, dass dem Mittäter hinsichtlich der besonderen Tatfolge **selbst gem. § 18 wenigstens Fahrlässigkeit** vorgeworfen werden muss. Das sorgfaltspflichtwidrige Verhalten des anderen Mittäters wird mithin nicht über § 25 Abs. 2 zugerechnet.

Beispiel Die rechtsradikalen Jugendlichen A, B und C schlagen und treten seit einiger Zeit mit steigender Intensität gemeinsam auf ihr wehrloses Opfer X ein und haben ihn bereits zweimal gezwungen, in die Kante eines Schweinetrogs aus Stein zu beißen, als aufgrund eines plötzlichen Impulses A dem X, der gerade wieder in die Kante beißen muss, mit seinen Springerstiefeln auf den Kopf springt. X stirbt an den Verletzungen, die er sich dabei zuzieht.[19]

Hier hat A sich des Mordes an X strafbar gemacht, indem er diesem auf den Kopf sprang. Ein mittäterschaftlich begangener Mord kommt für B und C nicht in Betracht, da das Springen nicht Teil des gemeinsamen Tatplans war, insoweit also ein Exzess des A vorliegt. Der BGH hat beide jedoch wegen mittäterschaftlich begangener Körperverletzung mit Todesfolge bestraft. Das Grunddelikt haben beide in gleichem Maße verwirklicht, indem sie auf X einschlugen und eintraten. Dann stellte sich für beide zunächst die Frage, ob die Körperverletzungshandlungen das Risiko bargen, dass A die Gewalt steigert und X auf den Kopf springt. In Betracht kommt auch ein, den Unmittelbarkeitszusammenhang unterbrechendes, eigenverantwortliches Dazwischentreten des A. Der BGH hat jedoch diese Eskalationsgefahr bei mittäterschaftlich begangenen Körperverletzungen als geradezu typisch bejaht. Dann musste in Anbetracht von § 18 nur noch danach gefragt werden, ob für B und C der Eintritt der Folge vorhersehbar war (die Sorgfaltspflichtwidrigkeit ergibt sich bereits aus der Verwirklichung des Grunddelikts), was der BGH ebenfalls bejaht hat.

110 Ob auch bei **Fahrlässigkeitsdelikten** eine Mittäterschaft möglich ist, ist umstritten. Beachten Sie, dass § 25 Abs. 2 dann nicht erforderlich ist, wenn beide Täter eine sorgfaltspflichtwidrige Handlung vornehmen. **Problematisch** sind die Fälle, in denen sich nicht genau nachweisen lässt, **wer welche Handlung** vorgenommen hat. Hier würde § 25 Abs. 2 helfen, da die Tathandlung – egal von wem – dem jeweils anderen zugerechnet würde, so dass es unerheblich ist, welcher Täter sie vorgenommen hat.

Beispiel A und B haben Langeweile und stellen sich deshalb auf die Autobahnbrücke, von welcher sie abwechselnd schwere Steine auf die unten fahrenden Autos hinabwerfen. Einen Tötungsvorsatz haben sie nicht, auch wenn sie wissen, dass ihr Treiben gefährlich ist. Einer dieser Steine durchschlägt die Windschutzscheibe des Autofahrers X und trifft

19 Fall nach *BGH*, Entscheidung vom 19.8.2004, („Schweinetrogfall") 5 StR 218/04, abrufbar unter www.bundesgerichtshof.de ; kommentiert von *Heinrich* NStZ 2005, 95 ff. Lesen Sie dazu auch *BGH* Entscheidung vom 16.9.2009, 2 StR 259/09 abrufbar unter www.bundesgerichtshof.de

ihn am Kopf. Infolge eines sofortigen Bewusstseinsverlustes fährt das Auto vor den Brückenpfeiler, wodurch X sich tödliche Verletzungen zuzieht. Im Nachhinein lässt sich nicht klären, wer den „tödlichen" Stein geworfen hat.

Hier haben sich beide gem. § 315b Abs. 1 Nr. 3 strafbar gemacht. Fraglich ist, ob sie sich darüber hinaus auch der fahrlässigen mittäterschaftlichen Tötung gem. §§ 222, 25 Abs. 2 strafbar gemacht haben können. Hätten beide mit dolus eventualis gehandelt, so wäre ein Mittäterschaft unproblematisch. ■

Einer Auffassung zufolge kann eine sachgerechte strafrechtliche Fahrlässigkeitshaftung nur über die **fahrlässige Mittäterschaft** herbeigeführt werden. Als gemeinsamer Tatplan wird der Entschluss angesehen, sich sorgfaltspflichtwidrig zu verhalten.[20] Nach einer **anderen Auffassung** muss sich der Tatplan bei der Mittäterschaft auf die Verletzung des geschützten Rechtsguts richten. Auf eben diese Verletzung bezog sich der Tatplan aber nicht. Aus diesem Grund wird die **fahrlässige Mittäterschaft abgelehnt**.[21]

IV. Verursachungsbeitrag und Wertung dieses Beitrages

Nachdem Sie den gemeinsamen Tatplan bejaht haben, müssen Sie nun überprüfen, ob der Mittäter, basierend auf diesem Tatplan einen für die Begehung des Deliktes förderlichen und damit täterschaftlichen Tatbeitrag geleistet hat. An dieser Stelle erfolgt in der Klausur die **Abgrenzung der Täterschaft von der Teilnahme**. **111**

Beispiel A und B haben geplant, das Geschäft des Juweliers J auszurauben. Zu diesem Zweck hebelt A die Eingangstür auf und steht Schmiere, während B im Laden des J die kostbaren Geschmeide an sich nimmt. Beide teilen danach die von B mitgenommene Beute.

Hier hat A durch Aufhebeln der Türe einen Tatbeitrag geleistet, der für die Deliktsbegehung förderlich war. Ohne das Aufhebeln der Türe wäre B nicht in das Juweliergeschäft hineingelangt und hätte dementsprechend auch nicht den Schmuck an sich nehmen können. Fraglich ist jedoch, ob dieser Beitrag des B ein mittäterschaftlicher Beitrag oder nur ein fördernder Beitrag eines Gehilfen gem. § 27 ist. ■

Diese Abgrenzung nehmen Sie in der Klausur anhand der oben dargestellten Theorien vor. Zunächst beschreiben Sie den Tatbeitrag, den der Täter erbracht hat. Danach fragen Sie, wie dieser Tatbeitrag zu werten ist.

Die **subjektive Theorie** lässt objektiv **jeden Tatbeitrag** ausreichen, sofern er nicht gänzlich untergeordneter Natur ist. Die Abgrenzung erfolgt, wie bereits erwähnt, anhand des **Willens des Beteiligten**. Sofern der Tatbeitrag mit animus auctoris, also Täterwillen geleistet wurde, liegt Mittäterschaft vor. Um diesen animus auctoris zu bestimmen, stellt die Rechtsprechung auf **objektive Kriterien** ab, und dabei vor allem darauf, in welchem Umfang der Täter an der Gesamttat inkl. Vorbereitung beteiligt war, ob sein Beitrag also **Tatherrschaft** vermittelt oder ob der Täter wenigstens den Willen zur Tatherrschaft hatte. Als weiteren Bezugspunkt versucht die Rechtsprechung das **Interesse an der Tatverwirklichung** zu bestimmen, welches insbesondere darin zum Ausdruck kommt, in welchem Umfang der **112**

20 *Wessels/Beulke* Strafrecht AT Rn. 507.

21 *Bottke* GA 2001, 463; *Maurach/Gössel/Zipf* Strafrecht AT 2 § 47 Rn. 103.

Täter am Erfolg beteiligt ist, bei Vermögensdelikten also in welchem Umfang der Täter am Diebesgut bzw. Betrugsgut partizipiert. Des Weiteren wird nach den Strukturen zwischen den Beteiligten gefragt: Sofern eine **gleichgeordnete Struktur** ähnlich einer BGB-Gesellschaft besteht, wird Mittäterschaft angenommen. Bei einem Über-Unterordnungsverhältnis spricht einiges für eine Teilnahme.[22]

Die **Literatur** stellt maßgeblich darauf ab, ob der **Tatbeitrag**, den der Beteiligte geleistet hat, **objektiv Tatherrschaft vermittelt**. Tatherrschaft wird bei der Mittäterschaft als **funktionale Tatherrschaft** definiert, d.h. der Tatbeitrag, der von dem jeweiligen Täter geleistet wird, muss von seiner Funktion her so wesentlich sein, dass nach Ansicht der übrigen Beteiligten die Tat, so wie sie geplant ist, damit steht und fällt.[23] **Indizien**, die dafür sprechen, dass der Tatbeitrag wesentlich ist, sind unter anderem der Umstand, **in welcher Art und Weise der Beteiligte partizipiert**. Je mehr ihm von der Beute zugesprochen wird, desto eher kann davon ausgegangen werden, dass ein Tatbeitrag als wesentlich angesehen wird. Auch die Literatur stellt darüber hinaus auf das **Verhältnis der Beteiligten zueinander** ab.

Hinweis

Die **Unterschiede in Literatur und Rechtsprechung** sind – wie bereits ausgeführt – gering. Lediglich die Annäherung ist unterschiedlich: Die Rechtsprechung nähert sich dem Punkt von der subjektiven Seite her, die Literatur von der objektiven. Beide stellen jedoch in gleichem Maße auf den Umfang der Tatbeteiligung ab, das Interesse des Täters an der Tat, sowie die inneren Strukturen der Organisation bzw. der Gruppe innerhalb derer die Mittäter tätig werden. Die Literatur zieht diese Kriterien heran, um festzustellen, ob eine funktionale Tatherrschaft vorliegt. Die Rechtsprechung benötigt diese Kriterien, um festzustellen, ob animus auctoris vorliegt, wobei sie sich ganz wesentlich auf die Tatherrschaft bzw. den Willen zur Tatherrschaft als Indiz zur Ermittlung des Täterwillens stützt.

Beispiel Im obigen Fall (Rn. 111) spricht die hälftige Teilung der Beute dafür, dass nach Ansicht der Beteiligten der Beitrag des B wohl wesentlich war, da er bei einem unwesentlichen Beitrag wohl eher einen fixen Betrag (z. B. 1000 €) erhalten hätte. Außerdem ist das Aushebeln der Eingangstüre wichtig gewesen, um in das Gebäude zu gelangen. Das Schmiere-Stehen ist wichtig für einen ungestörten Fortgang der Tat. Aufgrund dieser Umstände kann davon ausgegangen werden, dass die Tatbeiträge des B diesem funktionale Tatherrschaft vermitteln, welche als Indiz für den animus auctoris herangezogen werden kann. ■

113 Bei der Mittäterschaft gibt es **zwei klausurrelevante Sonderprobleme**, die nachfolgend dargestellt werden sollen. Beide hängen mit dem **Zeitpunkt der Tatbeiträge** zusammen. Bei der sukzessiven Mittäterschaft kommt der zweite Täter nach Versuchsbeginn bzw. nach Vollendung dazu. Bei einer Beteiligung nur im Vorfeld ist er zum Zeitpunkt des Versuchsbeginns nicht mehr bei der Tatausführung zugegen.

22 *BGH* NStZ 1988, 406; 1985, 165; 1987, 364.

23 Schönke/Schröder-*Cramer/Heine* § 25 Rn. 66; *Wessels/Beulke* Strafrecht AT Rn. 528; *Lackner/Kühl* § 25 Rn. 11.

1. Sukzessive Mittäterschaft

Problematisch sind die Fälle der sog. sukzessiven Mittäterschaft. Sukzessive Mittäterschaft **114**
bedeutet, dass einer der Tatbeteiligten ohne Absprache und Kenntnis des jeweils anderen **mit der Tatausführung begonnen** hat und in diesem Stadium **ein zweiter Beteiligter hinzutritt**, der einen Beitrag leistet, welcher entweder für die Herbeiführung des Erfolges ursächlich wurde oder aber die Tat nach Vollendung förderte.

> **Hinweis**
>
> Die sukzessive Mittäterschaft wird bei Delikten problematisch, bei denen **Vollendung und Beendigung auseinanderfallen**, so vor allem bei Diebstahl und Raub. Beide sind vollendet mit der Wegnahme, also dem Gewahrsamsbruch, aber erst beendet mit der Gewahrsamssicherung.

Einigkeit herrscht dahingehend, dass diese **sukzessive Mittäterschaft grundsätzlich möglich** ist. **Umstritten** ist allerdings die **zeitliche Grenze**, bis zu welcher der weitere Mittäter hinzutreten kann und ob **erschwerende Umstände**, die zum Zeitpunkt des Hinzukommens bereits verwirklicht sind, zugerechnet werden können.

Beispiel A beabsichtigt, C auszurauben. Nachdem er C den ersten Faustschlag versetzt hat, kommt B dazu. Nach einer kurzen Verständigung ist A damit einverstanden, dass B den C festhält und so dabei behilflich ist, C von A bewusstlos schlagen zu lassen. Danach nehmen beide dem C sämtliche Wertgegenstände ab. Die Beute wird im Verhältnis 50 zu 50 geteilt.

Hier sind sich sowohl Rechtsprechung als auch Literatur einig, dass B sich eines mittäterschaftlich begangenen Raubes strafbar gemacht hat. Der gemeinsame Tatentschluss wurde während der Tatbegehung gefasst. Zwar war die Tat zu diesem Zeitpunkt bereits in das Versuchsstadium eingetreten. B konnte aber sowohl bei der Gewalt als auch bei der Wegnahme die Tat noch steuern. ■

Beispiel Wieder kommt B später hinzu. Dieses Mal hat A den C aber bereits bewusstlos geschlagen. B ist ihm jetzt dabei behilflich, C auf Wertgegenstände zu durchsuchen. Erneut wird die Beute geteilt.

Hier stellt sich die Frage, ob sich B des mittäterschaftlich begangenen Raubes strafbar gemacht hat. Problematisch ist, dass die Gewaltanwendung bereits abgeschlossen war, als B hinzukam. ■

Beispiel A öffnet eines Nachts aufgrund eines spontanen Entschlusses mit einem Brecheisen die Tür zu einem Kiosk. Er beabsichtigt, diesen Kiosk leer zu räumen, um sich einen Lebensmittelvorrat anzulegen. Er bringt alsdann die Lebensmittel, die für ihn in Betracht kommen, aus dem Kiosk heraus und lagert sie in einem nahe liegenden Gebüsch. Da er zu Fuß unterwegs ist, ist er nicht in der Lage, die Vorräte alleine wegzuschaffen. Aus diesem Grund ruft er nunmehr seinen Bruder B an, weiht ihn in das bisherige Geschehen ein und bittet ihn, ihm dabei behilflich zu sein, die Vorräte in Sicherheit zu bringen. Er erklärt ihm, dass er bereit sei, ihm dafür die Hälfte der Vorräte abzugeben. B geht auf diesen Vorschlag ein. Gemeinsam transportieren beide das Diebesgut nach Hause.

Hier ist B zu einem Zeitpunkt hinzugetreten, zu welchem der Diebstahl in einem besonders schweren Fall gem. §§ 242, 243 Abs. 1 Nr. 1 bereits vollendet war. Lediglich die Beendigung des Diebstahls stand noch aus, da diese erst dann eingetreten ist, wenn das Diebesgut gesichert ist. Von dieser Sicherung konnte man jedoch aufgrund der Zwischenlagerung in dem Gebüsch noch nicht ausgehen. Fraglich ist, ob durch das spätere Hinzutreten des B dieser sich noch des gemeinschaftlichen Diebstahls schuldig gemacht haben kann oder ob nicht vielmehr eine Strafbarkeit wegen Begünstigung gem. § 257 und Hehlerei gem. § 259 in Betracht kommt. ■

115 Die **Rechtsprechung sowie ein Teil des Schrifttums** lassen die sukzessive Mittäterschaft solange zu, bis die Tat ihren tatsächlichen Abschluss gefunden hat, auch wenn das Delikt selbst strafrechtlich bereits vollendet ist.[24] Eine **sukzessive Mittäterschaft nach Vollendung** ist also dieser Auffassung zufolge möglich, sofern die Tat noch nicht beendet ist. Begründet wird dies mit dem Umstand, dass die Tat erst mit Beendigung ihren tatsächlichen Abschluss gefunden habe und die Beendigungsphase, so z. B. beim Diebstahl, von großer Wichtigkeit sein könne. Dementsprechend können erst recht bei einem Hinzutreten während der Vollendung **erschwerende Umstände**, die bereits verwirklicht sind, dem Mittäter zugerechnet werden, sofern er sie kennt und billigt.

Die **herrschende Meinung in der Literatur** lässt die sukzessive Mittäterschaft **nur bis zum Zeitpunkt der tatbestandlichen Vollendung** des jeweiligen Delikts zu. Zur Begründung weist sie darauf hin, dass Grundlage der Strafbarkeit stets ein Verhalten sein muss, welches kausal den tatbestandlichen Erfolg herbeigeführt hat, zumal, wie bei § 242 auch, es nur eine Strafbarkeit wegen Vollendung nicht aber eine gesonderte Strafbarkeit wegen Beendigung gibt.[25] Da Tatherrschaft also Mitwirkung bei der Ausführung bedeutet, werden dementsprechend auch abgeschlossene, **erschwerende Umstände** dem Hinzutretenden nicht mehr zugerechnet.[26]

---

24 *BGHSt* 2, 344; *BGH* NJW 1999, 510; *Fischer* § 25 Rn. 21 f.

25 *Lackner/Kühl* § 25 Rn. 12; LK-*Roxin* § 25 Rn. 195; SK-*Samson* § 25 Rn. 124.

26 *Jäger* Strafrecht AT Rn. 231.

Beispiel In obigem 2. Fall hat B sich nach Auffassung der Rechtsprechung gem. §§ 249, 25 Abs. 2 strafbar gemacht. Die Literatur würde gem. §§ 242, 25 Abs. 2 bestrafen, da die Gewaltanwendung bereits abgeschlossen war.

Im 3. Fall würde der BGH erneut wegen §§ 249, 25 Abs. 2 bestrafen. Für die Literatur käme allenfalls (sukzessive) Beihilfe gem. § 27 oder Begünstigung gem. § 257 in Betracht. ■

2. Tätigkeit nur im Vorbereitungsstadium

Den umgekehrten Fall zur sukzessiven Mittäterschaft bildet die „Beteiligung im Vorfeld". Hier wird der Täter nur **bis zum Eintritt der Tat in das Versuchsstadium** tätig. Ebenso wie bei der sukzessiven Mittäterschaft ist umstritten, ob die reine Tätigkeit im Vorbereitungsstadium einen mittäterschaftlichen Beitrag darstellen kann, so dass die Ausführungshandlung desjenigen, der den Tatbestand voll verwirklicht hat, dem anderen zugerechnet werden kann. 116

Beispiel A, B und C wollen Nobelkarossen stehlen, um diese nach Polen zu bringen und dort zu verkaufen. B und C sind Polen und sowohl gebiets- als auch sprachunkundig, A ist Deutscher. A kundschaftet zu diesem Zweck in Köln die entsprechenden Gegenden aus und stellt fest, wo welche Fahrzeuge mit welcher Sicherung abgestellt sind. An dem fraglichen Tag bringt er B und C zu den von ihm im Vorhinein ausgekundschafteten Stellen. Er selbst begibt sich, um den Verdacht von seiner Bande abzulenken, in seine Stammkneipe und gibt dort eine Runde nach der anderen aus. B und C brechen wie geplant die Autos auf und bringen diese nach Polen. Der Gewinn wird zwischen den dreien in gleichem Umfang geteilt.

Hier könnte A Mittäter eines Diebstahls in einem besonders schweren Fall gem. §§ 242, 243 Abs. 1 Nr. 1, ggf. auch Mittäter eines Bandendiebstahls gem. § 244 Abs. 1 Nr. 2 sein. In Betracht kommt jedoch auch eine Anstiftung in Tateinheit mit einer Beihilfe gem. §§ 26 und 27. ■

Die **subjektive Theorie** nimmt die Abgrenzung wie sonst auch nach dem animus vor und zieht zur Bestimmung desselben objektive Kriterien heran.

Die **Literatur** fragt nach der funktionalen Tatherrschaft.[27] Sofern der Täter nur im Vorbereitungsstadium einen Tatbeitrag erbringt, ist nach überwiegender Ansicht von **funktionaler Tatherrschaft** auszugehen, wenn das Gewicht dieses Tatbeitrages für die Tatverwirklichung sowie die Stellung des Beteiligten in der Organisation das **Beteiligungsminus bei der realen Tatausführung ausgleicht**.[28]

Innerhalb der Tatherrschaftslehre gibt es allerdings **einige Vertreter**, die eine Mittäterschaft nur dann bejahen, wenn der Täter eine wesentliche **Mitwirkung im Ausführungsstadium**, d. h. zwischen Versuch und Vollendung, leistet. Diese Ansicht wird im Wesentlichen darauf gestützt, dass es einem Täter, der bei der Tatausführung nicht zugegen ist, nicht möglich sei, das Geschehen nach seinem Willen zu lenken, insbesondere die Ausführung der Tat noch zu verhindern. Ein ortsabwesender Bandenchef könne nur dann, so diese Ansicht, Mittäter sein, wenn er während der Tatausführung mit den unmittelbar Handelnden in Kontakt stehe, z. B. per Funk oder Handy.[29] 117

27 Schönke/Schröder-*Cramer/Heine* § 25 Rn. 66; *Wessels/Beulke* Strafrecht AT Rn. 528.
28 *Maurach/Gössel/Zipf* Strafrecht AT 2 § 49 Rn. 36; *Wessels/Beulke* Strafrecht AT Rn. 528.
29 *Herzberg* ZStW 1999, 49; LK-*Roxin* § 25 Rn. 181.

Dieser Ansicht wird von den überwiegenden Vertretern der Tatherrschaftslehre entgegen gehalten, dass Tatherrschaft nicht Tatverhinderungsherrschaft bedeute. Zudem würde der **gewichtige Tatbeitrag des ortsabwesenden Bandenchefs** nicht ausreichend gewürdigt, sofern man diesen Bandenchef lediglich als Randfigur, d. h. als Anstifter oder Beihelfenden ansehen würde.[30]

Beispiel In obigem Fall würde die Rechtsprechung bei der Ermittlung des Täterwillens zunächst danach fragen, in welchem Umfang A tätig wurde. Darüber hinaus würde sie darauf abstellen, welches Eigeninteresse der A an der Tat hat. Dieses Eigeninteresse würde sich insbesondere daraus ergeben, in welchem Umfang A von der Beute partizipiert. Des Weiteren würde nach der Stellung der Beteiligten untereinander gefragt und schließlich die Tatherrschaft als weiteres Kriterium herangezogen. Die überwiegende Literatur würde dieselben Kriterien zur Bestimmung der funktionalen Tatherrschaft heranziehen. Beide würden übereinstimmend zu dem Ergebnis gelangen, dass A als Mittäter anzusehen ist. Er erhält von der Beute ebensoviel wie B und C und hat von daher ein hohes Eigeninteresse an der Tat. Je mehr Autos B und C stehlen und je hochwertiger diese Autos sind, desto größer ist der Betrag, den A später erhält. Von den Organisationsstrukturen scheint es so zu sein, dass alle Beteiligten im gleichen Umfang mitspracheberechtigt sind, also von der Figur der Gesellschaft bürgerlichen Rechts ausgegangen werden kann. Der Tatbeitrag, den A leistet, ist für die Ausführung der Tat von großer Wichtigkeit. Nur A ist sprach- und ortskundig und kann insofern die geeigneten Tatobjekte ausspähen. Diese von A geleistete Vorbereitungshandlung hat somit auch maßgeblich zur Ausführung der Tat beigetragen. Nach der Literatur würde von daher der Tatbeitrag funktionale Tatherrschaft vermitteln. Die Rechtsprechung würde aufgrund dieser Indizien davon ausgehen, dass A mit Täterwillen gehandelt hat. Lediglich die Vertreter der engen Tatherrschaftslehre, die eine Mitwirkung des A während des Ausführungsstadiums verlangen, würden hier die Mittäterschaft ablehnen. ■

Hinweis

In der Praxis dürfte dieser Streit innerhalb der Literatur im Zeitalter des Handys, in welchem jeder mit jedem ständig in Kontakt steht, keine Bedeutung mehr haben. Da die Klausur jedoch nicht immer die Praxis abbildet, sollten Ihnen die obigen Auffassungen bekannt sein.

V. Versuch und Rücktritt

1. Versuch

118 Den Versuch prüfen Sie auch bei der Mittäterschaft entsprechend dem obigen, unter der Rn. 6 dargestellten Aufbauschema. Beachten Sie, dass im **Tatentschluss** geprüft werden muss, ob nach der Vorstellung des Täters ein gemeinsamer Tatplan vorlag und welchen Tatbeitrag der Täter erbringen sollte. Entsprechend muss wie bei einem vollendeten Delikt auch, dann danach gefragt werden, wie der Tatbeitrag zu werten ist.

30 *Wessels/Beulke* Strafrecht AT Rn. 529.

Umstritten ist, wie das unmittelbare Ansetzen zur Tat zu bestimmen ist.

Nach einer **teilweise im Schrifttum** vertretenen Auffassung wird das unmittelbare Ansetzen im Rahmen einer sog. **Einzellösung** für jeden Beteiligten gesondert nach den allgemeinen Versuchsregeln bestimmt, d. h. es wird danach gefragt, ob **jeder einzelne Mittäter** entsprechend dem Tatplan **zu seinem eigenen Tatbeitrag** unmittelbar angesetzt hat.[31] Diese Theorie ist problematisch, wenn einer der Mittäter nur im Vorbereitungsstadium tätig wird. Hat er seine nach dem Tatplan vorgesehene Handlung erbracht, so liegt unmittelbares Ansetzen mit der Vornahme dieser Handlung vor, unabhängig davon, ob die übrigen Beteiligten die Tat entsprechend dem Tatplan ins Versuchsstadium geführt haben.

Beispiel Im obigen Nobelkarossen – Beispiel (Rn. 116) hätte A, auch wenn B und C z. B. absprachewidrig an diesem Tag ebenfalls in die Kneipe gegangen wären und keine Autos weggenommen hätten, nach der Einzellösung bereits einen strafbaren Versuch verwirklicht, weil er entsprechend des Tatplans den eigenen Tatbeitrag bereits geleistet hat. ■

In **Rechtsprechung und Literatur** wird demgegenüber die **Gesamtlösung** favorisiert. Demnach beginnt bei der Mittäterschaft der Versuch für alle Beteiligten gleichermaßen, wenn einer der Beteiligten entsprechend dem Tatplan eine Handlung vornimmt und mit dieser die Tat nach der Vorstellung aller in das Versuchsstadium eintritt. [32] Diese Gesamtlösung berücksichtigt, dass die Mittäter aufgrund des bewussten und gewollten Zusammenwirkens **eine gemeinsame Tat** begehen, deren Versuch und Vollendung sich dann auch einheitlich vollziehen muss. Andernfalls würde man die Wertung des § 25 Abs. 2 und die sich daraus ergebenden Konsequenzen unterlaufen.

Beispiel In obigem (abgewandelten) Beispiel würde dies bedeuten, dass auch A zur Tatbestandsverwirklichung noch nicht unmittelbar angesetzt hätte. Dies wäre erst dann der Fall gewesen, wenn B und C zur Tatbestandsverwirklichung unmittelbar angesetzt und damit die gemeinsame Tat in das Versuchsstadium gebracht hätten. ■

Hinweis

Bei der Gesamtlösung müssen Sie gedanklich die Mittäter miteinander „verschmelzen" und dann danach fragen, ob alle zusammen in das Versuchsstadium eingetreten sind. Es gilt der Satz: „Nicht nur alle für einen, sondern auch **einer für alle**."

» Zum unmittelbaren Ansetzen bei nur vorgestellter Mittäterschaft lesen Sie den Übungsfall Nr. 3 «

31 SK-*Rudolphi* § 22 Rn. 19a; LK-*Roxin* § 25 Rn. 198.
32 *BGHSt* 36, 249; 39, 236; *Wessels/Beulke* Strafrecht AT Rn. 611.

2. Rücktritt

119 Der Rücktritt bei mehreren Tatbeteiligten richtet sich nach **§ 24 Abs. 2**. Der Rücktritt ist als persönlicher Strafaufhebungsgrund **für jeden Tatbeteiligten gesondert zu prüfen**. Demnach ist zu unterscheiden:

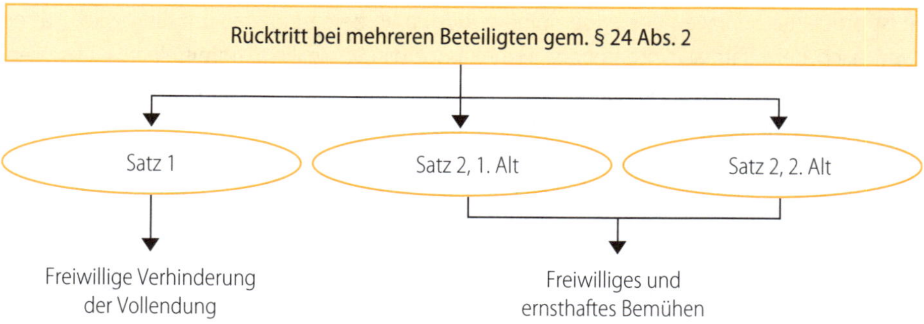

Entsprechend den Alternativen in § 24 Abs. 2 liegt ein Rücktritt vor,

- wenn der Täter (entweder durch Unschädlichmachen des eigenen Tatbeitrages oder auf andere Weise) **freiwillig die Vollendung der Tat**, an deren Versuch er beteiligt war, **verhindert**, unabhängig davon, ob der Versuch unbeendet oder beendet ist (§ 24 Abs. 2 Satz 1) oder
- wenn der Täter sich **freiwillig und ernsthaft um die Verhinderung der Vollendung bemüht**, sofern die Tat **ohne sein Zutun nicht vollendet** wird z. B., weil es sich um einen untauglichen Versuch handelt, oder weil ein anderer Tatbeteiligter kausal dafür gesorgt hat, dass der Versuch nicht eintreten kann (§ 24 Abs. 2 Satz 2, erste Alternative) oder
- wenn der Täter sich **freiwillig und ernsthaft um die Verhinderung der Vollendung bemüht**, sofern die Tatvollendung **unabhängig von seinem früheren Tatbeitrag eintritt**, d. h., der Beitrag des Beteiligten nur bis zum Versuch kausal war (§ 24 Abs. 2 Satz 2, zweite Alternative).

Hinweis

§ 24 Abs. 2 gilt **für die Mittäterschaft und die mittelbare Täterschaft**, so dass das nachfolgend Ausgeführte entsprechend zu übertragen ist.

120 Im Gegensatz zum Rücktritt des Alleintäters sind die Voraussetzungen bei § 24 Abs. 2 für den Rücktritt des Tatbeteiligten schärfer. Dies kommt unter anderem darin zum Ausdruck, dass auch im Fall des unbeendeten Versuchs der Zurücktretende dafür Sorge tragen muss, dass die **Vollendung der Tat verhindert** wird. Dies kann bei dem allein vor Ort anwesenden Mittäter in einer bloßen Untätigkeit bestehen. Sofern z. B. mehrere Mittäter vor Ort sind, reicht diese Untätigkeit jedoch nur dann aus, wenn sich die Mittäter darüber einig sind, dass jeder von ihnen passiv bleibt.

Beispiel A und B haben geplant, C zu töten und anschließend auszurauben. Zu diesem Zweck haben beide ein Messer mitgenommen. Es ist verabredet, dass A zuerst zustechen soll. Für den Fall, dass dieser Stich nicht tödlich ist, soll B einen zweiten Stich ausführen. So ausgerüstet begeben sie sich zu C. A vollzieht den ersten Stich, der C jedoch nur am Oberarm trifft. Nunmehr überkommt sowohl A als auch B Reue, weshalb sie beschließen, von ihrem Vorhaben Abstand zu nehmen. Beide verlassen, obgleich sie erkennen, dass C nicht tödlich verletzt wurde, den Tatort.

Hier liegt ein Rücktritt gem. § 24 Abs. 2 Satz 1 sowohl für A als auch für B vor. Durch das Aufgeben der weiteren Tatausführung haben beide die Vollendung verhindert. Wesentlich ist, dass beide übereingekommen sind, den Taterfolg nicht mehr herbeiführen zu wollen, und dass jeder mit dem passiven Verhalten des anderen einverstanden war.[33] Wäre B nicht einverstanden gewesen, hätte A, wenn er hätte zurücktreten wollen, B davon abhalten müssen, den 2. Stich auszuführen. Hätte er ihn dafür z. B. niederschlagen müssen, wäre diese Körperverletzung gem. § 32 gerechtfertigt gewesen. ■

Ein Rücktritt gem. **§ 24 Abs. 2 Satz 2, 2. Alt.** kommt in Betracht, wenn bei mehreren Tatbeteiligten der **Beitrag des einen nur bis zum Versuch kausal** wurde und der Beteiligte dann Abstand von der Tat nimmt. Sofern die Tat fortgeführt wird, ohne dass der zunächst geleistete Beitrag des Zurücktretenden kausal für die Vollendung geworden ist, ist ein strafbefreiender Rücktritt anzunehmen, wenn der Täter sich ernsthaft und freiwillig um die Verhinderung bemüht hat. 121

Beispiel A und B planen, ein Warenlager auszurauben. Zu diesem Zweck hat A zwei Schlüssel besorgt. Der erste Schlüssel gewährt ihnen Zutritt zu der Halle, in der sich das Warenlager befindet, der zweite Schlüssel gewährt den Zutritt zum Warenlager selbst. Am fraglichen Tag überkommt A, nachdem man bereits die Halle betreten hat, ein schlechtes Gewissen und er verlangt von B den zweiten Schlüssel, der den Zutritt zum Warenlager verschafft, heraus. Nach einer wortreichen Auseinandersetzung übergibt B dem A auch diesen Schlüssel. A redet nunmehr eindringlich auf B ein, ebenfalls die Ausführung der Tat aufzugeben. Da B sich nicht abhalten lässt, verlässt A das Gebäude und ruft anonym die Polizei. Diese erscheint jedoch erst, als B mit dem Diebesgut das Gelände bereits verlassen hat. B ist durch ein offen stehendes Fenster in das Warenlager gelangt.

Hier ist A gem. § 24 Abs. 2 Satz 2, zweite Alternative strafbefreiend vom versuchten mittäterschaftlich begangenen Einbruchsdiebstahl zurückgetreten. Ein vollendeter, mittäterschaftlich begangener Diebstahl kann nicht angenommen werden, weil zum Zeitpunkt der Vornahme der Ausführungshandlung bei A der diesbezügliche Vorsatz fehlte. Darüber hinaus ist der Beitrag des A nicht mehr kausal gewesen für die Ausführung der Tat, da B sich durch das Fenster Zutritt verschafft hat und nicht mittels des zunächst angeschafften Schlüssels.

Aus diesem Grund prüfen Sie zwar zunächst die vollendete Tat für A an, verneinen sie jedoch aus den obigen Gründen. Sie prüfen alsdann Versuch. Beim Rücktritt ist dann, wie sonst auch, zunächst festzustellen, ob ein fehlgeschlagener Versuch vorliegt, was vorliegend nicht der Fall ist. Danach ist festzustellen, dass der tatbestandliche Erfolg trotzdem eingetreten ist, ein Rücktritt gem. § 24 Abs. 2 Satz 1 mithin nicht in Betracht kommt. Dieser Erfolg ist jedoch unabhängig von dem Tatbeitrag des A eingetreten, da B durch das Fenster in das Warenlager eingestiegen ist und die Gegenstände fortgeschafft hat. Der Beitrag des A, der nach dem Tatplan darin lag, dass A den Schlüssel besorgt, ist damit nicht kausal geworden für die Vollendung. Da A sich darüber hinaus auch freiwillig und ernsthaft bemüht hat, die Vollendung zu verhindern, indem er sich nicht nur den Schlüssel hat zurückgeben lassen, sondern darüber hinaus auch die Polizei verständigt hat, ist ein strafbefreiender Rücktritt anzunehmen. ■

33 Vgl. *BGH* StV 1989, 340.

122 Ein **Rücktritt gem. § 24 Abs. 2 Satz 2, 1. Alt.** kommt in Betracht, wenn der Täter sich freiwillig und ernsthaft bemüht, den Erfolg zu verhindern, die von ihm in Gang gesetzte Kausalkette jedoch nicht ursächlich wurde für das Ausbleiben des Erfolges, so z. B. beim **untauglichen Versuch** oder aber wenn der Erfolg aufgrund des Bemühens eines Dritten ausbleibt.

Beispiel Sofern in obigem Beispielsfall das Warenlager leer gewesen wäre, hätte es sich um einen untauglichen Versuch gehandelt. Die Bemühungen des A konnten mithin nicht zur Erfolgsverhinderung führen, da es von vornherein nicht möglich war, diesen Erfolg herbeizuführen. Auch hier reicht das freiwillige und ernsthafte Bemühen. Gleiches gilt für den Fall, dass nachdem A den Schlüssel zurückverlangt hat, das Gebäude verlassen und die Polizei informiert hat, nunmehr B das schlechte Gewissen überkommt und er aufgrund eines eigenständig gefassten Entschlusses davon absieht, den Erfolg herbeizuführen. Auch hier ist der Erfolg nicht eingetreten, nunmehr jedoch, weil B dessen Vollendung verhindert hat. Für A kommt jedoch gleichsam ein Rücktritt gem. § 24 Abs. 2 Satz 2, erste Alternative in Betracht. ■

123 Auch beim Rücktritt mehrerer Tatbeteiligter ist selbstverständlich denkbar, dass ein **fehlgeschlagener Versuch** vorliegt. Denkbar ist auch, dass für den einen Täter ein fehlgeschlagener Versuch angenommen werden muss, wohingegen für den anderen Täter z. B. nur von einem untauglichen Versuch auszugehen ist.

Beispiel In obigem Warenlagerfall könnte A durch einen Blick in ein Seitenfenster erkannt haben, dass das Warenlager leer ist und der Diebstahl somit nicht begangen werden kann. Sofern er B nicht über diesen Umstand aufklärt, dieser also nach wie vor von der möglichen Vollendung der Tat ausgeht, liegt für A ein nicht rücktrittsfähiger, fehlgeschlagener Versuch vor, für B hingegen ein untauglicher, rücktrittsfähiger Versuch, von welchem er in diesem Fall gem. § 24 Abs. 2 Satz 1 durch Aufgeben der weiteren Ausführung zurücktreten kann, da dieses zur freiwilligen Vollendungsverhinderung ausreicht (unbeendeter Versuch). ■

124 Eine Besonderheit stellt der **Rücktritt im Vorbereitungsstadium** dar. Sagt sich ein Täter noch im Vorbereitungsstadium von der Tat los, wird die **Haupttat jedoch vollendet** und ist für die Vollendung der **Tatbeitrag des Beteiligten noch ursächlich**, so entfällt eine Beteiligung wegen Mittäterschaft nicht, auch dann nicht, wenn sich der Beteiligte innerlich von der Tat losgesagt hat und sogar ernsthaft, wenngleich auch erfolglos, versucht hat, die Vollendung zu verhindern.[34]

Hinweis

§ 24 Abs. 2 wird in diesen Fällen gar **nicht relevant**, weil Sie sich mit einer vollendeten Tat beschäftigen. Problematisch ist allein die Zurechnung.

Begründet wird dies damit, dass ein Rücktritt, ähnlich wie bei der Alleintäterschaft dann ausgeschlossen ist, wenn trotz ernsthafter Verhinderungsbemühungen der Erfolg eintritt, vorausgesetzt jedoch, der von dem Beteiligten geleistete Tatbeitrag bleibt für die Vollendung kausal. Fehlt es an dieser Kausalität, so kommt ein Rücktritt gem. § 24 Abs. 2 Satz 2, zweite Alternative in Betracht.

34 *BGHSt* 28, 346; *BGH* JR 2000, 70; *Wessels/Beulke* Strafrecht AT Rn. 650.

Beispiel Wenn in obigem Warenlagerfall A sich 2 Stunden vor Tatbegehung von der Tat losgesagt aber von B den Schlüssel nicht zurückverlangt hätte und B mittels dieses Schlüssels in das Warenlager eingebrochen wäre und Gegenstände entfernt hätte, wäre A wegen mittäterschaftlich begangenen, vollendeten Diebstahls zu bestrafen gewesen. Voraussetzung wäre jedoch gewesen, dass bei A auch in subjektiver Hinsicht noch die Zueignungsabsicht zu bejahen wäre, was dann zu verneinen ist, wenn A sich die Gegenstände nicht selbst aneignen wollte und auch nicht davon ausging, dass B eine entsprechende Aneignung beabsichtigte.[35] ■

Eine Bestrafung wegen mittäterschaftlich begangener, vollendeter Tat ist jedoch dann auszu- **125**
schließen, wenn zwischen der ursprünglich geplanten und der tatsächlich ausgeführten Tat **keine Identität** mehr besteht. In diesem Fall fehlt es an dem erforderlichen Vorsatz.

Beispiel Wiederum hat A den Schlüssel zum Warenlager besorgt, um gemeinsam mit B das Warenlager leer zu räumen. Noch vor Versuchsbeginn sagt A sich von dieser Tat los, unterlässt es jedoch den Schlüssel von B zurück zu fordern. B geht nunmehr hin, betritt mittels dieses Schlüssels das Warenlager und tötet, wie aufgrund eines neuen Tatentschlusses beabsichtigt, den Wachmann, der an diesem Tag im Warenlager auf ein besonders wertvolles Bild aufpasst. Bzgl. dieser von B begangenen Tötung liegt keine Mittäterschaft vor, auch wenn sich der Tatbeitrag des A in der Tatvollendung fortgesetzt hat, da B ohne den Schlüssel die Tat so nicht hätte begehen können. ■

JURIQ-Klausurtipp

Da der Rücktritt ein persönlicher Strafaufhebungsgrund ist, muss er **für jeden Beteiligten gesondert** geprüft werden. Haben sie die Täter getrennt geprüft und mit der Prüfung des „Tatnächsten" angefangen, stellt sich regelmäßig die Frage, ob im Rücktritt direkt auf § 24 Abs. 2 zurückgegriffen werden kann. Problematisch ist, dass Sie zu diesem Zeitpunkt noch gar nicht wissen, ob dieser Täter alleine oder mit einem Beteiligten gehandelt hat.

Hier empfiehlt sich folgende Vorgehensweise:

- Ist der **Täter sowohl nach § 24 Abs. 1 als auch nach § 24 Abs. 2 strafbefreiend zurückgetreten**, weil z. B. ein beendeter Versuch vorlag, dessen Erfolgseintritt er kausal verhindert hat, können Sie offen lassen, welcher Absatz anwendbar ist und feststellen, dass der Täter sowohl nach Abs. 1 als auch nach Abs. 2 strafbefreiend zurückgetreten ist.
- Kommt nur ein Rücktritt gem. § 24 Abs. 2 in Betracht, so sollten Sie das bis dahin festgestellte Ergebnis als Zwischenergebnis festhalten und darauf hinweisen, dass Sie nach Prüfung des weiteren Beteiligten auf die Frage nach einem strafbefreienden Rücktritt zurückkommen werden.

35 Schönke/Schröder-*Eser* § 24 Rn. 76; *BGHSt* 28, 348; 37, 293.

D. Mittelbare Täterschaft

I. Überblick

126 Im Gegensatz zum Mittäter, der die eigene Tat zusammen mit einem anderen begeht, begeht der mittelbare Täter gem. § 25 Abs. 1, 2. Alt. die eigene Tat **durch einen anderen**. Der mittelbare Täter bedient sich zur Begehung der eigenen Tat bei der Tatausführung eines menschlichen Werkzeugs. Dadurch unterscheidet sich die mittelbare Täterschaft von der Anstiftung und Beihilfe. Der Anstiftende bzw. Beihelfende partizipiert an einer fremden Tat, die er durch seinen Beitrag veranlasst oder fördert.

Beispiel Arzt A möchte seine Frau umbringen. Deswegen gibt er der Krankenschwester K, die seine Frau täglich betreut, ein vermeintliches Kreislaufmittel, welches in Wahrheit jedoch ein schnell wirkendes Gift ist. Nichtsahnend verabreicht K der Ehefrau des A dieses Mittel, woraufhin diese verstirbt.

Hier hat sich Arzt A der Tötung in mittelbarer Täterschaft gem. §§ 211, 25 Abs. 1, 2. Alt. strafbar gemacht, da er eine eigene Tat unter Zuhilfenahme der insoweit gutgläubigen und damit vorsatzlos handelnden Krankenschwester K begangen hat. Eine Anstiftung zur Tötung läge vor, wenn A der Krankenschwester K 10 000 € gegeben hätte, damit diese seiner Ehefrau das Gift in voller Kenntnis der Sachlage spritze. Hier hätte A nicht eine eigene Tat begangen, sondern die fremde Tat der Krankenschwester K, die im Gegensatz zur vorherigen Variante voll deliktisch handelte, veranlasst. ■

127 In Rechtsprechung und Literatur ist das maßgebliche Abgrenzungskriterium wiederum die **Tatherrschaft**.

Nach der in der Literatur vertretenen **materiell-objektiven Theorie** muss der Beitrag des Hintermannes objektiv Tatherrschaft vermitteln. Ob dies der Fall ist, wird anhand objektiver Kriterien durch Wertung ermittelt.[36] Für die **Rechtsprechung** ist die Tatherrschaft das wesentliche Indiz zur Ermittlung des animus auctoris, wobei jedoch im Einzelfall, wie bei der Mittäterschaft auch, weitere Umstände im Rahmen einer Gesamtwertung heranzuziehen sind, so v.a. das Interesse des Täters an der Tat.[37]

Bei der mittelbaren Täterschaft wird die Tatherrschaft in einer **Überlegenheit des Hintermannes** gesehen. Diese Überlegenheit kann entweder in einem in aller Regel durch Täuschung erlangten, **überlegenen Wissen** oder aber in dem häufig durch Zwang hervorgerufenen **überlegenen Willen** des Hintermannes bestehen.

Hinweis

Als Kurzformel ist die Formulierung **„Tatherrschaft kraft überlegenen Wissens und/oder Wollens“** gebräuchlich.

Der in der Regel unproblematische **„Normalfall“ der mittelbaren Täterschaft** zeichnet sich dadurch aus, dass der unmittelbar Handelnde an einem Strafbarkeitsmangel leidet, den der Hintermann kennt und für seine Belange ausnutzt. Aus diesem Grund fangen Sie in der Klausur stets mit der Strafbarkeit des „Vordermannes“, also des Handelnden an. Erst im Anschluss daran prüfen Sie die Strafbarkeit des „Hintermannes“, also des mittelbaren Täters.

36 *Wessels/Beulke* Strafrecht AT Rn. 535; Schönke/Schröder-*Cramer/Heine* Vor §§ 25 ff. Rn. 76.
37 *BGH* NStZ 1989, 176; *BGH* NJW 1994, 670.

Auch bei der mittelbaren Täterschaft geht es wieder um eine **Zurechnung fremden Handelns**. Wie bei der Mittäterschaft auch, muss der Hintermann einen Verursachungsbeitrag geleistet haben, den Sie in der Klausur anhand der soeben genannten Theorien bewerten müssen. Beachten Sie auch hier die Konsequenzen, die sich aus dem **tatbestandsbezogenen Täterbegriff** ergeben, d. h. bei Sonder- und Pflichtdelikten muss der mittelbare Täter die gesetzlichen Anforderungen erfüllen, bei eigenhändigen Delikten ist eine mittelbare Täterschaft nicht möglich.

Der **Aufbau** sieht dementsprechend in der Klausur wie folgt aus: **128**

Die mittelbare Täterschaft

PRÜFUNGSSCHEMA

A. Strafbarkeit des Tatnächsten

B. Strafbarkeit des weiteren Beteiligten als mittelbarer Täter gem. § 25 Abs. 1, 2.Alt.

I. Objektiver Tatbestand

1. deliktsspezifische objektive Merkmale, insbesondere auch Anforderungen an den Täter
2. bei der Tathandlung: Zurechnung der Handlung des anderen gem. § 25 Abs. 1 2. Alt
   a) eigener Verursachungsbeitrag
   b) Wertung dieses Verursachungsbeitrags nach materiell objektiver Theorie und subjektiver Theorie
      - Abgrenzung straflose Teilnahme am Selbstmord/Tötung in mittelbarer Täterschaft Rn. 130
      - absichtslos-doloses oder qualifikationslos-doloses Werkzeug Rn. 138
      - Täter hinter dem Täter Rn. 140

II. Subjektiver Tatbestand

1. Tatbestandsvorsatz einschließlich Tatherrschaftsbewusstsein
   - error in objecto vel persona des Werkzeugs Rn. 149
   - Irrtümer des Hintermannes über die Qualität des Werkzeugs Rn. 150
2. deliktsspezifische subjektive Tatbestandsmerkmale (Beispiel: § 242 Zueignungsabsicht)

III. Rechtswidrigkeit

IV. Schuld

II. Der „Normalfall" der mittelbaren Täterschaft

Die mittelbare Täterschaft ist in der Regel unproblematisch, wenn bei dem unmittelbar Ausführenden, dem Vordermann, ein **Strafbarkeitsmangel** besteht und der mittelbare Täter, der Hintermann, diesen Mangel kennt und ausnutzt. In diesem Fall besteht sowohl eine **„rechtliche Überlegenheit"** des Hintermannes als auch eine faktische **Überlegenheit in Wissen und Wollen**. **129**

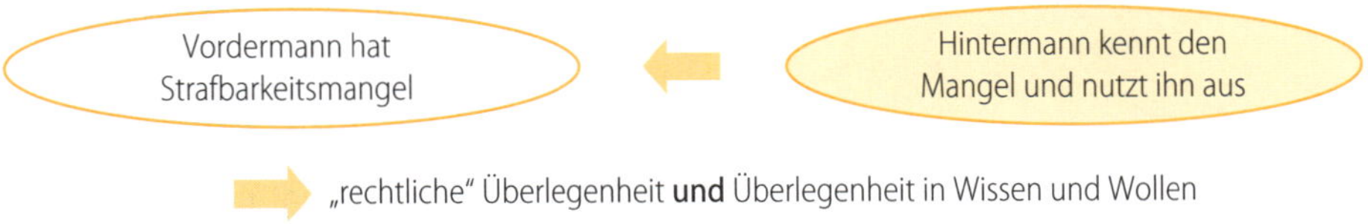

1. Der Vordermann handelt objektiv nicht oder nicht voll tatbestandsmäßig

130 Hier handelt es sich überwiegend um die Fälle der **durch einen anderen veranlassten Selbstschädigung**, die für den Rechtsgutsträger selbst nicht tatbestandsmäßig und damit auch nicht strafbar sind.

Beispiel A spiegelt der von ihm emotional abhängigen B vor, er sei vom Planeten Sirius und sei auf die Erde gesandt worden, um auserwählte Menschen auf diesen Planeten zu holen. B gehöre zu diesen Menschen und könne nun die Reise auf diesen Planeten antreten. Zu diesem Zweck sei es jedoch erforderlich, die körperliche Hülle zu verlassen. Sie werde danach in einem „Roten Raum" am Genfer See erwachen und ein neues Leben auf höherer Stufe führen. Er veranlasst B, der nicht bewusst ist, dass sie Selbstmord begehen soll, in die Badewanne zu steigen und den Fön hineinzuwerfen. Aufgrund eines glücklichen Umstandes überlebt B diesen Tötungsversuch („Sirius-Fall"). [38]

Hier stellt sich die Frage, ob A straflos ist, da sein Verhalten eine straflose Anstiftung zur straflosen Selbsttötung der B darstellen könnte oder aber ob eine versuchte Tötung in mittelbarer Täterschaft anzunehmen ist. Dann müsste dem A die Handlung der B über § 25 Abs. 1, 2. Alt zugerechnet werden können. Dies ist der Fall, wenn A Tatherrschaft kraft überlegenen Wissens oder Wollens gehabt hat. ■

Zur Abgrenzung der straflosen Teilnahme an einer eigenverantwortlichen Selbstschädigung von der strafbaren Tötung in mittelbarer Täterschaft werden verschiedene Lösungsansätze vertreten.

Nach der **Rechtsgut- und Schuldlösung** werden die Regeln strafrechtlicher Verantwortlichkeit für eigenes Verhalten entsprechend angewendet. Es wird danach gefragt, ob, wenn die Selbstverletzung eine Fremdschädigung wäre, die strafrechtliche Verantwortlichkeit des unmittelbar Handelnden ausgeschlossen wäre, weil er entweder nicht vorsätzlich handelt, da der Hintermann ihn über den selbstschädigenden Charakter seines Handelns täuscht (§ 16) oder aber schuldunfähig gem. §§ 3 JGG, 19, 20 StGB bzw. entschuldigt ist (§ 35). [39]

Von der Rechtsgut- und Schuldlösung werden die Fälle des Motivirrtums nicht erfasst. Aus diesem Grund orientiert sich die **Einwilligungslösung** an dem Rechtsgedanken der rechtfertigenden Einwilligung. Demnach liegt eine freiverantwortliche Selbstschädigung nur dann vor, wenn das Opfer aufgrund seiner geistigen Fähigkeiten in der Lage ist, die Tragweite des Handelns zu erkennen und der Entschluss frei von Täuschung Drohung oder Zwang gefasst wurde.[40] Begründet wird diese Auffassung damit, dass an die Verfügung über das eigene

38 *BGHSt* 32, 28.
39 *Jäger* Strafrecht AT Rn. 247.
40 *Wessels/Beulke* Strafrecht AT Rn. 539; Schönke/Schröder-*Eser* Vor § 211 Rn. 36; LK-*Jähnke* Vor § 211 Rn. 25.

Leben keine geringeren Anforderungen gestellt werden dürfen als an eine Einwilligung in eine Körperverletzung.

Beispiel Im „Sirius–Fall“ würden in Anbetracht des Umstandes, dass B sich nicht töten wollte, beide Auffassungen zum selben Ergebnis gelangen. Nach der Rechtsgut- und Schuldlösung hätte bei einer von B begangenen Fremdtötung kein Vorsatz vorgelegen, nach der Einwilligungslösung war der Entschluss nicht frei von Täuschung. Die Rechtsprechung hat sich weder für die eine noch für die andere Lösung ausdrücklich entschieden. Sie hat allgemein darauf abgestellt, dass dem Opfer Art und Tragweite des Irrtums nicht bewusst war und hat deswegen den Täter wegen Mordes (es ging um eine Lebensversicherung!) in mittelbarer Täterschaft verurteilt.[41] ■

» Ob der auf der Täuschung beruhende Irrtum ein rechtsgutsbezogener Irrtum sein muss, ist umstritten und wird ausführlich im Skript Strafrecht AT I dargestellt. Nutzen Sie die Gelegenheit und lesen Sie dieses Thema nach. «

Beispiel Zu unterschiedlichen Ergebnissen würden die Auffassungen bei folgendem Fall gelangen: Dermatologin D erklärt ihrem Ehemann E, dass er unheilbar an dem „schwarzen Krebs“ erkrankt sei und ihm nur noch wenige, schmerzvolle Monate zur Verfügung stünden. Wie erhofft, tötet der kerngesunde E sich daraufhin selbst.

Nach der Rechtsgut- und Schuldlösung läge nur ein Motivirrtum vor, der nicht zu einer Überlegenheit der D führen würde. D wäre demnach straflos. Nach der Einwilligungslösung hingegen wäre der Entschluss nicht frei von Täuschung gewesen, sofern man nicht verlangt, dass der Irrtum rechtsgutsbezogen sein muss. Aufgrund der Überlegenheit der D im Wissen würde diese Auffassung zu einer mittelbaren Täterschaft gelangen. ■

Hinweis

Unterscheiden Sie den obigen „Sirius – Fall“ von der sog. **„Giftfalle“**. Fälle der letztgenannten Art sind dadurch gekennzeichnet, dass das Opfer zwar ebenfalls eine Mitwirkungshandlung vornehmen muss, dabei aber gar keine Kenntnis hat, dass es dies tut und auch keine psychische oder sonst wie geartete Einflussnahme des Hintermannes auf das Opfer vorliegt. (Beispiel: Apotheker A vergiftet eine Schnapsflasche, aus der Diebe bei einem vorherigen Einbruch getrunken hatten in der Hoffnung, dass die Diebe, wenn sie wieder kommen, erneut aus der Flasche trinken und sterben werden). In diesen Fällen bedarf es der Konstruktion der mittelbaren Täterschaft nicht. Sie können in der Klausur direkt (allein) täterschaftliche Begehung prüfen.

» Mit diesen Fällen hatten wir uns bereits im Kapitel „Versuch – unmittelbares Ansetzen“ beschäftigt, so dass Sie an dieser Stelle die Gelegenheit nutzen sollten, Ihr Wissen aufzufrischen. «

2. Der Vordermann handelt subjektiv nicht tatbestandsmäßig

Mittelbare Täterschaft ist unproblematisch, wenn sich der Vordermann in einem vorsatzausschließenden **Irrtum gem. § 16 Abs. 1** befindet und der Hintermann diesen Irrtum ausnutzt. **131**

Beispiel Hotelgast A bittet das Zimmermädchen Z, ihm aus „seinem“ Zimmer das Portemonnaie zu holen, das er dort vergessen hat. In Wahrheit handelte es sich jedoch um das Zimmer des B.

Hier hat Z zwar objektiv den Tatbestand des § 242 verwirklicht, in dem sie die Brieftasche aus dem Zimmer des B wegnahm. Es fehlt jedoch insoweit der entsprechende Vorsatz, da sie nicht glaubte, einen Gewahrsamsbruch und damit eine Wegnahmehandlung zu begehen. A hat diesen Irrtum bei Z hervorgerufen und zu seinen Gunsten ausgenutzt. Es bestand rechtli-

41 *BGHSt* 32, 38.

che Überlegenheit, weil er sämtliche objektiven und subjektiven Tatbestandsmerkmale verwirklicht hat, daneben Rechtswidrigkeit und Schuld ebenfalls vorliegen. Darüber hinaus bestand auch eine faktische Überlegenheit aufgrund des überlegenen Wissens. ■

3. Der Vordermann handelt gerechtfertigt

132 Denkbar ist ferner, dass der Vordermann gerechtfertigt handelt und der Hintermann diese Situation schafft oder ausnutzt.

Beispiel Ehemann E hat seine Ehefrau getötet. Um den Verdacht von sich abzulenken und gleichzeitig den verhassten B loszuwerden, deponiert er die Waffe, mit der geschossen wurde sowie sonstige belastende Beweismittel bei B und gibt der Polizei einen entsprechenden Hinweis. B wird durch die Strafverfolgungsbehörden in Untersuchungshaft genommen.

Hier hat A sich wegen Freiheitsberaubung und mittelbarer Täterschaft strafbar gemacht. Die Strafverfolgungsorgane haben gem. §§ 127 Abs. 2, 112 StPO rechtmäßig gehandelt, da vorliegend die Voraussetzungen für die Anordnung der Untersuchungshaft vorlagen. Diesen Strafbarkeitsmangel hat A wiederum gekannt und zu seinen Gunsten ausgenutzt. ■

4. Der Vordermann unterliegt einem durch den Hintermann initiierten Erlaubnistatbestandsirrtum

» Ist Ihnen der Erlaubnistatbestandsirrtum noch ein Begriff? Wenn nicht, dann wiederholen Sie an dieser Stelle die Irrtümer im Bereich der Rechtfertigungsgründe, dargestellt im Skript Strafrecht AT I. «

133 Der Erlaubnistatbestandsirrtum führt nach den überwiegend vertretenen, eingeschränkten Schuldtheorien dazu, dass der Handelnde nicht wegen einer Vorsatztat bestraft werden kann, also erneut an einem Strafbarkeitsmangel leidet. Wurde der Irrtum, der zur Straflosigkeit führt, durch einen anderen veranlasst, so kann sich dieser als mittelbarer Täter strafbar machen.

Beispiel A begleitet seinen kurzsichtigen und ängstlichen Freund F, der bereits mehrfach von Skinheads zusammengeschlagen wurde, nach Hause, als ihnen Skinhead S entgegen kommt. Obwohl A weiß, dass dieser neu verliebt und deshalb fromm wie ein Lamm ist, versetzt er F in Panik und erklärt ihm, er habe in der linken Hand des S ein Messer gesehen, mit welchem er gleich zustechen werde. F gibt daraufhin aus kurzer Distanz mit einer Schreckschusspistole einen Schuss auf S ab, der diesen am Oberarm trifft und schwere Brandwunden verursacht.

Hier unterlag F einem Erlaubnistatbestandsirrtum, da S nicht vorhatte, ihn anzugreifen. Dieser Irrtum, der bei F dazu führt, dass er allenfalls gem. § 229 strafbar ist, wurde durch A veranlasst, der aufgrund dessen dem F im Wissen überlegen war. A hat sich deswegen gem. §§ 223, 224 Abs. 1 Nr. 2, 25 Abs. 1, 2. Alt. strafbar gemacht. ■

5. Der Vordermann ist nicht schuldfähig

134 Bei diesen Fallkonstellationen werden zumeist Vordermänner eingesetzt, die aufgrund ihres Alters nicht in der Lage sind, das Unrecht der Tat zu erkennen.

Beispiel A veranlasst seinen fünfjährigen Neffen N mittels einer Wette, aus dem Portemonnaie der Tante T das Geld herauszunehmen. Beide gehen danach mit diesem Geld ein Eis essen.

Hier ist N gem. § 19 schuldunfähig. A hat diese Schuldunfähigkeit bewusst zur Tatbegehung ausgenutzt und ist daher als Hintermann und mittelbarer Täter anzusehen. ■

6. Der Vordermann handelt entschuldigt

An dieser Stelle wird der **Nötigungsnotstand** relevant, der nach h.M. dazu führt, dass der unmittelbar Handelnde zwar nicht gem. § 34 gerechtfertigt aber gem. § 35 entschuldigt ist. In diesen Fällen liegt eine Überlegenheit des Hintermannes im Wollen vor. Der Hintermann befindet sich gegenüber dem Vordermann in einer überlegenen Position, die dazu führt, dass er das Geschehen beherrscht. **135**

Beispiel A zwingt B mit vorgehaltenem Gewehr, C zu fesseln. Hier hat sich B nicht gem. § 239 wegen Freiheitsberaubung strafbar gemacht, da er aufgrund des Nötigungsnotstandes, indem er sich befand, gem. § 35 entschuldigt ist. (Eine Rechtfertigung gem. § 34 kommt nicht in Betracht, da die Tat nicht angemessen ist.) A hat sich jedoch der Freiheitsberaubung in mittelbarer Täterschaft gem. §§ 239, 25 Abs. 1, 2. Alt. schuldig gemacht, da er Initiator des Nötigungsnotstandes war, die Zwangslage, die zur Entschuldigung geführt hat, also kannte und diese ausgenutzt hat. ■

7. Der Vordermann befindet sich in einem unvermeidbaren Verbotsirrtum

Schließlich kommt eine mittelbare Täterschaft in Betracht, wenn der Hintermann in dem Vordermann einen Irrtum hervorruft, der gem. § 17 unvermeidbar ist und zu einem Schuldausschluss führt. **136**

Beispiel Im obigen Sterbehilfebeispiel (Rn. 60) hat Rechtsanwalt R der Tochter T erklärt, das Abschneiden des Magensonde-Schlauches sei keine strafbare Handlung, sondern straflose passive Sterbehilfe. Aufgrund dieser Rechtsbelehrung von einem auf dieses Thema spezialisierten Rechtsanwalt glaubte T nicht, dass sie sich strafbar mache. Dieser Irrtum war unvermeidbar.

Entgegen der Auffassung des LG hätte man hier auch mittelbare Täterschaft prüfen können. Das LG hat sich hingegen für Mittäterschaft entschieden, was wohl damit zusammenhing, dass auch R von der Straflosigkeit ausging (der BGH hat ihn ja inzwischen auch bestätigt) und insoweit keine manipulative Überlegenheit im Wissen bestand. ■

III. Problematische Fälle

Die soeben dargestellten Fallgruppen haben gemein, dass sowohl eine „rechtliche Überlegenheit", als auch eine faktische Überlegenheit des mittelbaren Täters kraft überlegenen Wissens oder Wollens besteht. **Problematisch** und klausurrelevant sind die Fälle mit denen entweder nur die „rechtliche Überlegenheit" oder nur die faktische Überlegenheit beim Hintermann angenommen werden kann. **137**

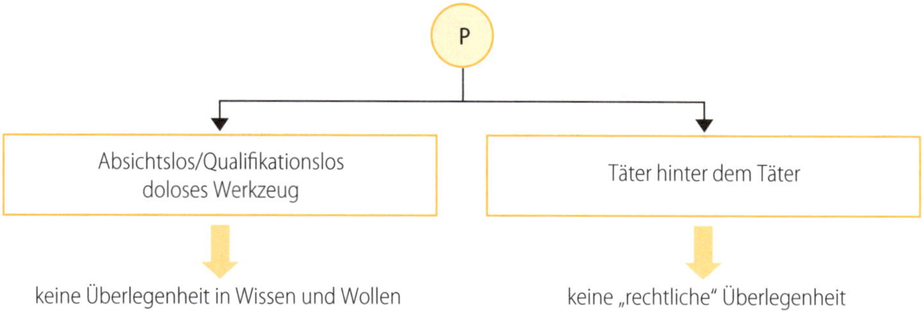

1. Absichtslos doloses und qualifikationslos doloses Werkzeug

138 Beim absichtlos dolosen bzw. qualifikationslos dolosen Werkzeug besteht die Besonderheit darin, dass der unmittelbar Handelnde die Tragweite seines Handelns und damit auch die strafrechtliche Relevanz kennt, weswegen er „dolos" ist. Die Strafbarkeit scheitert ausschließlich daran, dass die vom Gesetz zusätzlich geforderten Absichten bzw. Qualifikationen in der Person des unmittelbar Handelnden nicht vorliegen. Diese besonderen Absichten bzw. Qualifikationen sind jedoch in der Person des Hintermannes anzunehmen. Aufgrund der Eigenverantwortlichkeit des unmittelbar Handelnden, besteht bei diesen Fällen die **Überlegenheit des Hintermannes** ausschließlich in der **rechtlichen Überlegenheit**, nicht jedoch in der Überlegenheit kraft Wissen oder Wollen.

Beispiel Jurastudent A hat es auf ein besonders wertvolles Buch des B abgesehen, das sich derzeit bei C, der im Studentenwohnheim wohnt, befindet. Er überredet D, den Mitbewohner des C, das Buch aus dem Zimmer des C zu entfernen und in der Unibibliothek an einer bestimmten Stelle zu verstecken. D führt die Tat wie von A gewünscht aus. Er selber hat kein Interesse an dem Buch, es ist ihm auch gleichgültig, was nach dem Verstecken mit dem Buch geschieht. Sein Motiv zur Begehung der Tat liegt darin, dem B, den er noch nie leiden konnte, eins auszuwischen.

Hier hat sich D nicht wegen Diebstahls gem. § 242 strafbar gemacht. Zwar hat er den objektiven Tatbestand verwirklicht, auch handelte er insoweit vorsätzlich. Es fehlt jedoch an der erforderlichen Zueignungsabsicht. D wollte sich selbst nicht in die Position des Eigentümers setzen. Da es ihm ferner egal war, was nach Verstecken des Buches mit demselben passiert, kam es ihm auch nicht darauf an, dem A das Buch zuzueignen. Insoweit handelte D mithin absichtslos. Da ihm jedoch die volle Tragweite des Geschehens bewusst war und er eigenverantwortlich dasselbe leitete, ist es fraglich, ob A als mittelbarer Täter in Betracht kommt. Eine Beihilfe bzw. Anstiftung zum Diebstahl ist nicht möglich, da es insoweit an der vorsätzlichen rechtswidrigen Haupttat des D fehlt. ■

Beispiel Prokurist P, der befürchtet, gekündigt zu werden, bittet den nicht bei der Firma angestellten A, ihm aus dem Tresor das dort befindliche Bargeld zu besorgen. Er beschreibt ihm genau, wie er in die Firma hineingelangen kann und nennt ihm darüber hinaus die Kombination für den Tresor.

Hier hat sich A jedenfalls nicht wegen Untreue gem. § 266 Abs. 1, 2. Alt. strafbar gemacht, da ihn keine Vermögensbetreuungspflicht traf. Diese Pflicht oblag jedoch dem Prokuristen P, der insofern als mittelbarer Täter einer Untreue strafbar sein könnte. ■

139 Literatur und Rechtsprechung gelangen in den vorgenannten Fällen zu unterschiedlichen Ergebnissen.

Ein **Teil der Literatur** verneint die mittelbare Täterschaft, da weder eine Beeinträchtigung der Entscheidungsfreiheit des Vordermannes für sein Tun (Tatherrschaft kraft überlegenen Wissens) noch eine reale Einflussmacht des Hintermannes auf die Psyche des Vordermannes (Tatherrschaft kraft überlegenen Wollens) vorliege. Diese faktische Überlegenheit sei jedoch erforderlich, um im Rahmen der Wertung den Hintermann zum Täter zu machen.[42]

---

42 SK-*Samson* § 25 Rn. 109; *Jäger* Strafrecht AT Rn. 250 f.; so auch *Roxin*, Strafrecht Allgemeiner Teil II; § 25 Rn. 267, der jedoch zur Vermeidung von Strafbarkeitslücken die Lehre von den Pflichtdelikten entwickelt hat

Die **Gegenansicht in der Literatur** lässt die rechtliche Überlegenheit des Hintermannes ausreichen. Hier wird der **formal-juristische Tatherrschaftsbegriff** vertreten, wonach in der deliktspezifischen Absicht bzw. Qualifikation des Hintermannes dessen rechtlich beherrschender Einfluss liege, der ihm ein Übergewicht gegenüber dem unmittelbar handelnden Vordermann gebe.[43] Damit verzichtet die Literatur auf das Erfordernis der tatsächlichen Tatherrschaft. Begründet wird dies vor allem mit der Vermeidung „unerträglicher" Strafbarkeitslücken.

Die in der **Rechtsprechung** vertretene subjektive Theorie besinnt sich in diesen Fällen darauf, dass die **Tatherrschaft nur ein Abgrenzungskriterium von vielen** ist. Es wird des Weiteren überprüft, welches eigene Interesse der Täter an der Tatbegehung hat, ferner wird der Umfang sowie die Wichtigkeit des Beitrages in Rechnung gestellt. Nach dieser Gesamtabwägung gelangt die Rechtsprechung in den meisten Fällen zur Bejahung der mittelbaren Täterschaft.[44]

Beispiel In den obigen Fällen würde dies bedeuten, dass nach einer Auffassung in der Literatur eine mittelbare Täterschaft nicht in Betracht käme. A wäre mithin straflos. Die Gegenauffassung in der Literatur würde diese mittelbare Täterschaft aufgrund der rechtlichen Überlegenheit des Hintermannes bejahen. Die Rechtsprechung würde aufgrund des deutlichen Eigeninteresses der Täter an der Tat zum selben Ergebnis kommen. Dem A kam es maßgeblich darauf an, das Buch in seinen Besitz zu bringen. Gleiches gilt für P, der die Tat ebenfalls begehen wollte, um in den Besitz des Geldes zu gelangen. ■

Hinweis

Die Fallgruppe des absichtslos dolosen Werkzeugs besaß vor dem 6. StRG größere Bedeutung, da in § 242 die Drittzueignungsabsicht fehlte. Nahm ein Täter ein Objekt weg, um es einem anderen zuzueignen, so war dieser Täter straflos, da ihm die erforderliche Absicht fehlte. Heute würden Sie in diesen Fällen die **Drittzueignungsabsicht** bejahen, so dass für den Veranlasser zur Tat auch eine Anstiftung in Betracht kommen kann. Achten Sie jedoch darauf, dass Drittzueignungsabsicht voraussetzt, dass es dem Täter darauf ankommen muss, einen Dritten in die Position des Eigentümers zu bringen. Ist es ihm egal, was mit der weggenommenen Sache passiert, dann handelt er nach wie vor dolos aber absichtslos.

2. „Täter hinter dem Täter"

Im herrschenden Schrifttum und der Rechtsprechung sind Fälle anerkannt, bei denen der **Vordermann volldeliktisch handelt**, der Hintermann jedoch gleichwohl nicht lediglich Anstifter sondern als Zentralgestalt des Geschehens mittelbarer Täter ist. Diese Fälle werden unter dem Stichwort „Täter hinter dem Täter" diskutiert. [45]Aufgrund des volldeliktischen Handels fehlt es an der rechtlichen Überlegenheit des Hintermannes. Dass trotzdem eine mittelbare Täterschaft angenommen wird, liegt an der **tatsächlichen Überlegenheit des Hintermannes** kraft überlegenen Wissens oder Wollens. 140

---

43 Schönke/Schröder-*Cramer/Heine* Vor §§ 25 ff., Rn. 81; *Wessels/Beulke* Strafrecht AT Rn. 537.

44 *BGH* NJW 1994, 2703; *BGH* wistra 1988, 303; *RGSt* 39, 39.

45 Anderer Ansicht insoweit: *Jescheck/Weigend* Strafrecht AT § 62 I 2, wonach mittelbare Täterschaft in diesen Fällen immer ausgeschlossen ist.

a) Die Tatausführung erfolgt unter Ausnutzung eines gut organisierten Machtapparates (sog. „Schreibtischtäter“)

141 In diesen Fällen wird trotz volldeliktisch handelnder Vordermänner mittelbare Täterschaft angenommen für den **Inhaber der Befehlsgewalt**, da er aufgrund der Hierarchie des Machtapparats eine Tatherrschaft kraft überlegenen Wollens hat.[46] Der unmittelbar Handelnde wird aufgrund der Befehls- und Weisungsgewalt, der er unterworfen ist, und seiner Austauschbarkeit als „Rädchen im System“ angesehen.

Beispiel Die Mitglieder des „Nationalen Verteidigungsrates der DDR“ wurden vom BGH als mittelbare Täter der vorsätzlichen Tötung von Flüchtlingen durch Grenzsoldaten der DDR angesehen, obgleich diese Grenzsoldaten volldeliktisch handelten.[47] ■

Nach überwiegender Auffassung werden diese Grundsätze auch auf Organisationen nichtstaatlicher Art wie vor allem **mafiaähnliche Verbrecherorganisationen**[48] und auf **unternehmerische Organisationsstrukturen** wie z. B. Aktiengesellschaften angewendet.

b) Der Hintermann ruft beim Vordermann einen Irrtum hervor, der sich auf die Strafbarkeit des Vordermannes nicht auswirkt

142 Die mittelbare Täterschaft ist ferner denkbar in Fällen, in denen der Hintermann im Vordermann einen **Irrtum** erregt, der sich zwar beim Vordermann nicht auf dessen Strafbarkeit auswirkt, der aber die **Tat wesentlich mitprägt**. In diesen Fällen hat der mittelbare Täter Tatherrschaft kraft überlegenen Wissens. Folgende Fallkonstellationen sind möglich:

143 • Der Hintermann verursacht beim unmittelbar Ausführenden einen für diesen unbeachtlichen **error in objecto vel persona**.

Beispiel Fuchs hat erfahren, dass Schütz ihn an einer bestimmten Stelle abends aus dem Hinterhalt erschießen möchte. Durch eine geschickt eingefädelte Täuschung lockt er seinen Feind Luchs zum Tatort. In Folge der Abenddämmerung verwechselt erwartungsgemäß Schütz den Luchs mit Fuchs und tötet ihn.

Hier hat sich Schütz zunächst wegen Mordes an Luchs strafbar gemacht, indem er den Schuss auf ihn abgab. Darüber hinaus hat sich Fuchs des Mordes in mittelbarer Täterschaft strafbar gemacht, indem er Luchs zu dem Tatort lockte. Beide Täter handelten unabhängig und ohne Kenntnis des Tatbeitrages des jeweilig anderen voneinander (sog. Dohna-Fall).[49] ■

Teilweise wird vertreten, dass in diesen Fällen **unmittelbare Neben-Täterschaft** anzunehmen ist, wenn der Hintermann den fremden Verbrechensplan für eigene Zwecke ausnutzt.[50] **Überwiegend** wird jedoch angenommen, dass der Hintermann sich als mittelbarer Täter strafbar gemacht habe, weil durch den von ihm ermöglichten error in persona die Tat ein anderes Gepräge erhalten habe.[51]

---

46 *BGH* NJW 1994, 2703; Schönke/Schröder-*Cramer/Heine* § 25 Rn. 25; *Wessels/Beulke* Strafrecht AT Rn. 541.

47 *BGH* NJW 1994, 2703.

48 *Wessels/Beulke* Strafrecht AT Rn. 541; *BGH* JR 2004, 245; a.A. *Jäger* Strafrecht AT Rn. 249, der eine Begrenzung auf staatliche oder staatsgleiche Organisationen verlangt.

49 Siehe dazu *Wessels/Beulke* Strafrecht AT Rn. 525, der Nebentäterschaft annimmt.

50 *Wessels/Beulke* Strafrecht AT Rn. 525.

51 Schönke/Schröder-*Cramer/Heine* § 25 Rn. 23; *Jäger* Strafrecht AT Rn. 246.

- Der Vordermann unterliegt einem **Irrtum über gesetzliche Qualifikationsmerkmale**, der vom Hintermann herbeigeführt oder ausgenutzt wurde. 144

Beispiel A stiftet den B an, ein Gebäude in Brand zu setzen, wobei er dem B erklärt, dass dieses Gebäude schon seit langer Zeit nicht mehr bewohnt werde, was tatsächlich nicht der Fall ist.

Hier hat sich B nur der einfachen Brandstiftung nach § 306 strafbar gemacht. A könnte jedoch mittelbarer Täter einer schweren Brandstiftung gem. § 306a Abs. 1 Nr. 1 sein, weil er wusste, dass das Gebäude tatsächlich der Wohnung von Menschen dient. ■

In der **Literatur wird überwiegend** vertreten, dass mittelbare Täterschaft zu bejahen ist, da aufgrund des Irrtums zwischen dem Hintermann und dem Ausführenden ein Unwertgefälle bestehe und der Hintermann kraft überlegenen Wissens Tatherrschaft habe.[52] **Teilweise** wird vertreten, dass der Vordermann allein durch die Unkenntnis der qualifizierenden Umstände nicht zum Werkzeug werde. Der Hintermann könne sich insofern lediglich wegen strafbarer Teilnahme zu verantworten haben.[53]

- Der Vordermann unterliegt einem **vermeidbaren Verbotsirrtum**, der vom Hintermann veranlasst wird. 145

Beispiel Ehefrau F lebt mit ihrem Ehemann E und ihrem Geliebten G in einer durch Mystik und Irrglauben geprägten Beziehung. F und G gelingt es, den E, der Polizeibeamter ist, davon zu überzeugen, dass es einen Katzenkönig gebe und dass dieser die Welt bedrohe. Nur E könne die Welt retten, indem er ein Menschenopfer darbringe, bei welchem es sich um eine Frau handelt, die F hasst und deswegen sterben sehen möchte. E, der nunmehr davon ausgeht, er habe einen göttlichen Auftrag zu erledigen, versucht daraufhin erfolglos, die Frau zu töten. ■

In diesem sog. **Katzenkönigfall**[54] hat der **BGH** den Irrtum, die Frau töten zu dürfen, um die Welt zu retten, als vermeidbaren Verbotsirrtum bewertet. F und G, die diesen Irrtum geschickt hervorgerufen hatten, hat er wegen versuchten Mordes in mittelbarer Täterschaft gem. §§ 211, 25 Abs. 1, 2. Alt. bestraft.

Im **Schrifttum** wird überwiegend ebenfalls die **mittelbare Täterschaft des Hintermannes bejaht**, weil dieser allein den konkreten Handlungssinn übersehe und von daher wiederum kraft überlegenen Wissens die Schadensherbeiführung tatherrschaftlich veranlasse.[55]

52 Schönke/Schröder-*Cramer/Heine* § 25 Rn. 24; *Jäger* Strafrecht AT Rn. 246.
53 *Herzberg* Täterschaft und Teilnahme, 2. Aufl. 1994, S. 25 ff.
54 *BGHSt* 35, 347.
55 Schönke/Schröder-*Cramer/Heine* § 25 Rn. 22; LK-*Roxin* § 25 Rn. 97.

146 • Der unmittelbar Handelnde unterliegt einem **Irrtum über die Höhe bzw. das Ausmaß** des angerichteten Schadens.

Beispiel A fordert den B auf, das über dem Sofa des X hängende, seiner Ansicht nach scheußliche Bild, zu zerstören. Dabei erklärt er, dass das Bild bei Karstadt gekauft und völlig wertlos sei. Tatsächlich handelt es sich um einen echten Beuys.

Hier hat B sich gem. § 303 Abs. 1 strafbar gemacht, wenn er der Bitte des A nachkommt. A könnte sich erneut entweder der Anstiftung gem. § 26 oder aber der Sachbeschädigung in mittelbarer Täterschaft gem. §§ 303 Abs. 1, 25 Abs. 1, 2. Alt strafbar gemacht haben. ■

Die **Rechtsprechung** nimmt in all diesen Fällen, wie sonst auch, eine Gesamtbetrachtung vor. Neben der Tatherrschaft, die von der Literatur überwiegend bejaht wird,[56] stellt sie maßgeblich auf das Eigeninteresse sowie auf die Intensität der Einwirkung des Hintermannes und Art und Tragweite des Irrtums ab.[57] In den meisten Fällen wird anhand einer Gesamtbetrachtung die mittelbare Täterschaft bejaht.

JURIQ-Klausurtipp

Die maßgeblich zu beantwortende Frage in dieser Fallgruppe ist, ob der Irrtum, den der Hintermann erregt, der Tat das **wesentliche Gepräge** gibt. Bejaht man dies, weil z. B. der Vordermann bei voller Kenntnis des richtigen Sachverhalts die Tat so nicht ausgeführt hätte, so kann eine beachtliche Manipulation durch den Hintermann und damit Tatherrschaft angenommen werden. Wie immer kommt es in der Klausur zunächst auf das **Erkennen des Problems** und alsdann auf eine **plausible Argumentation** an. Im Ergebnis ist dann alles vertretbar.

IV. Mittelbare Täterschaft durch Unterlassen

147 Eine mittelbare Täterschaft durch Unterlassen ist **unproblematisch**, wenn sowohl der Unterlassende als auch derjenige, der ihn zu einem Unterlassen veranlasst als Garanten verpflichtet sind, den Erfolg abzuwenden.

Beispiel Arzt A erklärt zusammen mit Sohn S der gutgläubigen Krankenschwester K, dass bei X, der Mutter des S, die nicht im Sterben aber im Koma liegt, die Ernährung eingestellt werden müsse, da sie keine lebensverlängernden Maßnahmen wolle, was tatsächlich nicht stimmt. Zugleich bekräftigen sie, dass die Sterbehilfe auch in solchen Fällen in Deutschland grundsätzlich straflos sei. X verstirbt einige Tage später.[58]

Hier ist K gem. § 17 straflos, da sie nicht weiß, dass sie sich gem. §§ 212, 13 strafbar machen kann, wenn sie es unterlässt, einen Patienten medizinisch zu versorgen. Der behandelnde Arzt A und der Sohn S haben diesen Irrtum hervorgerufen, so dass ihnen das Unterlassen der K zugerechnet werden kann. Da sie ihrerseits Garanten sind, erfüllen sie darüber hinaus die Anforderungen des § 13, so dass eine Tötung durch Unterlassen in mittelbarer Täterschaft gem. §§ 212, 13, 25 Abs. 1, 2. Alt. gegeben ist. ■

---

56 *Jäger* Strafrecht AT Rn. 246.

57 *BGHSt* 35, 374; *BGH* NJW 1994, 2703.

58 Vgl. hierzu auch die etwas anders gelagerte Fallbesprechung bei *Jäger* Strafrecht AT Rn. 243.

Davon unterscheiden müssen Sie die Fälle, bei denen ein **Überwachergarant es unterlässt**, seine zu beaufsichtigende „Gefahrenquelle“ von der Begehung einer Straftat abzuhalten.

Beispiel Mutter M beobachtet ihren vierjährigen Sohn S dabei, wie er sich gerade anschickt, das Auto des Nachbarn N mit einem Schraubenzieher zu beschädigen. Da sie N nicht leiden kann, unterlässt sie es, S von diesem Vorhaben abzubringen. ■

In der **Literatur** wird überwiegend die mittelbare Täterschaft für überflüssig angesehen, da der Garant aufgrund seiner Rechtspflicht zum Handeln unmittelbarer Täter sei, wenn er die erforderliche Handlung unterlasse.[59] Der **BGH** sieht die Grundlage der Haftung darin, dass das Handeln Dritter dem Täter aufgrund seiner Tatherrschaft zugerechnet werden kann und hält eine mittelbare Täterschaft für möglich.[60]

V. Irrtümer

Zunächst gilt auch für die mittelbare Täterschaft, dass eine **Vorsatzzurechnung** nicht in Betracht kommt. In der Klausur müssen Sie also für den mittelbaren Täter feststellen, dass sich sein Vorsatz auf die Verwirklichung des objektiven Tatbestandes erstreckte. Zugleich muss er in dem Bewusstsein der Tatherrschaft (materiell objektive Theorie) gehandelt haben. **148**

Hinweis

Den **animus auctoris** haben Sie bereits im objektiven Tatbestand geprüft.

Sofern der unmittelbar Handelnde über das hinausgeht, was der Hintermann sich vorgestellt hat, sich mithin also in einem **Exzess** befindet, ist eine strafrechtliche Verantwortlichkeit des Hintermannes nicht gegeben, da sich der Vorsatz auf diese Umstände nicht bezieht.

JURIQ-Klausurtipp

Bitte beachten Sie, dass wegen der **Teilbarkeit von Täterschaft und Teilnahme** auch bei einem Exzess gleichwohl eine mittelbare Täterschaft z. B. am Grunddelikt oder an einem anderen Delikt in Betracht kommen kann. Ebenso wie bei der Mittäterschaft ist auch bei der mittelbaren Täterschaft bei jedem Delikt erneut zu prüfen, welche Verwirklichungsform vorliegt.

Beispiel A veranlasst den emotional von ihm abhängigen, geistig schwer gestörten und nicht schuldfähigen B, der C die Handtasche zu stehlen. Bei dem Diebstahl führt B einen Baseballschläger mit sich, mit welchem er auf C einschlägt, bevor er die Handtasche wegnimmt. Der Einsatz des Baseballschlägers war von A weder geplant noch vorhergesehen.

Hier ist A nur mittelbarer Täter eines Diebstahls. Der tatbestandlich durch B ebenfalls verwirklichte, schwere Raub kann ihm nach § 25 Abs. 1, 2. Alt. nicht zugerechnet werden, da es insoweit am entsprechenden Vorsatz des A fehlt.

59 Schönke/Schröder-*Cramer/Heine* § 25 Rn. 55 m. w. N.
60 *BGH* NStZ 2003, 141.

In der Klausur müssen Sie mit dem Raub beginnen. Bei der Frage nach der Zurechnung der Tathandlung stellt sich mit dem BGH dann schon das Problem, ob der Täter diese Tat mit animus auctoris begehen will. Sie sollten das unter Einbeziehung des später zu prüfenden Vorsatzes verneinen und alsdann den Diebstahl in mittelbarer Täterschaft prüfen. Wie bei der Mittäterschaft auch können objektiver und subjektiver Tatbestand nicht k i-nisch voneinander getrennt werden. Beachten Sie, dass der Aufbau der Logik und nicht die Logik dem Aufbau folgen muss! ■

Bei der mittelbaren Täterschaft können verschiedene Irrtümer klausurrelevant werden. Bei diesen Irrtümern ist zu unterscheiden, ob der **unmittelbar Handelnde** einem Irrtum unterliegt oder aber der **Hintermann** sich irrt.

1. Error in persona des Vordermannes

149 In Rechtsprechung und Literatur ist umstritten, wie sich ein **error in persona des Vordermannes** auf den Hintermann auswirkt.

Beispiel A veranlasst den geisteskranken B, C zu erstechen. Zu diesem Zweck gibt er B ein Foto von C und erklärt ihm, dass dieser gewöhnlich dienstags abends das Gasthaus „Zur Goldenen Sonne" aufsucht. B begibt sich daraufhin zu diesem Gasthaus. Als D die Tür verlässt, hält er diesen irrtümlich für C und sticht zu. ■

Beispiel Arzt A weist die Krankenschwester K an, dem einzigen in Zimmer 35 liegenden Patienten P ein Kreislaufmittel zu injizieren. In Wahrheit enthält die Spritze, die A der K übergibt, jedoch ein tödlich wirkendes Gift. Aufgrund einer Unaufmerksamkeit verwechselt K die Zimmer und verabreicht dem falschen Patienten das Gift. ■

Nach bislang **herrschender Meinung** wird der error in persona für den Hintermann als **aberratio ictus** gewertet. Es wird ausgeführt, dass es keinen Unterschied mache, ob der Täter sich eines mechanischen Werkzeuges oder eines **menschlichen Werkzeuges** bediene. Das menschliche Werkzeug sei ebenso wie die fehlgeleitete Kugel anzusehen. Dies hat zur Folge, dass im Hinblick auf das tatsächlich getroffene Objekt eine fahrlässige Täterschaft in Betracht kommt, in Tateinheit mit einer versuchten Verwirklichung in mittelbarer Täterschaft an dem nicht getroffenen Objekt.[61]

Eine **im Schrifttum vordringende Ansicht** differenziert:

Sofern der Hintermann dem Vordermann die **Individualisierung** anhand bestimmter Charakteristika **überlässt**, wird der Irrtum des Vordermannes als ein auch für den Hintermann unbeachtlicher **error in persona** angesehen. Insofern wird die Konstellation mit der Anstiftung verglichen. Handelt das Werkzeug hingegen **ohne Auswahlmöglichkeit** bei der Individualisierung, so stellt sich der Irrtum für den Hintermann als **aberratio ictus** dar, da in diesem Fall das menschliche Werkzeug tatsächlich einem mechanischem Werkzeug gleichzustellen sei.[62]

Beispiel Auf die obigen Fälle übertragen bedeutet dies, dass nach herrschender Meinung in beiden Fällen eine aberratio ictus anzunehmen ist. Nach der Gegenansicht muss entsprechend der Differenzierung bei der Krankenschwester K eine aberratio ictus für den

61 SK-*Rudolphi* § 16 Rn. 30; *Jescheck/Weigend* Strafrecht AT § 62 III 2; LK-*Roxin* § 25 Rn. 149.
62 *Wessels/Beulke* Strafrecht AT Rn. 550; Schönke/Schröder-*Cramer/Heine* § 25 Rn. 51.

Hintermann angenommen werden, da ihr genau vorgegeben wurde, welche Person zu treffen ist. Im anderen Fall liegt für den Hintermann ein unbeachtlicher error in persona vor, da der Auswahlirrtum des unmittelbar Handelnden, der das Tatobjekt individualisieren musste, auch für den Hintermann unbeachtlich ist. ■

2. Der Hintermann glaubt, er sei Anstifter während er tatsächlich mittelbarer Täter ist

Es sind Konstellationen denkbar, in denen **objektiv eine mittelbare Täterschaft** vorliegt, der Hintermann jedoch **subjektiv die Situation einer Anstiftung** annimmt. 150

Beispiel In obigem Fall weiß A nicht, dass B geisteskrank ist, als er diesen zur Tötung des C überredet.

Es liegt objektiv eine mittelbare Täterschaft vor, da B gem. § 20 schuldunfähig ist. Subjektiv glaubt A jedoch, er habe B zur Tötung des C angestiftet.

Dieser Fall des Irrtums ist unproblematisch. A ist hier wegen vollendeter Anstiftung zu bestrafen. Die vorsätzliche rechtswidrige Haupttat ist gegeben. Darüber hinaus richtete sich auch der Vorsatz des A auf eine Anstiftung. ■

Problematisch sind die Fälle, in denen der Hintermann **irrig den Tatbestandsvorsatz des unmittelbar Handelnden** annimmt, dieser jedoch tatsächlich nicht vorliegt.

Beispiel Die Jagdkumpanen A und B sitzen in der Dämmerung auf Rotwild an, als der Wilderer W durchs Gebüsch schleicht. A glaubt, auch B habe erkannt, dass es sich bei W um einen Menschen und nicht um einen Hirsch handelt. Er übergibt B das Gewehr mit der Aufforderung, zu schießen. Tatsächlich hat der kurzsichtige B aber nicht erkannt, dass es sich bei W um einen Menschen handelt und gibt in der Annahme, er erschieße einen Hirsch, einen Schuss auf W ab.

Objektiv liegt hier wiederum die Situation der mittelbaren Täterschaft vor, da bei B ein Strafbarkeitsmangel, nämlich fehlender Vorsatz, vorliegt. A hat diesen Strafbarkeitsmangel jedoch nicht erkannt. Er wollte vielmehr B zu einer vorsätzlichen rechtswidrigen Haupttat anstiften. Eine Anstiftung kommt jedoch nicht in Betracht, da es an der vorsätzlichen Haupttat fehlt. ■

Teilweise wird in der Literatur vertreten, dass trotz des Umstandes, dass eine vorsätzliche rechtswidrige Haupttat nicht vorliegt, eine Bestrafung wegen Anstiftung in Betracht komme. Die Täterschaft sei im Verhältnis zur Teilnahme eine wertungsmäßig schwerere Beteiligungsform. Sofern objektiv diese höhere Stufe vorliege, müsse, wenn subjektiv der Täter glaube, auf der niedrigen Stufe zu handeln, wenigstens quasi als Auffangstrafbarkeit, das Geschehen auf dieser niedrigeren Stufe erfasst werden können.[63]

Nach **herrschender Meinung** steht diese Auffassung im Widerspruch zum eindeutigen Wortlaut des § 26, der eine vorsätzliche rechtswidrige Haupttat voraussetzt und stellt damit eine verbotene Analogie dar. Eine Bestrafung wegen Anstiftung kommt nach dieser Auffassung demnach nicht in Betracht. Eine Bestrafung wegen mittelbarer Täterschaft kommt jedoch ebenfalls nicht in Betracht, da der Anstiftervorsatz nicht mit dem Vorsatz des mittel-

63 *Lackner/Kühl* § 25 Rn. 10; *Schöneborn* ZStW 87, 911.

baren Täters auf eine Stufe zu stellen ist. Denkbar ist einzig eine **versuchte Anstiftung**, die **gem. § 30** lediglich bei Verbrechen mit Strafe bedroht ist.

Beispiel Im obigen Fall käme also die teilweise in der Literatur vertretene Auffassung zu einer vollendeten Anstiftung zum Totschlag in Betracht, obwohl gar kein vorsätzlicher Totschlag durch B verwirklicht wurde. Nach h.M. hätte sich A wegen versuchter Anstiftung gem. § 30 Abs. 1 strafbar gemacht, die strafbar ist, da es sich bei § 212 um ein Verbrechen handelt. ■

JURIQ-Klausurtipp

In der Klausur **fangen Sie mit der mittelbaren Täterschaft an**, da diese als schwerere Begehungsform die Anstiftung verdrängt. Sie stellen dann fest, dass der Täter nach dem BGH nicht mit animus auctoris und nach der Literatur nicht mit Tatherrschaftsbewusstsein gehandelt hat. Da Sie hier den objektiven und subjektiven Tatbestand „durchmischen", können Sie, um Anmerkungen eines Korrektors zu vermeiden, die Prüfung mit „Tatbestand" übertiteln. Danach überprüfen Sie, ob eine Anstiftung in Betracht kommt. Bei dem Prüfungspunkt „vorsätzliche rechtswidrige Haupttat" stellen Sie den oben aufgezeigten Streit dar. Sofern Sie sich für die h.M. entscheiden, machen Sie danach weiter mit § 30 Abs. 1.

3. Der Hintermann glaubt, er sei mittelbarer Täter, wohingegen der Vordermann jedoch vorsätzlich und rechtswidrig handelt

151 Denkbar ist auch der umgekehrte Fall, wonach der **Hintermann ein Strafbarkeitsmanko beim Vordermann annimmt**, welches zur mittelbaren Täterschaft führen würde, tatsächlich der Vordermann jedoch vorsätzlich und jedenfalls rechtswidrig handelt, so dass objektiv die Situation der Anstiftung gegeben ist.

Beispiel In obigem Jägerfall ist die Situation nunmehr umgekehrt: A glaubt, B habe nicht erkannt, dass es sich bei dem vermeintlichen Hirsch um W handelt. Tatsächlich hat B, der inzwischen Kontaktlinsen trägt, dies jedoch sehr genau erkannt, und gibt in voller Kenntnis der Umstände den Schuss auf W ab. ■

Da der Hintermann an der vollendeten Rechtsgutsverletzung mitgewirkt hat, nimmt die **herrschende Meinung** hier eine **vollendete Anstiftung** an. Es wird davon ausgegangen, dass der Anstiftervorsatz als „Minus" im schwereren und damit vorwerfbareren Vorsatz des mittelbaren Täters enthalten sei (Ausnahme: §§ 160, 271, da dort das täterschaftliche Handeln mit geringerer Strafe bedroht ist).[64]

Teilweise wird in der Literatur eine **versuchte mittelbare Täterschaft** angenommen.[65] Es wird darauf hingewiesen, dass der Anstifter eine vorsätzliche und rechtswidrige Tat eines anderen fördern möchte, der Täter jedoch eine eigene Tat begehen möchte, so dass das argumentum a maiore ad minus nicht überzeuge. Einige Vertreter bestrafen daneben noch wegen vollendeter Anstiftung.[66]

---

64 Schönke/Schröder-*Cramer/Heine* Vor §§ 25 ff., Rn. 83; *Wessels/Beulke* Strafrecht AT Rn. 549.
65 *Maurach/Gössel/Zipf* Strafrecht AT 2 § 48 Rn. 39; SK-*Hoyer* § 25 Rn. 145.
66 LK – *Schünemann,* § 25 Rn. 146

JURIQ-Klausurtipp

Auch hier **fangen Sie mit der mittelbaren Täterschaft an**, stellen jedoch im objektiven Tatbestand fest, dass der unmittelbar Handelnde volldeliktisch handelt und der Hintermann weder im Wissen noch im Wollen überlegen ist (deswegen kein „Täter hinter dem Täter"). Danach fragen Sie, ob eine Anstiftung in Betracht kommt. Bei dem Prüfungspunkt Vorsatz stellen Sie den oben aufgezeigten Streit dar. Sofern Sie sich für die teilweise in der Literatur vertretene Auffassung entscheiden, lehnen sie § 26 ab und machen weiter mit Versuch, wobei hier nicht die Verwirklichung des Grunddelikts, sondern die mittelbare Täterschaft versucht wird. Entscheiden Sie sich für die h.M., dann prüfen Sie die Anstiftung zu Ende durch.

Beispiel Unproblemtisch ist der Fall, wenn B im vorangegangenen Beispiel zwar wiederum erkennt, dass es der Wilderer ist, nunmehr aber unerkannt geisteskrank ist und aufgrund der Stimmen, die A unwissentlich in seinem Kopf ausgelöst hat, nun zur Tat „gezwungen" wird.

Hier liegt sowohl objektiv als auch subjektiv eine mittelbare Täterschaft vor. Allerdings war der Vorsatz des Täters auf eine Überlegenheit im Wissen gerichtet, wohingegen tatsächlich eine Überlegenheit im Wollen vorliegt. Dieses Abweichen kann man aber als unwesentlich ansehen, so dass eine Bestrafung auf mittelbarer Täterschaft möglich ist. ■

VI. Versuch und Rücktritt

Auch bei der versuchten mittelbaren Täterschaft verwenden Sie das unter Rn. 6 dargestellte Aufbauschema. 152

Problematisch ist, wann bei einem Versuch in mittelbarer Täterschaft ein unmittelbares Ansetzen gem. § 22 anzunehmen ist.

Die **Einzelbetrachtung**, die das unmittelbare Ansetzen für den Hintermann bereits annahm, wenn dieser seine Einwirkungshandlung auf das Werkzeug abgeschlossen hatte, wird nur noch vereinzelt vertreten.[67]

Demgegenüber wird inzwischen, wie bei der Mittäterschaft auch, überwiegend eine **Gesamtbetrachtung** vorgenommen, wonach das Verhalten des Hintermannes und des Vordermannes zusammen eine Einheit darstellen. Demgemäß beginnt das Stadium des Versuchs

- **spätestens**, sobald der Tatmittler zur Vornahme der Tatbestandshandlung unmittelbar ansetzt,
- **frühestens**, wenn der mittelbare Täter das von ihm in Gang gesetzte Geschehen aus der Hand gegeben hat, so dass der daraus resultierende Angriff auf das Opfer nach seiner Vorstellung von der Tat ohne weitere wesentliche Zwischenschritte und längere Unterbrechungen im nachfolgenden Geschehensablauf unmittelbar in die Tatbestandsverwirklichung einmünden soll.[68]

67 *Baumann/Weber/Mitsch* Strafrecht AT § 29 Rn. 155.

68 *Wessels/Beulke* Strafrecht AT Rn. 613; *BGHSt* 30, 363; 40, 257; *Maurach/Gössel/Zipf* Strafrecht AT 2 § 48 Rn. 121.

153 Das unmittelbare Ansetzen durch aus der Hand geben des Kausalverlaufes kommt insbesondere dann in Betracht, wenn das **Opfer selbst einen notwendigen Mitwirkungsakt vornehmen muss**, um sich zu gefährden.

Hinweis

Wie bereits ausgeführt ist die **mittelbare Täterschaft in diesen Fällen überflüssig**, genauso gut kann eine unmittelbare Täterschaft gem. § 25 Abs. 1, 1. Alt. angenommen werden, indem auf die Handlung des Täters abgestellt wird und die Mitwirkungshandlung des Opfers im Obersatz außer Betracht bleibt. Gleichwohl sollten Sie beim unmittelbaren Ansetzen auf die Aspekte der mittelbaren Täterschaft zurückgreifen.

Beispiel A möchte B umbringen. Zu diesem Zweck vergiftet er den Kaffee, der sich in der Thermoskanne des B befindet. Er geht davon aus, dass B, wie immer in der Mittagspause, daraus einen Schluck Kaffee zu sich nehmen wird. ■

Auch wenn Sie eine unmittelbare Täterschaft prüfen, müssen Sie beim Versuch beachten, dass das Opfer noch eine Handlung vornehmen muss, so dass die Situation der mittelbaren Täterschaft vergleichbar ist. Auch hier nimmt die überwiegende Auffassung in der **Literatur**[69] ein unmittelbares Ansetzen nach den obigen Grundsätzen an. Der **BGH** verlangt zusätzlich, dass der Täter sich sicher sein muss, dass das Opfer in den Wirkungskreis des Tatmittels eintreten wird. Hält er dies lediglich für möglich oder gar eher unwahrscheinlich, so soll ein unmittelbares Ansetzen erst bei räumlich-zeitlicher Nähebeziehung vorliegen, also wenn das Opfer erscheint.[70]

Im Hinblick auf den **Rücktritt** ist wiederum **§ 24 Abs. 2** anzuwenden. Insoweit wird auf die Ausführungen bei der Mittäterschaft verwiesen.

Online-Wissens-Check

Wodurch unterscheidet sich der Mittäter vom Mittelbaren Täter?

Überprüfen Sie jetzt online Ihr Wissen zu den in diesem Abschnitt erarbeiteten Themen. Unter **www.juracademy.de/skripte/login** steht Ihnen ein Online-Wissens-Check speziell zu diesem Skript zur Verfügung, den Sie mit dem Zugangscode auf der letzten Seite kostenlos nutzen können.

69 *Jäger* Strafrecht AT Rn. 305.
70 *BGHSt* 43, 177.

E. Übungsfall Nr. 3

„Der redliche Juwelier" 154

Der Kleinkriminelle K macht seinem ehemaligen Zellengenossen Z den Vorschlag, Juwelier J zu überfallen und ihm den Schmuck, der sich im Geschäft befindet, zu entwenden. Er spiegelt ihm dabei vor, dass J in den Plan eingeweiht und mit allem einverstanden sei. J wolle nach der Begehung der Tat den angeblichen Raub seiner Versicherung anzeigen und diese entsprechend um die Versicherungssumme erleichtern. Um den Raub authentisch erscheinen zu lassen, erklärt K dem Z, dass er J in der Besenkammer einsperren solle. Z, selbst klaustrophobisch, hat erhebliche Zweifel ob dieses Vorgehens und möchte J lieber fesseln. K beruhigt ihn jedoch und erklärt, J müsse dort nicht lange ausharren, weil er selbst eine halbe Stunde später, als Kunde getarnt, vorbeikommen werde, um J zu befreien. J sei in dieses Vorhaben allerdings nicht eingeweiht. Er, K, werde ihn auch nicht einweihen, da er glaube, dass J in seinem Laden Kameras habe, die später bei der Polizei verwendet würden. Das Einsperren müsse von daher möglichst echt aussehen. Für das Beschaffen des Schmucks soll Z von J die Hälfte der Versicherungsprämie erhalten. Den Schmuck soll K erhalten.

Z geht am fraglichen Abend wie geplant vor. Maskiert und bewaffnet betritt er den Juwelierladen des J, sperrt ihn in der Besenkammer ein und nimmt Schmuck im Wert von ca. 100 000 € an sich. Tatsächlich war J jedoch in den Gesamtplan nicht eingeweiht. Auch wurde er nicht eine halbe Stunde später von K aus der Besenkammer befreit. Er musste dort vielmehr einen Tag verharren, bis ihn am nächsten Tag seine Angestellten fanden.

J meldet den Schaden später der Versicherung und bekommt die Versicherungsprämie in Höhe von 100 000 € ausgezahlt.

Strafbarkeit von K und Z? (eventuell erforderliche Anträge sind gestellt)

Lösung 155

A. Strafbarkeit von Z

I. Strafbarkeit gemäß §§ 249 Abs. 1, 250 Abs. 1

Z könnte sich wegen schweren Raubes gem. § 249 Abs. 1 an J strafbar gemacht haben, indem er diesen in die Besenkammer sperrte und den Schmuck in Höhe von 100 000 € entwendete.

Dann müsste Z unter Anwendung von Drohung oder Gewalt eine fremde bewegliche Sache weggenommen haben. Der Schmuck stand im Eigentum des J und stellt für Z eine fremde bewegliche Sache dar. Diese müsste er weggenommen haben. Wegnahme bedeutet den Bruch fremden und die Begründung neuen, nicht notwendig tätereigenen Gewahrsams. Spätestens als Z das Geschäft des J mit dem Schmuck verlassen hat, hat er dessen Gewahrsam gebrochen und neuen, eigenen Gewahrsam begründet. Eine Wegnahme liegt somit vor.

Das Einsperren des J in die Besenkammer stellt Gewalt im Sinne des § 249 dar, da es sich unmittelbar physisch auswirkte und den Willen des J brach.

Fraglich ist jedoch, ob die subjektiv finale Verknüpfung zwischen der Gewalt und der Wegnahme bejaht werden kann. Demnach muss der Täter die Gewalt oder Drohung einsetzen, um die Wegnahme zu ermöglichen. Hier ging Z jedoch davon aus, dass J in den Plan eingeweiht und mit der Wegnahme einverstanden sei. Tatsächlich war dies zwar nicht der Fall, so dass das Einsperren objektiv erforderlich war, um die Wegnahme zu ermöglichen. Auf die objektive Betrachtung kommt es allerdings nicht an. Ausschlaggebend ist allein die subjektive Vorstellung des Täters. Nach dieser Vorstellung war das Einsperren nicht erforderlich, es sollte lediglich dazu dienen, den Raub für die Polizei authentisch wirken zu lassen. Damit scheidet der objektive Tatbestand aus.

JURIQ-Klausurtipp

Die subjektiv finale Verknüpfung ist ein subjektives Moment. Da es jedoch objektiv die Wegnahme und das Nötigungsmittel verknüpft, wird es üblicherweise auch im objektiven Tatbestand geprüft.

II. Strafbarkeit gem. §§ 242, 244 Abs. 1 Nr. 1a

Z könnte sich wegen Diebstahls mit Waffen gem. § 242 strafbar gemacht haben, indem er den Schmuck mitnahm.

Z hat objektiv, wie bereits festgestellt, eine fremde bewegliche Sache gegen den Willen des J weggenommen. Dabei führte er auch eine Waffe gem. § 244 Abs. 1 Nr. 1a bei sich.

Allerdings wusste er nicht, dass die Wegnahme gegen den Willen des J geschah, da er davon ausging, dass J mit der Wegnahme einverstanden sei. Da er mithin irrig ein tatbestandsausschließendes Einverständnis annahm, befand er sich in einem Irrtum gem. § 16 Abs. 1, so dass der Vorsatz zu verneinen ist.

Z hat sich somit auch nicht gem. § 242 strafbar gemacht.

III. Strafbarkeit gemäß § 239 Abs. 1

Z könnte sich darüber hinaus wegen Freiheitsberaubung gem. § 239 Abs. 1 an J strafbar gemacht haben, indem er diesen für die Dauer von einem Tag in der Besenkammer einsperrte.

1. Objektiver Tatbestand

Die Tat war vollendet in dem Augenblick, in dem J in der Besenkammer eingesperrt wurde und dort länger als eine Minute verblieb („Zeitraum eines Vaterunsers"). Dies geschah auch gegen den Willen des J, so dass der objektive Tatbestand in der Variante des „Einsperrens" verwirklicht ist.

2. Subjektiver Tatbestand

Z handelte auch vorsätzlich bezüglich des Verbringens des J in die Besenkammer und Verschließens der Türe. Auch wusste er, dass das Einsperren gegen oder ohne den Willen des J erfolgen sollte. Allerdings ging er davon aus, dass dieses Einsperren nur für eine halbe Stunde und nicht für einen Tag erfolgen sollte. Dieser Irrtum ist allerdings für die Strafbarkeit irrelevant, da es für den Tatbestandsvorsatz nur darauf ankommt, dass Z den J einsperren wollte. Dieser Vorsatz lag vor.

3. Rechtswidrigkeit und Schuld

Rechtfertigungs- und Schuldausschließungsgründe liegen nicht vor.

Z hat sich damit gem. § 239 Abs. 1 strafbar gemacht.

IV. Strafbarkeit gemäß § 240

Der ebenfalls mitverwirklichte § 240 tritt in Gesetzeskonkurrenz hinter § 239 zurück.

V. Strafbarkeit gemäß §§ 263 Abs. 1, 25 Abs. 2

Z könnte sich wegen mittäterschaftlich begangenen Betruges gem. §§ 263 Abs. 1, 25 Abs. 2 gegenüber der Versicherung strafbar gemacht haben, indem er J überfiel.

Dann müsste zunächst eine Täuschung über Tatsachen vorliegen. Tatsachen sind Geschehnisse der Vergangenheit oder Gegenwart, die dem Beweis zugänglich sind. Z selbst hat nicht getäuscht. Fraglich ist, ob J getäuscht hat, als er den Schaden der Versicherung meldete und ob diese Handlung dem Z über § 25 Abs. 2 zugerechnet werden kann.

Mit der Schadenanzeige hat J nach allgemeiner Lebenserfahrung erklärt, dass er überfallen und der Versicherungsfall durch Dritte herbeigeführt worden sei. Dies ist eine Tatsache, die dem Beweis zugänglich ist. Allerdings entspricht diese Tatsache auch der Wahrheit, so dass J nicht getäuscht hat. Der objektive Tatbestand ist damit nicht verwirklicht.

VI. Strafbarkeit gemäß §§ 263 Abs. 1, 25 Abs. 2, 22, 23 Abs. 1

Z könnte sich wegen versuchten Betruges in Mittäterschaft gem. §§ 263 Abs. 1, 25 Abs. 2, 22, 23 Abs. 1 strafbar gemacht haben, indem er J überfiel und den Schmuck an sich nahm.

1. Vorprüfung

Der Betrug ist wie soeben geprüft nicht vollendet, die Strafbarkeit des Versuchs ergibt sich aus § 263 Abs. 2.

2. Tatentschluss

Der Tatentschluss des Z müsste auf die mittäterschaftliche Begehung eines Betruges gerichtet gewesen sein. Der objektive Tatbestand des Betruges setzt zunächst eine Täuschung über Tatsachen voraus, die kausal zu einem Irrtum führt, der wiederum kausal zu einer Vermögensverfügung führt, die alsdann einen Vermögensschaden auslöst.

Nach der Vorstellung des Z war J in das Gesamtgeschehen eingeweiht. Seiner Annahme zufolge bestand ein Tatplan, wonach Z den Schmuck im Einvernehmen mit J wegnehmen, mithin also den Versicherungsfall herbeiführen sollte, und J alsdann diesen vermeintlichen Versicherungsfall der Versicherung melden sollte. Von der Versicherungssumme hätte Z die Hälfte erhalten sollen.

Nach der Vorstellung des Z sollte J also gegenüber der Versicherung wahrheitswidrig behaupten, dass ohne seine Mitwirkung ein Versicherungsfall eingetreten sei. Darin hätte zunächst eine Täuschung über Tatsachen gelegen. Allerdings wäre diese Handlung von J vorgenommen worden. Z wäre mithin nur dann Mittäter eines Versicherungsbetruges, wenn diese Handlung, die Z sich vorstellte, dem Z gem. § 25 Abs. 2 als eigene Handlung zugerechnet werden könnte.

Voraussetzung dafür ist zunächst, dass Z einen Verursachungsbeitrag geleistet hätte. Nach seiner Vorstellung diente sein Handeln der authentischen Vorbereitung des Betruges. Aus diesem Grund sperrte Z den J auch in der Besenkammer ein. Ohne den Beweis eines Raubes hätte die Versicherung nicht gezahlt. Ein Verursachungsbeitrag hätte mithin vorgelegen. Fraglich ist, wie dieser Beitrag zu bewerten ist. Die Abgrenzung der Täterschaft von der Teilnahme erfolgt nach der Literatur anhand des objektiven Gewichts des Tatbeitrages und nach der Rechtsprechung anhand des Willens, mit welchem der Täter diesen Beitrag erbringt. Rechtsprechung und Literatur stellen dabei aber beide auf die Tatherrschaft ab. Nach der Literatur muss der Tatbeitrag dem Z funktionale Tatherrschaft vermittelt haben. Nach der Rechtsprechung ist die Tatherrschaft ein Indiz zur Ermittlung des Täterwillens.

Wäre die Vorstellung des Z zutreffend gewesen, so wäre das Herbeiführen des Versicherungsfalles ein wichtiger Beitrag für den später zu begehenden Versicherungsbetrug gewesen. Ohne (fingierten) Versicherungsfall kann ein Versicherungsbetrug nicht begangen werden. Außerdem wollte er den Versicherungsfall so echt wie möglich aussehen lassen, weswegen er J einsperrte. Damit sollten die Chancen auf Auszahlung erhöht werden. Darüber hinaus ging Z davon aus, dass er die Hälfte der Versicherungssumme kassieren sollte. Auch dies wäre ein Indiz dafür, dass nach Ansicht der Beteiligten sein eigener Beitrag wichtig gewesen wäre. Mit der überwiegenden Tatherrschaftslehre wäre von daher Tatherrschaft anzunehmen. Lediglich die enge Tatherrschaftslehre würde die Täterschaft verneinen, da Z zwischen Versuch und Vollendung nicht zugegen gewesen wäre. Dieser ist jedoch entgegenzuhalten, dass sie die Wichtigkeit des Beitrags unberücksichtigt lässt. Z wäre nicht Randfigur sondern ein Täter mit einem funktional wichtigen Beitrag gewesen. Auch die Rechtsprechung kommt zum selben Ergebnis, da aufgrund der Tatherrschaft sowie des gesteigerten eigenen Interesses des Z an der Tatbegehung Täterwille zu bejahen ist.

Es ist mithin festzuhalten, dass die Handlung des J dem Z zugerechnet werden müsste, wenn entsprechend dem von Z vorgestellten Tatplan verfahren worden wäre. Der Tatentschluss des Z war darüber hinaus auch auf eine Täuschung der Versicherung durch J gerichtet. Diese sollte glauben, dass tatsächlich ein Versicherungsfall vorlag. Sie sollte alsdann die Versicherungssumme auszahlen. In dem Auszahlen der Versicherungssumme hätte die vorgestellte Vermögensverfügung gelegen. Die Auszahlung selbst wäre darüber hinaus der Schaden bei der Versicherung gewesen, da sie eigentlich in diesem Fall von der Verpflichtung zur Leistung befreit gewesen wäre. Ferner bestand bei Z die erforderliche rechtwidrige Bereicherungsabsicht, so dass der Tatentschluss zu bejahen ist.

3. Unmittelbares Ansetzen

Z müsste darüber hinaus auch zur Tatbestandsverwirklichung unmittelbar angesetzt haben.

Nach einer teilweise in der Literatur vertretenen Einzellösung wird bei dem unmittelbaren Ansetzen danach gefragt, ob der jeweilige Mittäter zu seinem eigenen Tatbeitrag unmittelbar angesetzt hat. Würde man dieser Auffassung folgen, so läge ein unmittelbares Ansetzen vor, da Z seinen Tatbeitrag bereits vollständig erbracht hat. Dieser Auffassung muss jedoch entgegengehalten werden, dass sie sich in Widerspruch zu der in § 25 Abs. 2 enthalten Wertung setzt, wonach eine Zurechnung der jeweiligen Handlungen erfolgen soll, die dazu führt, dass die Tat als einheitliche Tat angesehen wird. Demnach muss aber auch das unmittelbare Ansetzen einheitlich betrachtet werden.

Nach der Gesamtlösung wird danach gefragt, ob im Rahmen des Tatplanes einer der Mittäter unmittelbar zur gesamten Tatbestandsverwirklichung ansetzt. Im Rahmen des Versicherungsbetruges liegt ein unmittelbares Ansetzen erst dann vor, wenn die Schadensmeldung abgeschickt wird. Sämtliche übrigen Handlungen stellen straflose Vorbereitungshandlungen dar. Daraus folgt, dass das eigene Handeln des Z nach dieser Auffassung noch keine strafbare Versuchshandlung darstellt. Diese Versuchshandlung liegt jedoch in der Schadensanzeige, die J abgeschickt hat. Das unmittelbare Ansetzen zum Versuch könnte mithin zu bejahen sein.

(P) **Problematisch** ist hier jedoch, dass J selbst nicht tatbestandsmäßig gehandelt hat, da die Schadensanzeige, die er abschickte, tatsächlich keine Täuschungshandlung darstellte. Ein tatsächliches unmittelbares Ansetzen eines Mittäters lag mithin nicht vor. Es lag aus Sicht des Z lediglich ein unmittelbares Ansetzen des vermeintlichen Mittäters J vor.

Der BGH hat im sog. „Münzhändler-Fall"[71] das unmittelbare Ansetzen bejaht, da er maßgeblich darauf abgestellt hat, dass nach der Vorstellung des Täters zur Tat unmittelbar angesetzt werden müsse. Die Literatur hat insofern entgegengehalten, dass das Verhalten des J kein tatbestandsmäßiges Verhalten darstelle, eine Zurechnung dieses Verhaltens nach § 25 Abs. 2 im Rahmen des unmittelbaren Ansetzens für Z mithin nicht in Betracht komme.[72]

Zwar ist der Rechtsprechung zuzustimmen, dass es bei der Ermittlung des unmittelbaren Ansetzens maßgeblich auf die Tätervorstellung ankommt. Diese Tätervorstellung ist jedoch nur insoweit relevant, als dass anhand dieser Vorstellung überprüft werden muss, ob die Handlung schon aus Sicht des Täters eine konkrete Gefährdung herbeigeführt hat und keine weiteren wesentlichen Zwischenschritte mehr erforderlich waren. Nichtsdestotrotz ist Voraussetzung bei einer mittäterschaftlichen Begehung, dass das Handeln des Mittäters ein strafbares Verhalten darstellt. Nur strafbares Verhalten kann im Rahmen einer Straftat zugerechnet werden. Nichttatbestandliches Verhalten kann jedenfalls nicht im Rahmen der Mittäterschaft zugerechnet werden. Insofern ist der Literatur beizupflichten und das unmittelbare Ansetzen zum Versicherungsbetrug zu verneinen. (Andere Ansicht selbstverständlich vertretbar.)

Eine Strafbarkeit gem. §§ 263 Abs. 1, 25 Abs. 2, 22, 23 liegt mithin nicht vor.

71 *BGHSt* 40, 299.
72 *Wessels/Beulke* Strafrecht AT Rn. 612.

VII. Strafbarkeit gemäß § 265

Z hat sich allerdings wegen Versicherungsmissbrauchs gem. § 265 strafbar gemacht, indem er den Schmuck beiseiteschaffte in der Absicht, einem Dritten, hier dem J, Leistungen aus der Versicherung zu verschaffen. Da § 265 das Vermögen der Versicherer schützt, ist ein tatsächliches oder vorgestelltes Einverständnis des Versicherungsnehmers (hier des J) irrelevant.

VIII. Strafbarkeit gemäß § 123

Z könnte sich auch wegen Hausfriedensbruchs gem. § 123 strafbar gemacht haben, indem er maskiert das Geschäft des J betrat.

1. Objektiver Tatbestand

Dann müsste er gegen oder ohne den Willen des J in dessen Geschäftsraum eingedrungen sein. Eindringen bedeutet Betreten gegen oder ohne den Willen des Hausrechtsinhabers. Da er maskiert das Geschäft betrat, war für J ersichtlich, dass er in dem Laden eine Straftat begehen wollte. Es kann mithin davon ausgegangen werden, dass J mit dem Betreten nicht einverstanden war. Ein Eindringen und damit auch der objektive Tatbestand sind mithin verwirklicht.

2. Subjektiver Tatbestand

Z müsste gewusst haben, dass er gegen oder ohne den Willen des J dessen Geschäftsraum betritt. Da Z davon ausging, J sei in alles eingeweiht, glaubte er nicht, dessen Räume gegen seinen Willen zu betreten. Vorsatz kann ihm mithin nicht unterstellt werden.

Z hat sich nicht gem. § 123 strafbar gemacht.

Ergebnis

Z hat sich wegen Freiheitsberaubung gem. § 239 in Tateinheit mit einem Versicherungsmissbrauch gem. § 265 strafbar gemacht.

B. Strafbarkeit des K

I. Strafbarkeit gemäß §§ 249 Abs. 1, 250 Abs. 2 Nr. 1a, 25 Abs. 1, 2. Alt

K könnte sich des schweren Raubes in mittelbarer Täterschaft gem. §§ 249 Abs. 1, 250 Abs. 2 Nr. 1a, 25 Abs. 1, 2. Alt. strafbar gemacht haben, indem er Z wahrheitswidrig erklärte, dass J in den Plan und damit in die Wegnahme eingeweiht sei.

1. Objektiver Tatbestand

Der Schmuck stellt auch für K eine fremde bewegliche Sache dar. Diese hat K jedoch nicht selbst weggenommen. Auch hat er gegenüber J durch das Vorhalten der Waffe und das Einsperren keine Gewalt angewendet. Die entsprechenden Handlungen wurden vielmehr von Z vorgenommen. Es könnte jedoch eine Zurechnung der Handlungen des Z erfolgen. Voraussetzung dafür ist, dass K mittelbarer Täter gem. § 25 Abs. 1, 2. Alt. ist.

Hierzu müsste K zunächst einen Verursachungsbeitrag erbracht haben. Dieser liegt in der Überredung des Z. Fraglich ist, wie dieser Beitrag zu werten ist. Die Literatur fragt wieder danach, ob der Beitrag dem Täter Tatherrschaft vermittelt, wobei Tatherrschaft bei der mittelbaren Täterschaft eine solche kraft überlegenen Wissens oder Wollens gegenüber dem unmittelbar Handelnden ist. Der BGH würde nach dem Täterwillen fragen, ermittelt diesen aber wieder anhand objektiver Kriterien, wie vor allem der Tatherrschaft.

Z hat sich zunächst nicht des Raubes schuldig gemacht, da es aufgrund des Irrtums des Z bereits an der subjektiv finalen Verknüpfung zwischen Gewaltmittel und Wegnahme fehlte. Diesen Irrtum des Z hat K hervorgerufen. K wusste, dass J nicht in den Plan eingeweiht ist, mithin auch nicht mit der Wegnahme einverstanden ist. Er wusste auch, dass Z dies glaubte, da er selbst dem Z diese Information gegeben hat. K hatte mithin gegenüber Z einen Wissensvorsprung, der ihn zum überlegenen Hintermann macht mit der Folge, dass K die Tatherrschaft hat. Diese Tatherrschaft ist ein starkes Indiz für den animus auctoris, da derjenige, der die Tat steuern möchte, die Tat auch als eigene will. Zudem erhielt K den erbeuteten Schmuck, so dass er auch ein hohes Eigeninteresse an der Tat hatte. Die Handlungen des Z sind dem K damit zuzurechnen.

Aus Sicht des K war das Einsperren auch erforderlich, um die Wegnahme zu ermöglichen, da

J ja tatsächlich nicht in den Plan eingeweiht war. Der subjektiv finale Zusammenhang liegt somit in der Person des K vor.

Hinweis

Zugerechnet werden nur die Tathandlungen. Subjektive Voraussetzungen müssen in der Person des Täters selbst vorliegen.

Der objektive Tatbestand ist damit verwirklicht.

2. Subjektiver Tatbestand

K handelte auch bezüglich der Verwirklichung des § 249 vorsätzlich, mit Tatherrschaftsbewusstsein und mit der entsprechenden, rechtswidrigen Zueignungsabsicht, da er den bisherigen Eigentümer J dauerhaft aus seiner Position verdrängen und sich selbst in dessen Position setzen wollte, ohne dass er einen fälligen und einredefreien Anspruch auf den Schmuck hatte. Der Sachverhalt macht jedoch keine Angaben darüber, ob K von der Waffe wusste, so dass man ihm insoweit keinen Vorsatz unterstellen kann.

3. Rechtswidrigkeit und Schuld

Rechtfertigungs- und Schuldausschließungsgründe sind nicht ersichtlich. K hat sich damit des Raubes in mittelbarer Täterschaft gem. §§ 249 Abs. 1, 25 Abs. 1, 2. Alt. strafbar gemacht.

II. Strafbarkeit gem. §§ 242, 25 Abs. 1 2. Alt

Die ebenfalls mitverwirklichten §§ 242, 25 Abs. 1, 2. Alt. treten in Gesetzeskonkurrenz zurück.

III. Strafbarkeit gemäß §§ 239 Abs. 1, 25 Abs. 1, 2. Alt

K könnte sich darüber hinaus wegen Freiheitsberaubung in mittelbarer Täterschaft gem. §§ 239 Abs. 1, 25 Abs. 1, 2. Alt. strafbar gemacht haben, indem er Z wahrheitswidrig erklärte, J werde nach einer halben Stunde aus der Besenkammer befreit.

1. Objektiver Tatbestand

Die Tathandlung des Einsperrens hat K selbst nicht vorgenommen. Diese wurde von Z ausgeführt. Fraglich ist, ob dem K die Handlung des Z gem. § 25 Abs. 1, zweite Alternative zugerechnet werden kann. Eine Zurechnung ist dann möglich, wenn K als mittelbarer Täter anzusehen ist. Problematisch ist vorliegend, dass Z volldeliktisch gehandelt hat, mithin also eine „rechtliche Überlegenheit" des K, die im Normalfall vorliegt, weil der unmittelbar Handelnde einen Strafbarkeitsmangel hat, nicht angenommen werden kann. K wusste jedoch im Gegensatz zu Z, dass J länger als nur eine halbe Stunde eingesperrt sein wird. Es lag mithin eine Überlegenheit im Wissen des K vor, die dazu führen könnte, K als mittelbaren Täter anzusehen.

Voraussetzung für die mittelbare Täterschaft ist jedoch nicht nur, dass der Hintermann mehr weiß als der Vordermann. Dieses überlegene Wissen muss ihm auch die Beherrschung des Geschehens vermitteln. Eine mittelbare Täterschaft in der Gestalt des „Täters hinter dem Täter" kann deswegen nur dann angenommen werden, wenn der Irrtum, dem der unmittelbar Handelnde unterliegt, der Tat ein anderes Gepräge gibt.

Vorliegend hat sich der Irrtum, dem Z unterlag, nicht auf die Strafbarkeit ausgewirkt. Auch hat Z in voller Kenntnis der Umstände gehandelt und von daher den konkreten Handlungssinn übersehen. Allerdings kann davon ausgegangen werden, dass der klaustrophobisch veranlagte Z die Tat nicht begangen hätte, wenn K ihm nicht versichert hätte, J werde in der Besenkammer nur eine halbe Stunde ausharren müssen. Damit war der Irrtum für die Tatbegehung wesentlich, so dass es angemessen erscheint, den K, der diesen Irrtum provoziert hat und damit gerade die Zweifel des Z beseitigen wollte, die Tatherrschaft kraft überlegenen Wissens zuzuerkennen (a.A. natürlich vertretbar).

Die Rechtsprechung, für die die Tatherrschaft ein wesentliches Indiz ist, würde damit ebenso wie die Literatur die mittelbare Täterschaft bejahen. Die Handlung des Z ist damit dem K zuzurechnen, der objektive Tatbestand verwirklicht.

2. Subjektiver Tatbestand

K hatte Kenntnis sämtlicher Umstände und handelte damit auch vorsätzlich.

3. Rechtswidrigkeit und Schuld

Rechtfertigungs- und Schuldausschließungsgründe sind nicht ersichtlich. K hat sich damit wegen Freiheitsberaubung in mittelbarer Täterschaft gem. §§ 239 Abs. 1, 25 Abs. 1, 2. Alt. strafbar gemacht.

IV. Strafbarkeit gemäß §§ 263 Abs. 1, 22, 23, 25 Abs. 1, 2. Alt

K hat sich nicht wegen versuchten Versicherungsbetruges in mittelbarer Täterschaft strafbar gemacht, da er von vornherein wusste, dass ein Versicherungsbetrug durch J nicht begangen werden wird, sein Tatentschluss mithin nicht auf die Begehung eines Versicherungsbetruges gerichtet war.

V. Strafbarkeit gemäß §§ 265, 25 Abs. 1, 2. Alt

K könnte sich jedoch wegen Versicherungsmissbrauchs in mittelbarer Täterschaft gem. §§ 265, 25 Abs. 1, 2. Alt. strafbar gemacht haben, indem er Z dazu aufforderte, den Schmuck wegzunehmen.

1. Objektiver Tatbestand

Der Schmuck stellte auch für K eine versicherte Sache dar. Allerdings hat er wiederum die Tathandlung nicht ausgeführt. Fraglich ist, ob das Beiseiteschaffen durch Z dem K über § 25 Abs. 1, 2. Alt. zugerechnet werden kann. Dann müsste K gegenüber dem Z nach Auffassung der Literatur die Tatherrschaft besessen haben, die nach Ansicht der Rechtsprechung ein starkes Indiz für den animus auctoris wäre. Erneut hat Z bezüglich des Versicherungsmissbrauchs volldeliktisch gehandelt. Er hat den objektiven Tatbestand erfüllt, indem der den Schmuck wegnahm und auch subjektiv diesbezüglich mit Wissen und Wollen sowie in der Absicht gehandelt, dem J die Leistungen aus der Versicherung zu verschaffen. Auch hier ging er allerdings irrig davon aus, dass J in den Plan eingeweiht gewesen sei. Das vorgestellte Einverständnis des J ist jedoch für den Versicherungsmissbrauch irrelevant. Fraglich ist mithin, ob dieser Irrtum, dem Z beim Versicherungsmissbrauch unterlag, der Tat ein anderes Gepräge gibt. Da Z davon ausging, er werde die Hälfte der Versicherungssumme erhalten, hatte er ein starkes Interesse, den Versicherungsmissbrauch zugunsten des J zu begehen. Hätte er gewusst, dass J nicht in den Plan eingeweiht ist, er also auch seinen Anteil an der Versicherungssumme nicht erhält, hätte er wahrscheinlich die Tat nicht ausgeführt. Auch hier war also der Irrtum maßgeblich für die Begehung der Tat so dass K durch Hervorrufen dieses Irrtums die Tat kraft überlegenen Wissens beherrschte (a.A. selbstverständlich wieder vertretbar). Die Handlung des Z kann dem K damit zugerechnet werden. Der objektive Tatbestand ist verwirklicht.

2. Subjektiver Tatbestand

A handelte vorsätzlich und mit Tatherrschaftsbewusstsein. Fraglich ist, ob er darüber hinaus auch in der Absicht handelte, dem J Leistungen aus der Versicherung zu verschaffen. Absicht bedeutet bei § 265 zielgerichtetes Wollen,[73] d. h. K muss es darauf angekommen sein, J die Leistungen aus der Versicherung zu verschaffen. K kam es in erster Linie darauf an, den Schmuck zu bekommen. Es kann davon ausgegangen werden, dass er zugleich damit rechnete, dass J tatsächlich versichert war und die Versicherungssumme erhalten werde. Darauf kann es ihm allerdings nicht an. Die Versicherungssumme war für ihn – im Gegensatz zu Z – völlig unerheblich. Der subjektive Tatbestand ist damit nicht verwirklicht.

K hat sich nicht gem. §§ 265, 25 Abs. 1, 2. Alt. strafbar gemacht.

VI. Strafbarkeit gemäß §§ 265, 26

K hat sich jedoch wegen Anstiftung zum Versicherungsmissbrauch strafbar gemacht, indem er Z veranlasste, den Schmuck wegzunehmen. Der Versicherungsmissbrauch ist eine vorsätzliche und rechtswidrige Haupttat, die Z begangen hat. Zu dieser hat er den Z auch angestiftet, indem er den Tatentschluss in ihm hervor-

73 *Fischer* § 265 Rn. 8.

rief. Er wusste auch, dass Z einen Versicherungsmissbrauch begehen wird und er ihn dazu anstiftete, so dass auch der subjektive Tatbestand verwirklicht ist. Darüber hinaus sind weder Rechtfertigungs- noch Schuldausschließungsgründe vorhanden.

VII. Strafbarkeit gemäß §§ 123, 25 Abs. 1, 2. Alt

Da K in Z den Irrtum hervorgerufen hat, der bei K zur Verneinung des subjektiven Tatbestandes geführt hat, hat er auch einen Hausfriedensbruch in mittelbarer Täterschaft begangen.

Ergebnis

K hat sich wegen Raubes in mittelbarer Täterschaft gem. §§ 249 Abs. 1, 25 Abs. 1, 2. Alt., sowie tateinheitlich dazu wegen Hausfriedensbruchs in mittelbarer Täterschaft gem. §§ 123, 25 Abs. 1, 2. Alt. und der Anstiftung zum Versicherungsmissbrauch gem. § 265, 26 strafbar gemacht.

F. Anstiftung und Beihilfe

I. Überblick

Im Gegensatz zur Mittäterschaft und mittelbaren Täterschaft begehen die Teilnehmer keine eigene Tat, sondern nehmen an der Tat eines anderen teil. Im Verhältnis zur Täterschaft ist die **Teilnahme subsidiär**, so dass Sie in der Klausur die Prüfung – sofern es dafür Anhaltspunkte gibt – mit den verschiedenen Möglichkeiten der täterschaftlichen Begehung beginnen sollten. Haben Sie die Täterschaft abgelehnt oder kommt sie ersichtlich nicht in Betracht, so müssen sie eine Anstiftung oder Beihilfe prüfen. **156**

Anstiftung und Beihilfe sind in den **§§ 26 und 27** geregelt. Gemäß § 26 ist **Anstifter** derjenige, der *„vorsätzlich einen anderen zu dessen vorsätzlich begangener rechtswidriger Tat bestimmt hat"*. Für den Anstifter ist dieselbe Strafe zu verhängen wie für den Haupttäter. Gemäß § 27 ist **Gehilfe** derjenige, *„wer vorsätzlich einem anderen zu dessen vorsätzlich begangener rechtswidriger Tat Hilfe geleistet hat"*. Im Gegensatz zum Anstifter ist die Strafe des Gehilfen nach § 49 Abs. 1 i.V.m. § 27 Abs. 2 zu mildern.

Der Strafgrund der Teilnahme wird nach der heute herrschenden, **akzessorietätsorientierten Verursachungstheorie** darin gesehen, dass der Teilnehmende durch eine eigene Unterstützungshandlung vorsätzlich einen **eigenen Rechtsgutsangriff** begeht, der aber in seiner Wirksamkeit von dem Vorliegen einer vorsätzlichen und rechtswidrigen Haupttat abhängig ist.[74]

JURIQ-Klausurtipp

Aus diesem Grund fangen Sie in der Klausur auch stets mit der **Strafbarkeit des Haupttäters** an, da Sie erst danach feststellen können, ob der Teilnehmer eine Unterstützungshandlung zu dieser Tat geleistet hat. Sollte ausnahmsweise nicht nach der Strafbarkeit des Haupttäters gefragt sein, müssen Sie dessen Tat im objektiven Tatbestand unter dem Prüfungspunkt „vorsätzliche rechtswidrige Haupttat" inzident prüfen.

74 *Wessels/Beulke* Strafrecht AT Rn. 552.

157 Der **Prüfungsaufbau** für Anstiftung und Beihilfe sieht dementsprechend wie folgt aus:

PRÜFUNGSSCHEMA

Anstiftung und Beihilfe

A. Strafbarkeit des Haupttäters

B. Strafbarkeit des Beteiligten als Anstifter oder Gehilfe

- **I. Tatbestand**
  - 1. Objektiver Tatbestand
    - a) Vorliegen einer vorsätzlichen und rechtswidrigen Haupttat eines anderen
    - b) Teilnehmerbeitrag, d.h. entweder
      - aa) „bestimmen" im Sinne des § 26 oder aber
        - (P) Schaffen tatanreizender Situationen Rn. 167
        - (P) Aufstiftung, Umstiftung, Abstiftung Rn. 168
      - bb) „fördern" im Sinne des § 27
        - (P) Kausalität Rn. 179
        - (P) sozial- oder berufstypische Handlungen Rn. 180
        - (P) sukzessive Beihilfe Rn. 181
  - 2. Subjektiver Tatbestand
    - a) Vorsatz in Bezug auf die Vollendung der vorsätzlichen rechtswidrigen Haupttat
      - (P) error in objecto vel persona beim Haupttäter Rn. 176
    - b) Vorsatz in Bezug auf den eigenen Teilnehmerbeitrag
- **II. Tatbestandsverschiebung gem. § 28 Abs. 2**
  - (P) §§ 211/212 Rn. 163
- **III. Rechtswidrigkeit**
- **IV. Schuld**
- **V. Strafmilderung gem. §§ 28 Abs. 1, 27 Abs. 2 Satz 2**

II. Gemeinsamkeiten von Anstiftung und Beihilfe

158 Aufgrund der ähnlichen Struktur von Anstiftung und Beihilfe sowie des gemeinsamen Strafgrundes lassen sich nachfolgende **Gemeinsamkeiten** beider Formen der Teilnahme feststellen.

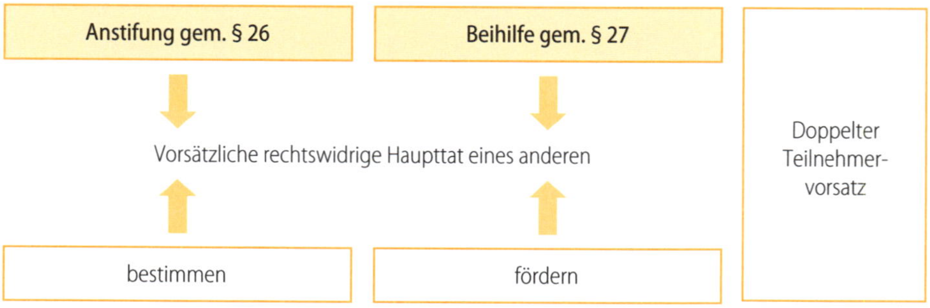

1. Akzessorietät der Teilnahme

Sowohl die Anstiftung als auch die Beihilfe sind, wie dem Gesetzeswortlaut zu entnehmen ist, von der Existenz einer vorsätzlichen und rechtswidrigen Haupttat eines anderen im Sinne des § 11 Abs. 1 Nr. 5 abhängig. Nach dieser Tat des anderen bestimmen sich der Schuldspruch und die Bemessung der Strafe. Man spricht deshalb auch von der **Akzessorietät der Teilnahme**. **159**

Eine **Teilnahme** ist mithin **nicht möglich** bei

- einer tatbestandslosen Tat eines anderen (deswegen z. B. die oben unter Rn. 130 erörterte Problematik der Abgrenzung der straflosen Teilnahme an einer Selbsttötung von der strafbaren Tötung in mittelbarer Täterschaft),
- einer unvorsätzlichen oder fahrlässigen Tat sowie
- einer gerechtfertigten Tat.

Eine **Teilnahme ist möglich**

- am **vollendeten Begehungsdelikt oder Unterlassungsdelikt,**
- am **versuchten Begehungs- oder Unterlassungsdelikt**, da auch der Versuch eine vorsätzliche (Tatentschluss) und rechtswidrige Haupttat ist,
- am **erfolgsqualifizierten Delikt,** welches gem. § 11 Abs. 2 als Vorsatzdelikt angesehen wird. Allerdings ist dann für den Teilnehmer gesondert zu prüfen, ob ihm hinsichtlich der schweren Folge wenigstens Fahrlässigkeit vorgeworfen werden kann. Dies ergibt sich aus **§ 29,** wonach jeder Beteiligte nach seiner eigenen Schuld zu bestrafen ist.

Beispiel A stiftet B an, den C zusammenzuschlagen. Zu diesem Zweck übergibt er ihm ferner einen Baseball-Schläger, den B verwenden soll. Der Schlag trifft den C am Kopf und verursacht dort eine so schwere Verletzung, dass C infolgedessen verstirbt. Weder A noch B hatten einen entsprechenden Tötungsvorsatz.

Hier hat sich B der Körperverletzung mit Todesfolge gemäß § 227 strafbar gemacht, da aufgrund der vorsätzlich begangenen Körperverletzung fahrlässig der Tod herbeigeführt wurde. A hat sich sowohl der Anstiftung als auch der Beihilfe zu dieser Körperverletzung mit Todesfolge strafbar gemacht. Im Hinblick auf die besondere Folge muss A Fahrlässigkeit vorgeworfen werden können gemäß § 18. Davon kann vorliegend ausgegangen werden, da die Beeinflussung des B sowie die Übergabe des Baseball-Schlägers sorgfaltspflichtwidrig waren und zu diesem Zeitpunkt auch objektiv vorhersehbar war, dass mittels dieses Baseball-Schlägers schwere Verletzungen herbeigeführt werden können, die den Tod verursachen. ■

JURIQ-Klausurtipp

Die **vorsätzliche Haupttat** ist § 227, da dieser gem. § 11 Abs. 2 als Vorsatztat angesehen wird. Zu dieser Tat muss der Teilnehmer angestiftet oder Hilfe geleistet haben. **Subjektiv** muss der **Vorsatz** des Anstifters oder Beihelfenden sich aber nur auf die **Verwirklichung des Grunddelikts,** also auf § 223 beziehen, nicht auf den Eintritt der Folge, da diesbezüglich ja auch der Haupttäter keinen Vorsatz haben muss. **Hinsichtlich der Folge** müssen Sie prüfen, ob gem. § 29 i. V. m. § 18 dem Teilnehmer **Fahrlässigkeit** angelastet werden kann. Der subjektive Tatbestand ist also bezüglich der Tat eines anderen zweigeteilt!

Die Haupttat braucht **nicht schuldhaft** begangen worden zu sein. Insofern gibt es Überschneidungen mit der mittelbaren Täterschaft, die wir bereits oben kennengelernt haben. Kennt der Beteiligte die fehlende Schuld des unmittelbar Handelnden und nutzt er diese zur Tatbegehung aus, so ist mittelbare Täterschaft anzunehmen, da der Täter in diesem Fall einen entsprechenden Vorsatz besitzt. Kennt der Beteiligte hingegen die fehlende Schuld des unmittelbar Handelnden nicht, kommt regelmäßig Anstiftung in Betracht. Aufgrund der Beschränkung auf eine vorsätzliche und rechtswidrige Haupttat wird von **limitierter Akzessorietät** gesprochen.

2. Akzessorietätsdurchbrechung

160 Das Prinzip, wonach die Strafbarkeit des Teilnehmers von der Strafbarkeit des Haupttäters abhängt, gilt nicht uneingeschränkt. Vielmehr kann es nach **§ 28 Abs. 2** zu einer Akzessorietätsdurchbrechung kommen.

Voraussetzung dafür ist zunächst das Vorliegen von **besonderen persönlichen Merkmalen**. Nach der Legaldefinition des § 14 Abs. 1 versteht man unter solchen Merkmalen **besondere persönliche Eigenschaften, Verhältnisse oder Umstände**. Besondere persönliche Merkmale sind z. B.

- die Mordmerkmale der 1. und 3. Gruppe gem. § 211,
- die Amtsträgereigenschaft in den §§ 331 f., 340 und 348,
- die Bandenmitgliedschaft bei § 244 Abs. 1 Nr. 2,
- das Anvertrautsein der fremden beweglichen Sache bei § 246 Abs. 2,
- die Vermögensbetreuungspflicht bei § 266,
- die Absicht, eine andere Straftat zu ermöglichen oder zu verdecken bei § 306b Abs. 2 Nr. 2.

Von wesentlicher Bedeutung ist die Frage, ob diese persönlichen Merkmale strafbegründend oder strafschärfend sind.

161 Nach **§ 28 Abs. 1** ist die Strafe für den Teilnehmer nämlich nur zu mildern, sofern bei ihm besondere persönliche Merkmale fehlen, welche die **Strafbarkeit begründen**. Es bleibt also bei der Akzessorietät der Teilnahme. Der Teilnehmer wird entsprechend der Haupttat des anderen zu einer Teilnahme an dieser Tat verurteilt. § 28 Abs. 1 ist lediglich eine **Strafzumessungsregel**.[75]

Strafbarkeitsbegründend sind Merkmale, die ein eigenständiges Delikt schaffen, so z. B. die Amtsträgereigenschaft bei den echten Amtsträgerdelikten wie den §§ 331 f. und die Vermögensbetreuungspflicht bei § 266.

Beispiel Privatmann A stiftet den Beamten B an, ihm einen falschen Erbschein zu erteilen.

Hier hat sich B der Falschbeurkundung im Amt gem. § 348 strafbar gemacht. A ist strafbar gem. §§ 348, 26 wegen Anstiftung zur Falschbeurkundung. Allerdings ist seine Strafe nach §§ 28 Abs. 1, 49 Abs. 1 zu mildern.

162 Sofern besondere persönliche Merkmale die Strafe lediglich schärfen, mildern oder ausschließen, so gilt dies nach § 28 Abs. 2 nur für den Täter oder Teilnehmer bei dem sie vorliegen. Insofern bestimmt **§ 28 Abs. 2** eine **Akzessorietätsdurchbrechung**. Diese Akzessorietätsdurchbrechung führt zu einer **Tatbestandsverschiebung**.

75 *Fischer* § 28 Rn. 7.

JURIQ-Klausurtipp

Wie Sie dem Aufbauschema entnehmen können, wird diese **Tatbestandsverschiebung** überwiegend nach dem subjektiven Tatbestand geprüft. Möglich ist auch, Sie nach der Schuld zu erörtern.

Die Folge der Tatbestandsverschiebung ist, dass der **Obersatz** in der Klausur nicht mehr zu dem Ergebnis passt. In dem Fall der Anwendbarkeit des § 28 Abs. 2 ist dies jedoch unschädlich.

Von großer Bedeutung auch in der Klausur sind die **strafschärfenden Merkmale**. Solche werden angenommen bei Merkmalen, die aus Grunddelikten Qualifikationen machen, z. B. das Anvertrautsein bei § 246 Abs. 2 oder die Bandenmitgliedschaft bei § 244 Abs. 1 Nr. 2 aber auch die Amtsträgereigenschaft bei den unechten Amtsdelikten.[76]

Beispiel Die Sekretärin S stiftet den Polizeibeamten P an, Ausländer A, der vorläufig festgenommen wurde und in der Ausnüchterungszelle liegt, zu verprügeln.

Hier hat sich P der Körperverletzung im Amt gemäß den §§ 223, 340 strafbar gemacht. Da hier die Amtsträgereigenschaft nicht strafbegründend sondern strafschärfend wirkt, kann sich S nur der Anstiftung zum Grundtatbestand, nämlich dem § 223, strafbar gemacht haben. ■

§ 28 gewinnt insbesondere Bedeutung im Rahmen der **Teilnahme an Tötungsdelikten**.

» Nutzen Sie die Gelegenheit und beschäftigen Sie sich an dieser Stelle mit den Tötungsdelikten, dargestellt im Skript Strafrecht BT I. «

Die Anwendbarkeit der jeweiligen Absätze der Vorschrift hängt davon ab, wie man das **Verhältnis von Mord und Totschlag** zueinander bestimmt. Nach Auffassung der **Rechtsprechung** ist der Mord ein eigenständiges Delikt. Daraus folgt, dass die täterbezogenen Mordmerkmale der 1. und 3. Gruppe strafbegründend sind und lediglich **§ 28 Abs. 1** anzuwenden ist, wenn beim Teilnehmer ein Mordmerkmal fehlt, welches der Haupttäter verwirklicht hat.[77] 163 (P)

Die **Literatur** sieht den Mord als Qualifikation zum Totschlag an und begreift die täterbezogenen Mordmerkmale dementsprechend als strafschärfend mit der Folge, dass **§ 28 Abs. 2** Anwendung findet.[78] Dies hat zur Folge, dass die Akzessorietät durchbrochen werden kann und zwar in beide Richtungen.

Denkbar sind in diesem Zusammenhang folgende **Konstellationen,** bei denen Rechtsprechung und Literatur zu unterschiedlichen Ergebnissen gelangen:

» Lesen Sie hierzu auch den Übungsfall Nr. 4. «

- Der **Haupttäter** verwirklicht ein **Mordmerkmal**, z. B. die Habgier, der **Teilnehmer** hat **kein eigenes** Mordmerkmal.
  Der BGH bestraft den Teilnehmer wegen Beihilfe/Anstiftung zum Mord und mildert die Strafe gem. § 28 Abs. 1.

76 *Fischer* § 28 Rn. 9.

77 *BGHSt* 1, 368; 22, 375; In einer Entscheidung aus dem Jahr 2006 (5 StR 341/05, abrufbar unter www.bundesgerichtshof.de) hat der 5. Strafsenat ausgeführt, dass er an dem bisherigen Verständnis des Mordes als eigenständigem Delikt nicht festzuhalten gedenkt. Allerdings waren diese Ausführungen nicht entscheidungserheblich. Im Jahr 2007 hat der 4. Strafsenat hingegen auf das bisherige Verständnis verwiesen, indem er darauf hinwies, dass eine Beihilfe zum Mord aus niedrigen Beweggründen auch in Betracht komme, wenn der Teilnehmer keine solchen Beweggründe habe, die Beweggründe des Haupttäters aber kenne (4 StR 425/07, abrufbar unter www.bundesgerichtshof.de) In Anbetracht der Ausführungen des 5. Senats ist aber davon auszugehen, dass sich die Rechtsprechung in naher Zukunft ändern könnte.

78 *Wessels/Hettinger* Strafrecht BT 1 Rn. 69 ff.

Die Literatur wendet § 28 Abs. 2 an und bestraft wegen Beihilfe/Anstiftung zum Totschlag.

- Der **Haupttäter** hat **kein Mordmerkmal**, der **Teilnehmer hingegen schon**, z. B. wieder die Habgier.
  Der BGH bestraft wegen Beihilfe/Anstiftung zum Totschlag. Das Vorhandensein des Mordmerkmals beim Teilnehmer bleibt außer Betracht.
  Die Literatur wendet § 28 Abs. 2 an und gelangt zu einer Strafbarkeit wegen Beihilfe/Anstiftung zum Mord, auch wenn die vorsätzliche rechtswidrige Haupttat nur ein Totschlag ist.
- Der **Haupttäter** verwirklicht ein **Mordmerkmal**, z. B. die Habgier, der **Teilnehmer** verwirklicht ebenfalls ein **Mordmerkmal, aber ein anderes** als der Haupttäter, z. B. Verdeckungsabsicht.
  Der **BGH** müsste eigentlich feststellen, dass dem Teilnehmer das Mordmerkmal des Haupttäters fehlt und bei konsequenter Anwendung des § 28 Abs. 1 eine Strafmilderung vorsehen. Da dieses Ergebnis allerdings unbefriedigend erscheint, hat der BGH die Theorie der sich **„kreuzenden Mordmerkmale"** entwickelt. Da sich die Mordmerkmale der 1. und 3. Gruppe in ihrer Vorwerfbarkeit entsprechen, kommt eine Strafmilderung nicht in Betracht.[79] Der BGH bestraft wegen Beihilfe/Anstiftung zum Habgiermord.
  Die Literatur wendet § 28 Abs. 2 zweifach an und gelangt zur Beihilfe/Anstiftung zum Verdeckungsmord.

164 Von den besonderen persönlichen Merkmalen, auch täterbezogene Merkmale genannt, sind die **tatbezogenen Merkmale** zu unterscheiden. Die tatbezogenen Merkmale sind objektive Unrechtsmerkmale, die den sachlichen Unrechtsgehalt der Tat beschreiben (Beispiel: die Mordmerkmale der 2. Gruppe wie Heimtücke bei § 211). § 28 ist in diesen Fällen nicht anwendbar.

Hinweis

Die tatbezogenen Merkmale werden dem Teilnehmer über den **Vorsatz** zugerechnet. Weiß der Teilnehmer beispielsweise, dass der Haupttäter heimtückisch die Tötung begehen wird, so richtet sich sein Vorsatz auf die Begehung eines Mordes.

3. „Doppelter" Teilnehmervorsatz

165 Der Vorsatz des Anstifters und des Gehilfen muss den gesamten objektiven Tatbestand umfassen. Bei der Teilnahme bedeutet dies, dass sich der Vorsatz zunächst auf die **Verwirklichung der Tat eines anderen** richten muss. Im Hinblick auf die Konkretisierung der Vorstellung werden dabei allerdings an den Anstiftervorsatz höhere Anforderungen gestellt als an den Gehilfen. Daneben muss der Vorsatz des Teilnehmenden auch auf den **eigenen Beitrag** gerichtet sein, dass heißt er muss wissen und wollen, dass er einen anderen zu einer vorsätzlichen rechtswidrigen Haupttat bestimmt oder einem anderen bei dessen vorsätzlicher rechtswidrigen Haupttat Hilfe leistet. Wegen des zweifachen Bezugspunktes spricht man auch von **„doppeltem Teilnehmervorsatz"**.

---

79 *BGHSt* 23, 39; 50, 1.

Nicht erforderlich ist, dass beim Teilnehmer die von der Haupttat geforderten **besonderen Absichten**, z.B. Zueignungs- oder Bereicherungsabsicht, vorliegen. Diese müssen nur beim Haupttäter, z.B. dem Dieb gem. § 242 vorliegen. Erforderlich ist lediglich, dass der **Teilnehmer weiß**, dass diese Absichten beim Haupttäter gegeben sind, da nur in diesem Fall sein Vorsatz die vorsätzliche und rechtswidrige Haupttat vollständig umfasst.[80]

III. Anstiftung

Der Anstifter muss gemäß § 26 einen anderen zu dessen vorsätzlicher und rechtswidriger 166
Haupttat „bestimmen".

1. Bestimmen

a) Begriffsbestimmung

> Unter **Bestimmen** wird allgemein das Hervorrufen des Tatentschlusses verstanden.[81] 167

Umstritten ist, wie dieses Hervorrufen des Tatentschlusses zu geschehen hat. **Einige Literaturvertreter** lassen die Verursachung des Tatentschlusses durch beliebige Mittel ausreichen. Zu diesen beliebigen Mitteln zählt u.a. das **Schaffen einer tatanreizenden Situation**, ohne dass eine Kontaktaufnahme zwischen dem Anstifter und dem Haupttäter zustande gekommen ist.[82]

Beispiel A ist seines alten Laptops überdrüssig geworden und möchte sich mit Hilfe seiner Versicherung einen neuen Computer kaufen. Aus diesem Grund stellt er sein Fahrzeug unverschlossen über Nacht am Kölner Hauptbahnhof ab in der Hoffnung, dass das Laptop gestohlen wird. Tatsächlich bemerkt der zufällig vorbeikommende Junkie J, der dringend Geld für den nächsten Schuss benötigt, das Laptop auf dem Beifahrersitz und ist hocherfreut über die unverschlossene Türe.

Hier könnte sich A durch das unverschlossene Abstellen seines Fahrzeuges wegen Anstiftung zum versuchten Diebstahl strafbar gemacht haben. Der Tatentschluss des J wurde hervorgerufen durch das Abstellen des Autos und „Präsentieren" des Laptops auf dem Beifahrersitz. Würde man mit der oben dargestellten Literatur das Schaffen einer tatanreizenden Situation ausreichen lassen, könnte eine Anstiftung bejaht werden. ■

Da der Anstifter jedoch „gleich einem Täter" bestraft wird, erachtet die **herrschende Meinung** diese weite Definition des Begriffs „Bestimmen" für unzulässig. Unter Hinweis darauf, dass das Gesetz mit der hohen Strafandrohung offensichtlich davon ausgehe, dass die Verhaltensweisen im Unrechtsgehalt eine gewisse Vergleichbarkeit aufweisen müssten, wird von dieser Meinung verlangt, dass es einer **Willensbeeinflussung im Wege des offenen geistigen Kontakts** bedürfe und das Schaffen einer zur Tat anreizenden Situation nicht ausreiche.[83] **Zum Teil wird noch weitergehend** ein Tatplan im Sinne eines **Unrechtspaktes** zwischen

80 *Wessels/Beulke* Strafrecht AT Rn. 572; LK-*Roxin* § 26 Rn. 66.
81 *Wessels/Beulke* Strafrecht AT Rn. 568.
82 *Lacker/Kühl* § 26 Rn. 2; SK-*Samson* § 26 Rn. 5.
83 *Wessels/Beulke* Strafrecht AT Rn. 568; *Jäger* Strafrecht AT Rn. 256.

dem Anstifter und dem Haupttäter verlangt.[84] Dieser Ansicht wird jedoch entgegengehalten, dass insoweit Abgrenzungsprobleme zur Mittäterschaft auftauchen können.

Beispiel Im obigen Fall würde mithin die herrschende Meinung sowie die noch weitergehende Meinung, die einen Unrechtspakt verlangt, die Anstiftung ablehnen.

Unproblematisch liegt aber ein Bestimmen bei ausdrücklichen oder konkludenten Aufforderungen, Zusagen einer Ent- oder Belohnung aber auch bei Drohungen, die noch nicht zu einer Anwendung des § 35 führen, vor. ■

Nach herrschender Auffassung ist damit auch eine **Anstiftung durch Unterlassen** nicht möglich, dass es in diesem Fall keinen „Anstoß" zur Tat gegeben hat.[85]

Hinweis

Von der Anstiftung durch Unterlassen ist die **Anstiftung zu einem Unterlassen** zu unterscheiden, die problemlos möglich ist.

b) Omnimodo facturus

168 Das Bestimmen muss **kausal** für den Tatentschluss sein. Aus diesem Grund kann ein zur Tat bereits fest Entschlossener von dem Teilnehmer nicht mehr angestiftet werden. Insoweit spricht man von einem **omnimodo facturus**. Hier kommt lediglich versuchte Anstiftung gemäß § 30 Abs. 1 in Betracht, sofern es sich um ein Verbrechen handelt oder psychische Beihilfe durch Bestärken des Tatvorsatzes. Sofern der Haupttäter lediglich tatgeneigt, aber im Übrigen noch unschlüssig ist, ist eine Anstiftung hingegen möglich.[86]

Der bereits zur Tat Entschlossene kann aber zu einer **Änderung der Tat** angestiftet werden. Hier sind folgende Fälle denkbar, deren rechtliche Handhabung teilweise umstritten ist und die Ihnen deswegen bekannt sein sollten.

aa) Umstiftung

169 Eine Umstiftung liegt vor, wenn der Tatentschlossene zur **Begehung einer anderen Tat** angestiftet wird. In diesen Fällen ist eine Anstiftung zu der anderen Tat unproblematisch, da der Täter diesbezüglich noch kein omnimodo facturus war.

Beispiel A ist entschlossen, F auf dem Nachhauseweg zu überfallen und zu vergewaltigen. B erfährt von dieser Tat und schlägt A stattdessen vor, F lieber die Handtasche in einem unbemerkten Augenblick zu entwenden, danach gemeinsam mit ihm eine Table Dance Bar aufzusuchen und sich von dem Geld einen schönen Abend zu machen.

Hier hat B den zu einer Vergewaltigung entschlossenen A zur Begehung eines Diebstahls angestiftet. Im Hinblick auf den Diebstahl lag kein omnimodo facturus vor, da A zur Begehung dieser Straftat zum Zeitpunkt der Kontaktaufnahme mit B noch nicht entschlossen war. ■

---

84 *Puppe* GA 1984, 101, 122 ff.
85 *Jäger* Strafrecht AT Rn. 256.
86 *Wessels/Beulke* Strafrecht AT Rn. 569.

bb) Aufstiftung

Eine Aufstiftung (auch Hochstiftung genannt) liegt vor, wenn der zur Begehung des Grunddelikts bereits Tatentschlossene zur **Verwirklichung einer qualifizierten Tat** veranlasst wird. 170

Beispiel A hat geplant, den B auszurauben. Zu diesem Zweck wollte er ihm damit drohen, ihn zusammenzuschlagen, sofern er ihm nicht sein Portemonnaie übergebe. C erfährt von diesem Plan und rät A, dem B nicht nur zu drohen, sondern ihm mit einem Baseball-Schläger einen Schlag zu versetzen, der zur Bewusstlosigkeit führt. Diesen Vorschlag greift A auf und begeht die Tat wie von C initiiert.

Hier war A zur Begehung eines einfachen Raubes entschlossen. Durch das Zuschlagen mit dem Baseball-Schläger hat er jedoch einen qualifizierten Raub gem. § 250 Abs. 2 Nr. 1 verwirklicht. ■

Die rechtliche Lösung dieser Fälle ist **umstritten**. Die **herrschende Meinung** bejaht hier wegen der wesentlichen Erhöhung des Unwertgehaltes eine **Anstiftung zum qualifizierten Delikt,** auch wenn der Täter bezüglich des Grunddelikts ein omnimodo facturus war. Die Qualifizierung sei eine eigenständige, im Unrecht nicht teilbare Tat.[87] Die **Gegenmeinung** geht davon aus, dass eine Anstiftung zum Grunddelikt nicht möglich sei und deswegen auch eine Anstiftung zu der darauf aufbauenden Qualifikation nicht in Betracht komme. Bestraft wird nach dieser Auffassung wegen ggf. **psychischer Beihilfe zum Grunddelikt** und, sofern das vom Anstifter veranlasste **„Mehr"** an Unrechtsverwirklichung einen **eigenständigen Tatbestand** erfüllt, wegen **Anstiftung** zu diesem Tatbestand.[88]

Beispiel Für den obigen Fall würde dies bedeuten, dass C sich nach der h.M. wegen Anstiftung zum schweren Raub gemäß den §§ 249, 250 Abs. 2 Nr. 1, 26 strafbar gemacht hat. Die Gegenansicht würde bestrafen wegen Beihilfe zum einfachen Raub gemäß den §§ 249, 27 in Tateinheit mit Anstiftung zur gefährlichen Körperverletzung gemäß den §§ 223, 224 Abs. 1 Nr. 2, 26. ■

cc) Abstiftung

Eine Abstiftung liegt vor, wenn der Tatentschlossene **zur Begehung einer weniger schweren Tat** veranlasst wird. Eine Anstiftung zum weniger schweren Delikt scheidet unstreitig in diesen Fällen aus, da das „Minus" in dem Tätervorsatz bereits vorher mitenthalten war, mithin ein omnimodo facturus vorliegt. In Betracht kommt allenfalls eine psychische Beihilfe.[89] 171

Beispiel A beabsichtigt, B auszurauben, indem er ihn mit einem Knüppel niederschlägt. C erfährt von diesem Vorhaben und rät ihm, B nur damit zu drohen, er werde ihn mit einem Knüppel niederschlagen, diesen Knüppel jedoch nicht mitzunehmen.

Hier war A zur Begehung eines schweren Raubes gemäß den §§ 249, 250 Abs. 2 Nr. 1 entschlossen. C hat insofern seinen Tatentschluss geändert und ihn zur Begehung eines einfachen Raubes veranlasst. Sofern er ihm damit die leichtere Begehungsweise noch reizvoller gemacht hat, ist eine psychische Beihilfe möglich. ■

---

87 *BGHSt* 19, 339; *Jäger* Strafrecht AT Rn. 257.
88 Schönke/Schröder-*Cramer/Heine* § 26 Rn. 8; SK-*Samson* § 26 Rn. 4.
89 *Jäger* Strafrecht AT Rn. 257.

2. Vorsatz

a) Inhalt und Umfang

172 Wie bereits dargestellt, muss sich der Vorsatz des Anstifters zum einen auf die Vollendung der vorsätzlichen rechtswidrigen Haupttat und zum anderen auf die Vornahme des eigenen Tatbeitrages richten. In der Klausur kann der **Konkretisierungsgrad** der vorgestellten Tat für den Vorsatz problematisch sein.

Da der Anstifter bei der Bestimmung eine bestimmte Tat vor Augen hat und zudem wie der Täter selbst bestraft wird, ist es grundsätzlich erforderlich, an den Vorsatz des Anstifters höhere Anforderungen als an den Vorsatz des Gehilfen zu stellen. Es reicht nicht aus, wenn der Wille des Anstifters nur darauf gerichtet ist, andere ganz allgemein und **ohne ausreichende Konkretisierung** zu strafbaren Handlungen zu veranlassen.[90]

Beispiel In der Empfehlung des A, „eine Tankstelle zu machen" kann mithin zwar das Hervorrufen des Tatentschlusses zur Begehung einer Straftat liegen. Nach Auffassung des BGH fehlt es jedoch an der hinreichend konkreten Vorstellung von der durch den Haupttäter später verübten schweren räuberischen Erpressung.[91] ■

Auf der anderen Seite braucht der Anstifter die zu begehende Tat aber auch nicht in allen Einzelheiten zu kennen. Der Anstifter muss sich aber die **Haupttat als konkret-individualisierbares Geschehen** vorstellen. Das bedeutet, dass von der Vorstellung die individualisierenden Merkmale wie z. B. das Objekt sowie die sonstigen wesentlichen Umstände der Tatausführung umfasst sein müssen.[92]

Beispiel Ehemann E äußert gegenüber seiner Geliebten G, dass sie, wenn seine Frau "nicht wäre", bei ihm einziehen könne. Daraufhin erklärt G, dass sie seiner Frau am liebsten des Hals umdrehen würde, was E dazu veranlasst „Mach es doch!" zu sagen. G ersticht nunmehr die Ehefrau.

Hier hat der BGH zunächst das Hervorrufen des Tatentschlusses und alsdann auch den Vorsatz des Täters bejaht, da die Tat im Großen und Ganzen umrissen gewesen sei. Eines alle Einzelheiten der Tatausführung festlegenden Tatplans bedürfe es nicht.[93] ■

173 Neben den objektiven Gegebenheiten der Tatbegehung muss sich der Vorsatz des Täters auch auf das Vorliegen der zum Unrechtstatbestand gehörenden, **subjektiven Tatbestandsmerkmale**, wie z. B. das Vorhandensein besonderer Absichten **beim Haupttäter** beziehen.

Beispiel Der Anstifter zu einem Betrug muss also wissen, dass der Haupttäter eine rechtswidrige Bereichungsabsicht hat. Glaubt er, der Täter habe einen fälligen und einredefreien Anspruch auf die Auszahlung des Betrages, den er sich erschwindelt, so fehlt es am erforderlichen Anstiftervorsatz. ■

174 Der Vorsatz des Anstifters muss sich darüber hinaus **auf die Vollendung der Haupttat richten**. Stellt der Anstifter sich vor, dass ein tatbestandlich vorausgesetzter Erfolg gar nicht eintreten werde, so fehlt es am erforderlichen Vorsatz. Aus diesem Umstand ergibt sich auch die

---

90 *Wessels/Beulke* Strafrecht AT Rn. 572.

91 *BGHSt* 34, 63.

92 *BGHSt* 34, 63; *Jescheck/Weigend* Strafrecht AT § 64 II 2b; *Wessels/Beulke* Strafrecht AT Rn. 572.

93 *BGH* NStZ 2000, 477.

Straflosigkeit eines Lockspitzels (agent provocateur), bei welchem es am Vollendungswillen oder wenigstens an dem Willen fehlt, es zu einer realen Werteinbuße kommen zu lassen, wie sie spätestens mit der materiellen Beendigung einer Tat eintritt.[94]

Beispiel A überredet B, den C, Besitzer einer Pizzeria, mal ordentlich aufzumischen, damit er in Zukunft wieder sein Schutzgeld ordentlich zahle. B soll das Mobiliar zertrümmern und dem C den ein oder anderen Schlag versetzen. Zum Tatzeitpunkt ist die von A informierte Polizei im Hinterzimmer und nimmt B, wie von A erwartet, vor Ausführen des ersten Schlages fest. Hier fehlte es bei A am Vollendungswillen, mit der Folge, dass eine Anstiftung nicht in Betracht kommt. ■

Beispiel Gegen X wird schon seit geraumer Zeit wegen verschiedener Einbruchsdiebstähle ermittelt. Der verdeckt ermittelnde Beamte B „beauftragt" X nunmehr, ihm aus dem Lager des L verschiedene elektronische Geräte zu beschaffen. Unmittelbar nachdem X diese Geräte in seinen Lieferwagen verbracht hat, stellt ihn die Polizei. Hier war der Vorsatz zwar auf Vollendung nicht aber auf Beendigung des Diebstahls und damit nicht auf die materielle Werteinbuße des Eigentümers gerichtet, so dass B sich nicht gem. §§ 242, 26 strafbar gemacht hat. ■

Hinweis

Problematisch ist die **Strafbarkeit des von einem Lockspitzel zur Tat Veranlassten**, insbesondere wenn es sich bei diesem Lockspitzel um einen polizeilichen agent provocateur handelt. Von der Rechtssprechung wurde eine Verwirkung des staatlichen Strafanspruchs abgelehnt. Die polizeiliche Tatprovokation kann danach im Einzelfall nur einen **Strafmilderungsgrund** darstellen, wobei es jedoch denkbar ist, dass die Strafe auf Null zu reduzieren ist, insbesondere wenn der Täter bisher strafrechtlich nicht in Erscheinung getreten ist.[95]

b) Exzess und error in objecto vel persona

Der Anstifter ist wie der Mittäter und der mittelbare Täter auch nur insoweit strafbar, als die von dem Haupttäter begangene Tat von seinem Vorsatz umfasst ist. Geht der Haupttäter über die Grenzen des vom Anstifter Vorgestellten hinaus, so liegt ein **Exzess** vor, der dazu führt, dass im Hinblick auf dieses „Mehr" der Tatverwirklichung der **Vorsatz zu verneinen** ist. **Unwesentliche Abweichungen** sind dabei bedeutungslos. Zu berücksichtigen ist, dass die Grenzen des Anstiftervorsatzes allerdings weiter zu ziehen sind als die Grenzen des Vorsatzes bei Mittäterschaft und mittelbarer Täterschaft, weil es typisch für die Anstiftung ist, dass die Einzelheiten der Tatausführung dem Haupttäter obliegen und der Anstifter darauf zumeist keinen Einfluss hat.[96] 175

Ein Exzess kann in der Klausur angenommen werden, wenn

- der Haupttäter **eine andere Tat** begeht, als jene, zu der der Anstifter bestimmten wollte,

Beispiel A stiftet B an, einen Diebstahl zu begehen. Tatsächlich schlägt B den Gewahrsamsinhaber nieder, bevor er dessen Portemonnaie entwendet. A hat sich nur der Anstiftung zu § 242, nicht jedoch der Anstiftung zu § 249 strafbar gemacht. ■

94 *BGH* GA 1975, 333; LK-*Roxin* § 26 Rn. 67; *Wessels/Beulke* Strafrecht AT Rn. 573.
95 *BGHSt* 32, 345; 45, 321; BGH StV 1995, 364.
96 *Wessels/Beulke* Strafrecht AT Rn. 575.

- der Haupttäter **eine Qualifikation** verwirklicht, die der Anstifter nicht kennt und dementsprechend auch nicht will,

Beispiel A stiftet B an, in das Bürogebäude des C einzusteigen und dessen Kunst zu entwenden. Von A nicht vorhergesehen nimmt B bei der Begehung der Tat jedoch einen Revolver mit.

Hier hatte A lediglich Vorsatz im Hinblick auf die Begehung eines Einbruchdiebstahls gem. den §§ 242, 243 Abs. 1 Nr. 1 Der von A verwirklichte Diebstahl mit Waffen gem. § 244 Abs. 1 Nr. 1a war nicht vom Vorsatz umfasst. ■

- der Haupttäter begeht die Tat bewusst **an einem anderen Rechtsgutsträger**,

Beispiel A stiftet B an, seinen Chef zu erschießen. Am fraglichen Tat tötet B allerdings die Ehefrau des Chefs, die ihn hintergangen hat. Hier hat sich A nicht der Anstiftung zum vollendeten Mord an der Ehefrau strafbar gemacht. Es liegt aber eine versuchte Anstiftung gem. § 30 Abs. 1 zum Mord an seinem Chef vor. ■

176 **Problematisch** und klausurrelevant ist die irrtümliche Objektsverwechslung des unmittelbar Handelnden, die für diesen ein unbeachtlicher **error in objecto vel persona** ist. Fraglich ist, wie sich der Irrtum auf den Anstifter auswirkt.

Beispiel Im obigen Fall tötet B nicht absichtlich die Ehefrau des Chefs, sondern versehentlich, weil er sie in der Dunkelheit für den Chef gehalten hat. ■

Im **Schrifttum** wird teilweise vertreten, dass die Objektsverwechslung des Täters eine **aberratio ictus** für den Anstifter darstelle. Dies hat zur Folge, dass der Anstifter nur wegen versuchter Anstiftung zu der geplanten Tat gem. § 30 Abs. 1 (strafbar nur bei Verbrechen) und fahrlässiger täterschaftlicher Begehung an dem tatsächlich getroffenen Objekt (sofern die Fahrlässigkeit, insbesondere die objektive Vorhersehbarkeit des Irrtums zum Zeitpunkt der Anstiftung gegeben ist) bestraft werden kann. Zur Begründung wird angeführt, dass die Abweichung als wesentlich anzusehen sei, weil der Anstifter eine konkrete Person vor Augen habe. Außerdem können nur so die Fälle gelöst werden, in denen der Haupttäter nach der irrtümlichen Verletzung seinen Irrtum erkennt und nunmehr die ursprünglich geplante Tat begeht („Blutbadargument“).[97]

Nach der **herrschenden Meinung** ist der error in objecto vel persona des unmittelbar Handelnden auch für den Anstifter ein **unbeachtlicher error in objecto vel persona**. Wesentlich sei, dass der Angestiftete die Tat aufgrund des in ihm durch den Anstifter hervorgerufenen Tatentschlusses begangen habe und dass das Fehlgehen noch innerhalb des nach allgemeiner Lebenserfahrung Vorhersehbaren liege, was insbesondere dann der Fall sei, wenn der Anstifter dem Täter die Individualisierung überlassen habe. Zudem sei die Annahme einer aberratio ictus dann unbefriedigend, wenn nicht zu einem Verbrechen, sondern lediglich zu einem Vergehen angestiftet worden sei, da in diesem Fall die versuchte Anstiftung nicht strafbar sei.[98] Dem Blutbadargument wird entgegengehalten, dass, wenn man die erste Tat, bei welcher die Verwechselung eingetreten ist, als **die** Anstiftungstat ansehe, der Vorsatz bezüglich weiterer Taten verbraucht sei.[99]

---

97 *Jäger* Strafrecht AT Rn. 262; *Otto* JuS 1982, 557; *Roxin* JZ 1991, 680.

98 *Wessels/Beulke* Strafrecht AT Rn. 579; Schönke/Schröder-*Cramer/Heine* § 26 Rn. 23; *BGHSt* 37, 214.

99 *Rengier* Strafrecht Allgemeiner Teil, 8. Kapitel, Rn. 61

IV. Beihilfe

Wegen Beihilfe wird gemäß § 27 bestraft, wer einem anderen zu dessen vorsätzlich begangener rechtswidrigen Tat vorsätzlich Hilfe geleistet hat. 177

1. Hilfeleisten

a) Begriffsbestimmung

Unter Hilfeleisten ist jeder Tatbeitrag zu verstehen, der die Haupttat entweder ermöglicht oder erleichtert oder aber die vom Täter begangene Rechtsgutsverletzung verstärkt. 178

Die Förderung der Haupttat kann durch eine **physische Beihilfe** (z.B. „Schmiere stehen", Verschaffen des Einbruchswerkzeugs) und durch eine **psychische Beihilfe** (z. B. Ratschläge) geleistet werden. Eine psychische Beihilfe liegt vor, wenn der Gehilfe den Tatentschluss des Haupttäters bestärkt. Dieses Bestärken muss allerdings dazu führen, dass der Täter dadurch nachweislich das Gefühl einer erhöhten Sicherheit hat. [100]

JURIQ-Klausurtipp

In den Fällen des **omnimodo facturus** müssen Sie stets an eine psychische Beihilfe denken.

Im Gegensatz zur Anstiftung ist eine **Kommunikation** zwischen dem Gehilfen und dem Haupttäter nicht erforderlich. Der Haupttäter muss nicht wissen, dass ihm jemand geholfen hat.

Beispiel A erfährt, dass B in das Warenlager des C einsteigen möchte. Hoch erfreut über diesen Entschluss, sorgt er am Tattag dafür, dass die Türe zum Warenlager nicht abgeschlossen ist. B hat keine Ahnung, dass A an seiner Tatbegehung beteiligt war, freut sich lediglich über die einfache Möglichkeit, in das Warenlager einzusteigen. ■

Umstritten ist, ob der Gehilfenbeitrag **ursächlich** für den Erfolg der Haupttat geworden sein muss. 179

Die **Rechtsprechung** geht davon aus, dass diese Ursächlichkeit nicht vorliegen muss. Die dem Haupttäter gewährte Unterstützung stellt auch dann eine Beihilfe dar, wenn sie im Sinne der conditio-sine-qua-non-Formel nicht kausal geworden ist. Ausreichend sei, dass der Beitrag des Gehilfen die Handlung des Täters tatsächlich gefördert habe.[101]

Nach der **herrschenden Meinung im Schrifttum** ist die Kausalität Voraussetzung für die Strafbarkeit des Gehilfen. Von einem gelungenen Rechtsgutsangriff des Gehilfen könne dann nicht gesprochen werden, wenn sich der Beitrag des Gehilfen auf die Tatbestandsverwirklichung nicht ausgewirkt habe. Allerdings wird auch von der Literatur keine Kausalität im Sinne der conditio-sine-qua-non-Formel für den Erfolg verlangt. Es soll ausreichend sein, wenn der Gehilfenbeitrag **mitwirksam** für den Erfolg wurde oder zumindest **die Chancen des Taterfolges erhöht** hat („verstärkende Kausalität"). [102]

100 *BGH* NStZ 1993, 535; *BGH* StV 1995, 364.
101 *BGH* NStZ 1985, 318.
102 LK-*Roxin* § 27 Rn. 2; Schönke/Schröder-*Cramer/Heine* § 27 Rn. 10; *Jäger* Strafrecht AT Rn. 266.

» Sie sollten sich die Mühe machen und das Urteil lesen. Sie werden sehen, dass die Unterscheide zwischen Literatur und Rechtsprechung marginal sind. «

Beispiel M ist Mitglied einer terroristischen Vereinigung, die ihrerseits wiederum zur Al Kaida gehört. Während die Mitglieder, die später die Flugzeugattentate des 11. September verüben, in den Trainingslagern der Al Kaida in Afghanistan und alsdann zur Pilotenausbildung in den USA weilen, hält M deren Infrastruktur in Deutschland aufrecht, indem er insbesondere Überweisungen tätigt, Mietverträge im Namen der Mitglieder kündigt und die Mitglieder warnt, als Familienangehörige Nachforschungen anstellen. Er erweckt so den Eindruck, als würden sich die späteren Attentäter noch in Deutschland aufhalten. Dabei weiß er, dass die anderen Mitglieder Anschläge mit Flugzeugen verüben werden, bei welchen die Flugzeuge zum Absturz gebracht werden sollen. Ihm ist nicht bekannt, dass die Flugzeuge in Gebäude gelenkt werden sollten. Am 11. September fliegen die 4 Piloten zwei Flugzeuge in das World Trade Center, ein weiteres in das Pentagon. Das vierte Flugzeug wird auf einem Feld zum Absturz gebracht.[103]Dabei werden 246 Passagiere und Besatzungsmitglieder in den Flugzeugen und über 3000 Menschen in den Gebäuden getötet.

Hier hat der BGH den M wegen Beihilfe zum Mord an den Passagieren verurteilt, die in den zum Absturz gebrachten Maschinen saßen. Die Aufrechterhaltung der Infrastruktur habe die Taten wesentlich gefördert. Er hat sich in seinem Urteil auch dezidiert mit der in der Literatur vertretenen Auffassung auseinandergesetzt und ist zu dem Ergebnis gelangt, dass auch nach dieser Auffassung eine Beihilfe zu bejahen sei, da die Beiträge des M chancenerhöhend und damit mitwirksam gewesen seien. ■

b) Beihilfe durch neutrale Handlungen

180 Umstritten und damit klausurrelevant ist die Frage, ob auch **sozial- oder berufstypische Handlungen** eine Beihilfe darstellen können.

Beispiel Busfahrer B fährt den Hütchenspieler H jeden morgen zum Bahnhof, wo H, was B weiß, arglose Touristen im ihr Geld bringt, indem er eine Kugel unter einem von drei Hütchen versteckt, diese Hütchen dann in rascher Geschwindigkeit hin und her schiebt. Die Touristen, so auch der T, setzen ihr Geld auf das Hütchen, unter welchem sie die Kugel vermuten. Allerdings hat B, bevor er das Hütchen anhebt die Kugel bereits in seiner Hand versteckt, so das T 10 € verliert.[104]

H hat sich wegen Betruges gem. § 263 gegenüber T strafbar gemacht. Fraglich ist, ob sich B, der von den Tricks des H weiß, sich wegen Beihilfe zum Betrug strafbar gemacht hat, indem er H zum Bahnhof fuhr. ■

Nach einer in der **Literatur** vertretenen Auffassung sollen sozial adäquate Verhaltensweisen generell ausscheiden,[105] eine andere will solche als strafbar ansehen, die sich außerhalb des erlaubten Risikos befinden,[106] wobei nicht klar definiert ist, wann das der Fall ist, was damit auch die Schwäche dieses Ansatzes ist. Die **Rechtsprechung und Teile der Literatur** lösen das Problem im subjektiven Bereich, indem sie eine Beihilfe bejahen, wenn der Teilnehmer sicher wisse (dolus directus 2. Grades), dass der Haupttäter eine Straftat begehe und dass er mit seiner Handlung diese Tat fördere.[107] In der **Literatur** wird zudem einschränkend verlangt,

103 *BGH*, Entscheidung vom 16.11.2006, 3 StR 139/06, abrufbar unter www.bundesgerichtshof.de.
104 Hütchenspieler-Fall bei *Jäger* Strafrecht AT Rn. 270.
105 *Wessels/Beulke* Strafrecht AT Rn. 582a.
106 *Joecks* § 27 Rn. 15 ff.
107 *BGH* NStZ 2000, 34; einschränkend *Krey* Strafrecht AT 2, 3. Aufl. 2008, Rn. 300 ff., wonach auch dolus eventualis ausreichen soll.

dass ein „deliktischer Sinnbezug" vorliegen muss, an dem es fehlt, wenn der Beitrag für sich gesehen sinnvoll ist.[108]

Beispiel Nach der Rechtsprechung käme mithin eine Beihilfe in Betracht, da B weiß, dass H einen Betrug begehen wird. Dies hätte allerdings zur Folge, dass B die Personenbeförderung einstellen müsste, um sich nicht strafbar zu machen. Der einschränkenden Auffassung würde der deliktische Sinnbezug fehlen, da der Transport zunächst auch der Personenbeförderung diente und damit für sich gesehen sinnvoll war. Nach einer anderen Literaturauffassung wäre das Verhalten generell straflos. ■

c) Sukzessive Beihilfe

Umstritten ist schließlich, ob eine **sukzessive Beihilfe**, also ein Hinzutreten des Gehilfen in dem Stadium zwischen Vollendung und Beendigung einer Tat, strafbar ist. 181

Bei diesem Streit müssen Sie § 257 kennen, um die **Abgrenzungsprobleme** zu verstehen. Nach § 257 macht sich ein Täter strafbar, wenn er einem anderen Hilfe leistet in der Absicht, ihm die Vorteile der Tat zu sichern. Da § 257 nach überwiegender Auffassung schon ab Vollendung der Vortat möglich ist, stellt sich die Frage, ob ein später Hinzukommender sich wegen Beihilfe oder wegen Begünstigung strafbar gemacht hat. Beides ist nicht möglich, da nach § 257 nicht bestraft werden kann, wer wegen Beteiligung an der Vortat strafbar ist.

Beispiel Nachdem A in das Warenlager des C eingestiegen ist und mehrere Computer aus diesem Warenlager herausgeholt hat, stellt er fest, dass sein Wagen nicht anspringt. Er ruft daher seinen Bruder B an und bittet ihn, unter Schilderung des Sachverhalts, ihn mit den Computern abzuholen. B erhält dafür 500 €.

Fraglich ist, ob B sich hier der sukzessiven Beihilfe zum vollendeten Diebstahl strafbar gemacht hat oder ob eine Strafbarkeit wegen Begünstigung gem. § 257 vorliegt. ■

Teilweise wird in der Literatur der sukzessiven Beihilfe unter Berufung auf § 257 Abs. 3 generell der Vorrang eingeräumt, so dass eine Begünstigung erst nach der Beendigung in Betracht kommen kann.[109] Andere **Literaturvertreter** verneinen ebenso wie bei der sukzessiven Mittäterschaft die Möglichkeit einer sukzessiven Beihilfe, da für die Strafbarkeit auch des Haupttäters ausschließlich die Vollendung wesentlich sei, so dass auch der vom Teilnehmer geleistete Beitrag **kausal für die Vollendung** des Deliktes sein muss. Darüber hinaus ergebe sich aus der Möglichkeit der sukzessiven Beihilfe eine nicht mehr trennbare Überschneidung mit der Begünstigung gem. § 257.[110] Demgegenüber geht die **Rechtsprechung** sowie ein **Teil des Schrifttums** davon aus, dass die sukzessive Beihilfe möglich ist, sofern die Hilfe die Haupttat noch gefördert hat.[111] Die **Abgrenzung** zu der Begünstigung wird **nach der inneren Willensrichtung** des Teilnehmers vorgenommen: wolle er die Tat beenden helfen, liegt Beihilfe vor, wolle er die Vorteile der Tat sichern, soll Begünstigung vorliegen. Die Schwäche dieser Auffassung besteht darin, dass die innere Willensrichtung nur schwer feststellbar sein dürfte.

» Auch bei der Mittäterschaft gibt es unterschiedliche Ansichten, ob diese nach Vollendung noch möglich ist. Sollten Ihnen diese nicht mehr oder noch nicht bekannt sein, können Sie die Gelegenheit nutzen, und dieses Thema lernen. «

108 *Jäger* Strafrecht AT Rn. 271; *Roxin* Strafrecht AT II, 2003, § 26 Rn. 22.
109 Schönke/Schröder-*Stree* § 257 Rn. 8.
110 LK-*Roxin* § 27 Rn. 22; LK-*Ruß* § 257 Rn. 5.
111 *BGHSt* 19, 323; *Wessels/Beulke* Strafrecht AT Rn. 583.

2. Vorsatz

182 Der Vorsatz des Gehilfen muss, wie oben dargestellt, wiederum die vorsätzliche rechtswidrige Haupttat umfassen. Darüber hinaus muss er sich auf die eigene Unterstützungshandlung beziehen. Im Unterschied zur Anstiftung genügt es jedoch, dass der Gehilfe den **wesentlichen Unrechtsgehalt der Haupttat** erfasst.[112] Verwirklicht der Haupttäter jedoch mehr, als der Gehilfe sich vorgestellt hat, liegt auch hier wiederum ein **Exzess** vor, mit der Folge, dass dieses „mehr" dem Gehilfen nicht zugerechnet wird.

Beispiel In der obigen Entscheidung zum „11. September" (Rn. 179) hat der BGH den Vorsatz dem M hinsichtlich der Tötung der 246 Passagiere in den abgestürzten Flugzeugen bejaht. Er hat ausgeführt, dass M zwar die Tat in den Einzelheiten nicht gekannt habe, mithin auch nicht gewusst habe, wie viel Passagiere getötet werden würden, dass er aber gewusst habe, dass Flugzeuge zum Absturz gebracht werden sollten. Damit habe er gewusst, dass die darin sitzenden Passagiere zu Tode kommen könnten. Hinsichtlich der Tötung der über 3000 Menschen in den Gebäuden hat er hingegen den Vorsatz verneint, da M nicht nachgewiesen werden konnte, dass er auch gewusst habe, dass die Flugzeuge in Gebäude gelenkt werden sollten.[113] ■

V. Kumulierte Beteiligungshandlungen

183 Denkbar ist, dass mehrere aufeinander aufbauende Teilnahmehandlungen verschiedener Personen vorliegen. In diesen Fällen spricht man von einer sog. Kettenteilnahme. Folgende Fälle können Ihnen in der Klausur begegnen:

- Eine **Anstiftung zur Anstiftung** liegt vor, wenn der Teilnehmer versucht einen anderen zu bestimmen, seinerseits einen Dritten zur Begehung einer Straftat anzustiften. Die Kette der Anstifter kann zwei oder mehr Glieder zählen. Der Vorsatz muss sich nicht auf die Anzahl konkretisieren, auch ist es nicht erforderlich, dass das erste Glied in der Kette den Haupttäter kennt[114] In diesem Fall ist der Teilnehmer als Anstifter zur Haupttat zu bestrafen.
- Der Fall der **Beihilfe zur Beihilfe** stellt eine Beihilfe zur Haupttat dar, wobei zu berücksichtigen ist, dass dem Gehilfen nicht eine doppelte Strafmilderung nach § 27 Abs. 2 Satz 2 zu Gute kommt.[115]
- Treffen **verschiedene Teilnahmeformen** aufeinander, so richtet sich die Bestrafung des jeweiligen Teilnehmers nach dem schwächsten Glied in der Kette. Wer einen anderen zur Beihilfe anstiftet, ist lediglich Gehilfe der Haupttat. Gleiches gilt, wenn der Teilnehmer einem Anstifter Hilfe leistet.[116]

VI. Versuchte Teilnahme

184 Voraussetzung für die Strafbarkeit von Anstiftung und Beihilfe ist, dass die Haupttat vollendet oder zumindest versucht wurde. Im letzteren Fall liegt eine **strafbare Anstiftung oder Beihilfe zur versuchten Tat** vor.

---

112 *Wessels/Beulke* Strafrecht AT Rn. 548; *BGHSt* 42, 135.
113 *BGH* Entscheidung vom 16.11.2006, 3 StR 139/06, abrufbar unter www.bundesgerichtshof.de.
114 *BGHSt* 6, 359.
115 Schönke/Schröder-*Cramer/Heine* § 27 Rn. 18.
116 SK-*Samson* § 26 Rn. 66; LK-*Roxin* § 27 Rn. 61.

Davon unterscheiden müssen Sie die **versuchte Teilnahme**. Von einer versuchten Teilnahme wird gesprochen, wenn die **Teilnahmehandlung**, sei es Anstiftung oder Beihilfe, **nicht bis zum Versuch wirksam** wurde, weil

- bei der Anstiftung der Teilnehmer irrig einen **omnimodo facturus** zur Tatbegehung bestimmen wollte, oder
- die **Haupttat noch nicht einmal versucht** wurde.

Die versuchte Anstiftung ist strafbar, die **versucht Beihilfe** hingegen **straflos**.

1. Versuchte Anstiftung gem. § 30 Abs. 1

Die versuchte Anstiftung ist in **§ 30 Abs. 1** geregelt. Sie ist nur dann strafbar, wenn sie zu 185 einem **Verbrechen** erfolgt. **Strafgrund** der versuchten Anstiftung gem. § 30 Abs. 1 ist die Gefährlichkeit für das Rechtsgut, die von einer solchen Anstiftung ausgeht. **Voraussetzung** für die versuchte Anstiftung ist, dass sich der Vorsatz des Anstifters auf das Hervorrufen des Tatentschlusses beim Haupttäter sowie die Ausführung und Vollendung der geplanten Haupttat richtet und dass er dementsprechend zur Tat ansetzt.[117] § 30 Abs. 1 erfasst sowohl die versuchte Anstiftung als auch die versuchte „Kettenanstiftung".

Der Aufbau des § 30 Abs. 1 sieht wie folgt aus:

Die versuchte Anstiftung

PRÜFUNGSSCHEMA

I. Vorprüfung
1. keine Vollendungshaftung
2. Strafbarkeit nur bei Verbrechen

II. Tatentschluss
1. bezüglich der vorsätzlichen und rechtswidrigen Haupttat eines anderen
2. bezüglich des Bestimmens

III. unmittelbares Ansetzen zur eigenen Anstiftungshandlung

IV. Rechtswidrigkeit

V. Schuld

VI. Rücktritt gem. § 31 Abs. 1 Nr. 1 oder Abs. 2

Hinsichtlich des Verbrechenscharakters der Tat ist nicht die wirkliche Sachlage von Bedeutung, 186 sondern die Vorstellung des Anstifters.[118] Sofern der Anstifter davon ausgeht, dass der Haupttäter ein Verbrechen begehen werde, liegt eine versuchte Anstiftung vor. Für die versuchte Anstiftung gelten also die **allgemeinen Regeln des Versuchs**. Beim **Tatentschluss** ist ausschließlich auf die **subjektive Vorstellung des Täters** und nicht auf die tatsächlichen objektiven Gegebenheiten abzustellen. Danach muss gefragt werden, ob der Täter entsprechend diesen Vorstellungen zu seiner Tat, **nämlich der Anstiftung, unmittelbar angesetzt hat**.

---

117 *OLG Hamm* JR 1992, 521.
118 *BGHSt* 4, 254; 8, 294.

Beispiel A hat ein vitales Interesse an der Tötung der B, da er in den Genuss der Lebensversicherung kommen möchte. Zu diesem Zweck nimmt er mit C Kontakt auf und stellt ihm in Aussicht, dass er 10 000 € erhalten werde, wenn er B töten werde. Dass C bereits zur Tötung der B entschlossen ist, weiß A nicht. C nimmt hoch erfreut die 10 000 € an und tötet alsdann B.

Hier kann eine vollendete Anstiftung nicht angenommen werden, da B ein omnimodo facturus war, der nicht angestiftet werden konnte. In Betracht kommt jedoch versuchte Anstiftung, die gem. § 30 Abs. 1 auch strafbar ist, da es sich bei der Tötung gem. § 212 um ein Verbrechen handelt. Der Tatentschluss das A war darauf gerichtet, dass C einen Mord aus Habgier an B begehen wird. Des Weiteren wollte A den C durch die Zahlung des Geldes dazu bestimmen. Der Tatentschluss umfasste damit den objektiven Tatbestand der Anstiftung. Entsprechend diesem Tatentschluss hat A auch zu seiner eigenen Handlung, dem Bestimmen, unmittelbar angesetzt, da er bereits mit C gesprochen, damit also seine Handlung schon vorgenommen hat. Da auch Rechtswidrigkeit und Schuld verwirklicht sind, hat A sich wegen versuchter Anstiftung strafbar gemacht. ■

Der **Rücktritt** von der versuchten Anstiftung bestimmt sich **ausschließlich nach § 31 Abs. 1 Nr. 1 oder Abs. 2**. Dessen Voraussetzungen dürften Ihnen aber von § 24 bekannt vorkommen, so dass auf die dortigen Ausführungen Bezug genommen wird.

2. § 30 Abs. 2

187 Nach § 30 Abs. 2 wird die **konspirative Willensbildung** im Hinblick auf die Begehung eines Verbrechens bestraft. Danach ist strafbar,

- wer sich bereit erklärt, ein Verbrechen zu begehen oder zu ihm anzustiften (§ 30 Abs. 2, 1. Fall),
- wer das Erbieten eines anderen annimmt, ein Verbrechen zu begehen oder zu ihm anzustiften (§ 30 Abs. 2, 2. Fall) oder
- wer sich mit einem anderen verabredet, ein Verbrechen zu begehen oder zu ihm anzustiften (§ 30 Abs. 2, 3. Fall).

Den wichtigsten Fall des § 30 Abs. 2 stellt die **Verbrechensverabredung** dar. Sie ist **als Vorstufe der Mittäterschaft** anzusehen und setzt eine Willensübereinstimmung von mindestens 2 Personen voraus, welche die geplante Tat entweder mittäterschaftlich begehen wollen oder aber mittäterschaftlich einen anderen zu dessen Ausführung anstiften wollen.[119] Der **Rücktritt** der versuchten Teilnahme regelt sich nach § 31 Abs. 1 Nr. 2 und 3 und Abs. 2.

Soweit das geplante Verbrechen später ausgeführt wird bzw. in das Stadium des Versuchs gelangt, ist **§ 30 subsidiär.** Zu beachten ist allerdings, dass gegenüber Strafvorschriften, die das geplante Verbrechen nicht betreffen, § 30 nicht zurücktritt.

Beispiel A und B verabreden, abends in das Juweliergeschäft des J einzusteigen und den Schmuck mitzunehmen. Sie planen, den J zu töten, falls dieser wider Erwarten noch anwesend sein sollte. Tatsächlich kann die Tat jedoch ohne das Töten des J erfolgen, weil dieser das Geschäft bereits verlassen hat.

119 *Wessels/Beulke* Strafrecht AT Rn. 564.

Hier liegt ein mittäterschaftlich begangener Diebstahl in einem besonders schweren Fall vor. Darüber hinaus ist eine Verabredung zum Raub und zum Mord gem. §§ 249, 211, 30 Abs. 2 gegeben. ■

Für den Aufbau ergibt sich Folgendes: 188

PRÜFUNGSSCHEMA

Strafbarkeit gem. § 30 Abs. 2

I. Objektiver Tatbestand

1. Endgültig und konkret geplantes Verbrechen
2. Vorbereitungshandlung gem. § 30 Abs. 2

II. Subjektiver Tatbestand

Vorsatz im Bezug auf das geplante Verbrechen sowie die Vornahme der eigenen Vorbereitungshandlung.

III. Rechtswidrigkeit

IV. Schuld

V. Rücktritt gem. § 31 Abs. 1 Nr. 2/3 oder Abs. 2

Online-Wissens-Check

Wann kommt es bei der Teilnahme zu einer Tatbestandsverschiebung?

Überprüfen Sie jetzt online Ihr Wissen zu den in diesem Abschnitt erarbeiteten Themen. Unter **www.juracademy.de/skripte/login** steht Ihnen ein Online-Wissens-Check speziell zu diesem Skript zur Verfügung, den Sie mit dem Zugangscode auf der letzten Seite kostenlos nutzen können.

G. Übungsfall Nr. 4

189 **„Wer zuviel wagt, der nichts gewinnt"**

A hat das erste Mal in seinem Leben gepokert und dabei seinen gesamten Einsatz verloren. Um in der finalen Runde dabei sein zu können, unterschreibt er W einen Schuldschein über 10 000 € – und verliert erneut.

W ist beim Eintreiben des Geldes wenig geduldig und – wie A von andern gehört hat – auch wenig zimperlich. A hat eine Woche Zeit, W das Geld zurückzuzahlen, leider aber keine 10 000 € auf dem Konto. Da kommt es gelegen, dass ein etwas zwielichtiger Kunde (K) vor drei Tagen in seinem Büdchen damit geprahlt hat, er habe vor kurzem ein wertvolles Bild geerbt, welches mindestens „20 Riesen" wert sei. A ist nunmehr fest entschlossen, in die Büroräume des K, wo er das Bild vermutet, einzusteigen, das Bild mitzunehmen und aus dem Veräußerungserlös W zu bezahlen. Wie immer bespricht er sich vorher mit seiner Ehefrau B, die ihm jedoch rät, bei K zu Hause einzusteigen, da sie meint, dass K ein so wertvolles Bild niemals im Büro habe. Da A immer tut, was B sagt, steigt er in der nächsten Nacht durch ein offenes Kellerfenster bei K zu Hause ein und nimmt das dort tatsächlich vorgefundene Bild an sich. Beim Verkauf an den Hehler H stellt sich allerdings heraus, dass das Bild eine Fälschung und gerade mal 500 € wert ist.

Voller Verzweifelung beschließt der mit der Situation völlig überforderte und panische A nunmehr, W, der sich unter Androhung schlimmster Qualen für den übernächsten Tag angekündigt hat, töten zu lassen. Er nimmt Kontakt zu V auf, dem Bruder des W, von dem er weiß, dass er sich im ständigen „Straßenkampf" mit W befindet und für Geld bereit ist, selbst seine Großmutter zu verkaufen, und heuert ihn an, den W noch in derselben Nacht umzubringen. Als Entlohnung will er ihm sein Büdchen übereignen. Bezüglich der Tatausführung ist A alles egal, das soll V selbst entscheiden. V begibt sich nunmehr nachts zur Stammdisko des W und legt sich hinter seinem Auto auf die Lauer. Er will W unerkannt erschießen, wenn dieser die Disko verlässt. Als gegen 2.00 Uhr morgens S die Disko verlässt, hält V diesen aufgrund der schlechten Beleuchtung und seiner eigenen Übermüdung irrtümlich für W, gibt einen tödlichen Schuss ab und flieht. A verkauft am nächsten Tag, nachdem er von der Panne erfahren hat, sein Büdchen an K und flieht mit dem Erlös und B in die Dominikanische Republik.

Strafbarkeit von A, V und B? (eventuell erforderliche Anträge sind gestellt)

190 **Lösung**

Erster Handlungsabschnitt: Die Mitnahme und der Verkauf des Bildes

A. Strafbarkeit von A

I. Strafbarkeit gemäß §§ 242, 244 Abs. 1 Nr. 3

A könnte sich wegen Wohnungseinbruchsdiebstahls gem. §§ 242, 244 Abs. 1 Nr. 3 strafbar gemacht haben, indem er das Bild mitnahm.

Hinweis

§ 244 Abs. 1 Nr. 3 ist eine Qualifikation zu § 242 und kann somit sowohl separat als auch zusammen mit § 242 geprüft werden. Da es vorliegend bei der Prüfung keine Schwierigkeiten gibt, empfiehlt sich eine gemeinsame Prüfung beider Vorschriften.

1. Objektiver Tatbestand

Zunächst müsste A eine fremde bewegliche Sache weggenommen haben. Das Bild stand im Eigentum des K und war damit eine für A fremde und auch bewegliche Sache.

Eine Wegnahme des Tatobjekts liegt vor, wenn der Täter den Gewahrsam des bisherigen Gewahrsamsinhabers gegen oder ohne dessen Willen bricht und neuen, nicht notwendigerweise eigenen, Gewahrsam begründet. Unter Gewahrsam ist dabei ein tatsächliches Sachherrschaftsverhältnis zu verstehen, welches nach der Verkehrsaufassung bestimmt wird.

Das Bild befand sich in der Wohnung des K und stand damit in dessen Gewahrsam. Spätestens in dem Zeitpunkt, zu welchem A mit dem Bild die Wohnung verlassen hat, hat er den Gewahrsam gegen den Willen des K gebrochen und eigenen Gewahrsam begründet. Eine Wegnahme liegt somit vor. Der objektive Tatbestand des § 242 ist damit verwirklicht.

Des Weiteren müsste A gem. § 244 Abs. 1 Nr. 3 zur Ausführung der Tat in eine Wohnung, eingebrochen, eingestiegen oder mit einem falschen Schlüssel hineingelangt sein. Zur Ausführung des Diebstahls hat sich A zunächst in die Wohnung des K begeben, da das Bild sich dort befand. Als Tathandlung kommt ein Einsteigen in Betracht. Ein solches liegt vor, wenn der Täter durch eine nicht zum ordnungsgemäßen Betreten gedachte Öffnung in das Tatobjekt hinein gelangt. Hier ist A durch ein offenes Kellerfenster in die Wohnung gelangt. Ein Kellerfenster dient nicht dem Betreten einer Wohnung, so dass ein Einsteigen vorliegt. Auch der objektive Tatbestand des § 244 Abs. 1 Nr. 3 ist verwirklicht.

2. Subjektiver Tatbestand

A handelte vorsätzlich. Darüber hinaus müsste er auch mit Zueignungsabsicht gehandelt haben. Die Zueignungsabsicht setzt sich aus dem Enteignungsvorsatz (dolus eventualis reicht aus) und der Aneignungsabsicht (dolus directus 1. Grades erforderlich) zusammen. A wollte K dauerhaft aus der Eigentümerposition verdrängen. Des Weiteren kam es ihm darauf an, über das Bild wie ein Eigentümer zu verfügen, da er es verkaufen und den Erlös dem W geben wollte. Die Zueignungsabsicht ist damit gegeben. Da A auch keinen fälligen und einredefreien Anspruch auf die Sache hatte, war die erstrebte Zueignung auch rechtswidrig, was A bewusst war.

3. Rechtswidrigkeit und Schuld

Rechtfertigungs- und Schuldausschließungsgründe sind nicht ersichtlich. A hat sich damit wegen Wohnungseinbruchsdiebstahls strafbar gemacht.

II. Strafbarkeit gemäß § 123

A hat sich darüber hinaus gem. § 123 wegen Hausfriedensbruchs strafbar gemacht. Die Vorschrift tritt allerdings in Gesetzeskonkurrenz hinter §§ 242, 244 Abs. 1 Nr. 3 zurück.

III. Strafbarkeit gemäß § 246 Abs. 1

A könnte sich darüber hinaus wegen Unterschlagung gem. § 246 Abs. 1 strafbar gemacht haben, indem er das Bild an H verkaufte.

Das Bild ist eine fremde bewegliche Sache. Fraglich ist jedoch, ob A sich diese zugeeignet hat. Nach der engen Manifestationstheorie liegt eine Zueignung vor, wenn der Täter ein Verhalten zeigt, welches einen objektiven Beobachter zu dem Schluss gelangen lassen kann, dass der Täter den bisherigen Eigentümer verdrängen und sich selbst in die Position des Eigentümers setzen möchte. Das Verkaufen könnte ein solches Verhalten sein. Problematisch ist allerdings, dass sich A schon durch die Wegnahme in die Position des Eigentümers gesetzt hat. Nach Auffassung der Rechtsprechung[120] setzt Zueignung die erstmalige Herstellung einer eigentümerähnlichen Position voraus, so dass in den, dem Diebstahl nachfolgenden Verwertungsakten schon tatbestandlich keine Unterschlagung liegt. Danach wäre die Zueignung zu verneinen. Nach der in der Literatur vertretenen Konkurrenzlösung ist eine Zueignung möglich, tritt aber auf Konkurrenzebene hinter dem Diebstahl als mitbestrafte Nachtat zurück.[121] Die Auffassung der Literatur führt aber zu einer bedenklichen Ausweitung der Verjährung, da jeder neue Gebrauch der Sache immer wieder eine Unterschlagung

---

120 *BGHSt* 14, 38.

121 *Joecks* § 246 Rn. 30.

darstellt. Sie muss aufgrund dessen abgelehnt werden. Mit der Rechtsprechung ist von daher vorliegend die Zueignung zu verneinen.

A hat sich nicht gem. § 246 Abs. 1 strafbar gemacht.

IV. Strafbarkeit gemäß § 263 Abs. 1

Eine Strafbarkeit gem. § 263 durch den Verkauf scheidet aus, da H nicht gutgläubig war und sich mithin auch nicht über die Eigentümerposition des A irrte.

V. Strafbarkeit gem. § 259 Abs. 1

Eine Strafbarkeit gem. § 259 Abs. 1 kommt nicht in Betracht, da das Bild nicht aus der Tat „eines anderen" stammt.

B. Strafbarkeit der B

I. Strafbarkeit gemäß §§ 242, 244 Abs. 1 Nr. 3, 26

B könnte sich der Anstiftung zum Wohnungseinbruchsdiebstahl gem. §§ 242, 244 Abs. 1 Nr. 3, 26 strafbar gemacht haben, indem sie A auf die Idee brachte, in die Wohnung des K einzusteigen.

1. Objektiver Tatbestand

Der Wohnungseinbruchsdiebstahl stellt eine vorsätzliche und rechtswidrige Haupttat dar.

Zu dieser Tat müsste B den A bestimmt haben. Bestimmen bedeutet Hervorrufen des Tatentschlusses durch einen kommunikativen Akt. Dies erscheint fraglich, da A bereits zuvor zur Wegnahme des Bildes entschlossen war. Es könnte sich damit bei ihm um einen omnimodo facturus handeln, an welchem eine Anstiftung nicht möglich ist. Allerdings bezog sich der Tatentschluss des A nur auf die Begehung eines einfachen Diebstahls – wenn auch in einem besonders schweren Fall gem. § 243 Abs. 1 Nr. 1. B hat ihn durch ihren Ratschlag zur Begehung eines qualifizierten Diebstahls veranlasst. Man spricht in solchen Fällen von einer Aufstiftung, deren strafrechtliche Beurteilung umstritten ist.

Nach einer im Schrifttum vertretenen Auffassung ist in solchen Fällen eine Anstiftung zur Qualifikation nicht möglich, da dem Anstifter damit Unrechtsteile angelastet würden, die nicht auf seine Initiative zurückgehen. Nach dieser Auffassung kommt psychische Beihilfe zur Qualifikation bzw. zum Grunddelikt durch Bestärken des Tatentschlusses in Betracht und ggf. Anstiftung zum „Mehr", sofern dieses „Mehr" eine eigenständige Straftat darstellt. Danach wäre B vorliegend nur wegen Beihilfe zum Wohnungseinbruchsdiebstahl mit der obligaten Strafmilderung (§§ 27, 49 Abs. 1) zu bestrafen. Dieser Auffassung ist jedoch entgegenzuhalten, dass sie verkennt, dass der Anstifter durch die Aufstiftung zur Qualifikation eine Unwertsteigerung herbeiführt, für welche er allein verantwortlich ist. Von daher ist mit der herrschenden Auffassung, die in der Aufstiftung eine die Tatidentität verändernde Unrechtsmodifizierung sieht, ein Bestimmen zu bejahen. (a.A. selbstverständlich vertretbar. Sie müssen dann noch die psychische Beihilfe prüfen)

Der objektive Tatbestand ist damit verwirklicht.

2. Subjektiver Tatbestand

Der Vorsatz der B bezog sich zum einen auf die Verwirklichung des Wohnungseinbruchsdiebstahls und zum anderen auf ihren eigenen Tatbeitrag. B hatte somit den „doppelten" Anstiftervorsatz.

3. Rechtswidrigkeit und Schuld

Rechtfertigungs- und Schuldausschließungsgründe sind nicht ersichtlich. B hat sich damit der Anstiftung zu den §§ 242, 244 Abs. 1 Nr. 3 strafbar gemacht.

II. Strafbarkeit gemäß §§ 123, 26

Es liegt auch eine Anstiftung zum Hausfriedensbruch vor, welche jedoch in Gesetzeskonkurrenz hinter der Anstiftung zum Wohnungseinbruchsdiebstahl zurück tritt.

Zweiter Handlungsabschnitt: Töten des S

A. Strafbarkeit des V

I. Strafbarkeit gemäß §§ 211, 212

V könnte sich gem. §§ 211, 212 wegen Mordes an S strafbar gemacht haben, indem er auf ihn schoss.

1. Objektiver Tatbestand

Der Schuss hat kausal und objektiv zurechenbar den Tod des S herbeigeführt. Dabei könnte V heimtückisch gehandelt haben. Heimtücke ist das Ausnutzen der Arg- und Wehrlosigkeit in feindseliger Willensrichtung, wobei das Opfer arglos ist, wenn es sich keines Angriffs versieht und wehrlos, wenn es infolge der Arglosigkeit zur Verteidigung außer Stande ist. In der Literatur wird statt der feindseligen Willensrichtung ein verwerflicher Vertrauensbruch als Eingrenzungsmerkmal verlangt. Dies ist jedoch abzulehnen, da damit tückische Angriffe aus dem Hinterhalt, bei welchen Täter und Opfer in keinerlei Beziehung zueinander stehen aus dem Merkmal der Heimtücke ausgeschieden werden, obgleich ihnen etwas Verschlagenes anhaftet. S versah sich, als er die Diskothek verließ keines Angriffs auf sein Leben und war infolge dessen arg- und auch wehrlos. Die feindselige Willensrichtung lag bei der Abgabe des Schusses bei V unproblematisch vor. Auch hat V die Arglosigkeit bewusst zur Tatbegehung ausgenutzt.

Der objektive Tatbestand ist damit verwirklicht.

2. Subjektiver Tatbestand

Fraglich ist, ob V vorsätzlich handelte, da er ursprünglich W töten wollte und nicht S. Allerdings hatte sich sein Vorsatz zum Zeitpunkt der Abgabe des Schusses auf S gerichtet, den er irrtümlich für das richtige Opfer hielt. Damit unterlag V einem error in persona, der, da beide Objekte gleichwertig sind, unbeachtlich ist.

Des Weiteren hat V bei der Abgabe des Schusses habgierig gehandelt, da die Übereignung des Büdchens und damit materielle Werte ihn zur Tat veranlasst haben.

3. Rechtswidrigkeit und Schuld

Rechtfertigungs- und Schuldausschließungsgründe sind nicht ersichtlich. V hat sich damit gem. §§ 211, 212 strafbar gemacht.

B. Strafbarkeit des A

I. Strafbarkeit gemäß §§ 211, 212, 26

A könnte sich gem. §§ 211, 212, 26 wegen Anstiftung zum Mord an S strafbar gemacht haben, indem er V gegen Übereignung des Büdchens zur Tötung motivierte.

1. Objektiver Tatbestand

Die vorsätzliche rechtswidrige Haupttat liegt in dem von V begangenen Mord an S. Dazu hat A ihn auch bestimmt, indem er ihm die Übereignung des Büdchens anbot und damit den Tatentschluss in V hervorrief.

Der objektive Tatbestand ist damit gegeben.

2. Subjektiver Tatbestand

Des Weiteren müsste A Vorsatz in Bezug auf die von V verübte Tat und auf seine eigene Anstifterhandlung gehabt haben. Der Vorsatz bezüglich der Anstifterhandlung ist unproblematisch zu bejahen. Problematischer erscheint der Vorsatz in Bezug auf die von V verübte Tat.

A wusste, das V aufgrund der Übereignung des Büdchens tätig wurde und damit eine Tötung aus Habgier begehen wird. Fraglich ist, ob der Vorsatz des A auch die heimtückische Begehung umfasste. A hat sich bezüglich der Tatausführung keinerlei Gedanken gemacht und die Planung im Einzelnen V überlassen. Der Vorsatz des Anstifters muss sich auf den Täter, das Opfer und in den wesentlichen Zügen auf eine konkrete Tat beziehen. Allerdings bedarf es nach jüngster BGH Rechtsprechung nicht eines in alle Einzelheiten festgelegten Tatplans, sofern die Tatbegehung im Kern bekannt ist.[122]

Hier könnte argumentiert werden, dass Auftragstötungen in der Regel heimtückisch erfolgen, um so die Erfolgschancen zu erhöhen und dass A diese Möglichkeit erkannt und jedenfalls billigend in Kauf genommen hat. Da sich A jedoch über die Tatbegehung keinerlei Gedanken machte, kann ihm nicht ohne weiteres unterstellt werden, dass er mit der Möglichkeit der heimtückischen Tötung rechnete. Es handelte sich um Brüder, die sich in ständigen körperlichen Auseinandersetzungen befanden, so dass auch eine offene, aggressive Tötung denkbar war. Der Vorsatz bezog sich damit nur auf die Begehung eines Habgiermordes.[123]

122 *BGH* Entscheidung vom 12.1.2005, 2 StR 229/04, abrufbar unter www.bundesgerichtshof.de.

123 Der *BGH* (a.a.O.) hat in einem anders gelagerten Fall dolus eventualis bejaht.

Allerdings wollte A, dass V den W und nicht den S tötet. Fraglich ist also, wie sich der error in persona, der für V unbeachtlich ist, auf A auswirkt.

Nach einer Auffassung ist der error in persona auch für den Anstifter unbeachtlich, sofern das Fehlgehen der Tat sich noch im Rahmen des nach allgemeiner Meinung und Lebenserfahrung Vorhersehbaren bewege. Die Gegenauffassung begreift den error in persona des Täters als aberratio ictus für den Anstifter mit der Folge, dass nur wegen versuchter Anstiftung gem. § 30 und ggf. Fahrlässigkeitsdelikt bestraft werden kann. Begründet wird diese Auffassung primär mit dem „Blutbad-Argument", wonach der Anstifter zweimal wegen Anstiftung zu bestrafen sei, wenn der Täter seinen Irrtum erkenne und nunmehr den richtigen töte. Dem kann allerdings entgegengehalten werden, dass insoweit auch möglich ist, den Täter nur wegen einer Anstiftung zu bestrafen, da der Vorsatz „verbraucht" ist und dem Anstifter dementsprechend die zweite Tat nicht mehr zugerechnet werden kann. Zudem würde die „aberratio-ictus-Lösung" zur Straflosigkeit des Anstifters führen, wenn die Anstiftung nicht strafbar wäre und es auch keine Fahrlässigkeitsstraftat gäbe. Von daher ist mit der herrschenden Meinung von der Unbeachtlichkeit des Irrtums auszugehen und der Vorsatz des A zu bejahen.

Fraglich ist nunmehr, ob A eigene täterbezogene Mordmerkmale verwirklicht hat. Auch bei A könnte Habgier in Betracht kommen. Habgier ist das gesteigerte Streben nach Gewinn um jeden Preis. Vorliegend wäre A auch der Rückforderung des Geldes durch W entgangen, wenn W gestorben wäre. Damit hätte A Aufwendungen erspart und sein Vermögen gemehrt, was für die Habgier grundsätzlich ausreicht. Allerdings hat ihn ein solches Gewinnstreben nicht zur Tat motiviert. Motiviert haben ihn die Verzweifelung in Anbetracht des gewaltbereiten W und die Überforderung mit der Situation. Aufgrund dessen muss eine Habgier verneint werden. Diese Umstände führen auch zu einer Ablehnung sonstiger niedriger Beweggründe.

3. Durchbrechung der Akzessorietät gem. § 28 Abs. 2

Fraglich ist, ob eine Durchbrechung der Akzessorietät gem. § 28 Abs. 2 in Betracht kommt. V hat habgierig gehandelt wohingegen bei A keine täterbezogenen, besonderen persönlichen Mordmerkmale vorliegen.

> **Hinweis**
>
> Wenn Sie oben die Habgier bei A bejaht haben, müssen sie hier unten die Frage nicht problematisieren. Sollten Sie bei A die niedrigen Beweggründe bejaht haben, so liegt hier das Problem der sich kreuzenden Mordmerkmale vor. Sollten Sie die Heimtücke über den Vorsatz zugerechnet haben, stellt sich hier nur die Frage, ob zudem ein Habgiermord oder Mord aus niedrigen Beweggründen in Betracht kommt, wobei § 28 Abs. 2 dann keine große Bedeutung mehr zukommt.

Nach Auffassung des BGH ist § 28 Abs. 2 nicht anwendbar, weil die täterbezogenen Mordmerkmale besondere persönliche Merkmale sein, die die Strafe begründeten, da der Mord ein eigenständiges Delikt und keine Qualifikation zum Totschlag sei. Der BGH beruft sich auf den Wortlaut – „Mörder" und „Totschläger" – und die Stellung des Mordes im Gesetz.[124] Die Literatur hingegen sieht den Mord als Qualifikation zum Totschlag an und die Mordmerkmale mithin als strafbegründend i. S. d. § 28 Abs. 2.[125] Dem ist beizupflichten, da der Mord seiner Natur nach die wesentlichen Merkmale einer Qualifikation beinhaltet und die Stellung vor dem Totschlag auch dem Umstand geschuldet sein kann, dass der Mord das schwerste Delikt ist und deswegen exponiert im StGB geregelt ist.

§ 28 Abs. 2 ist damit anwendbar. Damit liegt jedoch eine Durchbrechung der Akzessorietät und infolge dessen eine Tatbestandsverschiebung vor, so dass A nur wegen Anstiftung zum Totschlag bestraft werden kann.

---

124 *BGHSt* 1, 370; 6, 330; 22, 277.

125 Schönke/Schröder-*Eser* Vor § 211 Rn. 5 m. w. N.

4. Rechtswidrigkeit und Schuld

Rechtfertigungs- und Schuldausschließungsgründe sind nicht ersichtlich. A hat sich somit wegen Anstiftung zum Totschlag gem. §§ 212 Abs. 1, 26 strafbar gemacht.

Ergebnis

A hat sich wegen Wohnungseinbruchsdiebstahls gem. §§ 242, 244 Abs. 1 Nr. 3 in Tatmehrheit mit Anstiftung zum Totschlag gem. §§ 212 Abs. 1, 26 strafbar gemacht.

V hat sich wegen Mordes gem. §§ 212, 211 strafbar gemacht.

B hat sich der Anstiftung zum Wohnungseinbruchsdiebstahl gem. §§ 242, 244 Abs. 1 Nr. 3, 26 schuldig gemacht.

5. Teil
Konkurrenzen

A. Überblick

191 Wurden von dem Täter, dessen Strafbarkeit Sie in der Klausur prüfen mussten, **mehrere Straftaten** begangen, so müssen Sie die Frage beantworten, in welchem Verhältnis die Straftaten zueinander stehen.

JURIQ-Klausurtipp

Die **echten Konkurrenzen** werden in der Regel am Ende des Gutachtens dargestellt, nachdem Sie geprüft haben, welche Straftaten durch den oder die Täter verwirklicht wurden. Sofern Sie mehrere Täter und/oder auch mehrere Handlungsabschnitte haben, kann es sich aus Gründen der Übersichtlichkeit und Klarheit empfehlen, Zwischenergebnisse nach den einzelnen Handlungsabschnitten festzustellen. Im Endergebnis müssen Sie dann nur noch feststellen, wie sich die Zwischenergebnisse zueinander verhalten.

Unechte Konkurrenzen werden zum Teil während der gutachterlichen Prüfung dargestellt.

Das Verhältnis der Straftaten zueinander ist von Bedeutung für die Bestimmung der Höhe der jeweiligen Rechtsfolgen. Eine bloße Addition der jeweiligen, sich aus den verwirklichten Straftatbeständen ergebenden Rechtsfolgen kommt grundsätzlich nicht in Betracht, da sie das Maß der Schuld des Täters übersteigen würde. Das Gesetz regelt das **Aufeinandertreffen von Rechtsfolgen in den §§ 52–55**. Demnach ist von grundsätzlicher Bedeutung für die Bestimmung der Strafe die Unterscheidung zwischen Handlungseinheit und Handlungsmehrheit:

- Verletzt **dieselbe Handlung (Handlungseinheit)** mehrere Strafgesetze oder dasselbe Strafgesetz mehrmals, so liegt Tateinheit bzw. Idealkonkurrenz gem. **§ 52 Abs. 1** vor.
- Verletzen **mehrere selbstständige Handlungen (Handlungsmehrheit)** mehrere Strafgesetze oder dasselbe Strafgesetz mehrmals, so liegt Tatmehrheit bzw. Realkonkurrenz gem. **§§ 53–55** vor.

Beispiel A gibt einen Schuss auf B ab, der diesen jedoch nur am Oberarm trifft. Hier hat A durch eine Handlung sowohl einen versuchten Totschlag bzw. Mord als auch eine vollendete gefährliche Körperverletzung begangen.

Wenn A, der nach diesem Schuss zunächst sein Vorhaben aufgegeben hat, es sich nach einer Stunde anders überlegt und nunmehr einen weiteren Schuss auf B abgibt, der dieses Mal tödlich trifft, liegt eine weitere Handlung vor, mit welcher A einen Totschlag bzw. Mord verwirklicht hat. Diese zweite Handlung ist eine selbstständige Handlung gegenüber der ersten Handlung, mit welcher ein versuchter Totschlag sowie eine gefährliche Körperverletzung verwirklicht wurden. ■

> **Hinweis**
>
> Die §§ 52 und 53 gehen von dem **materiellen Tatbegriff** aus. Davon zu unterscheiden ist der **verfahrensrechtliche Begriff der Tat**, welcher in den §§ 155 und 264 StPO verwendet wird. Letzterer umschreibt einen einheitlichen Lebenssachverhalt, der bei natürlicher Betrachtungsweise als ein einheitliches Geschehen anzusehen ist. Gem. § 264 StPO darf sich das Urteil nur auf diesen einheitlichen Lebenssachverhalt beziehen, der der Anklageschrift zugrunde gelegt wurde

Handlungseinheit und Handlungsmehrheit bilden mithin die Voraussetzung für die Tateinheit gem. § 52 Abs. 1 bzw. die Tatmehrheit gem. §§ 53–55. Zentraler Punkt der Beurteilung und damit der **Abgrenzung zwischen Tateinheit und Tatmehrheit** ist damit die **Handlung**. **192**

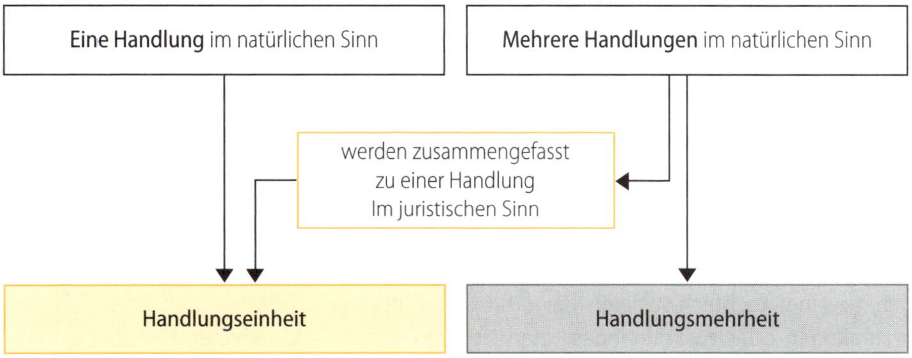

> **Hinweis**
>
> Das Problem in der Klausur kann nur in der Zusammenfassung mehrerer Handlungen im natürlichen Sinn zu einer Handlung im juristischen Sinn liegen. Sofern nur eine Handlung im natürlichen Sinn vorliegt, liegt unproblematisch Handlungseinheit vor.

B. Die Handlung

I. Die Handlung im natürlichen Sinn

> Von einer **Handlung im natürlichen Sinn** spricht man, wenn ein Handlungsentschluss sich in einer Willensbetätigung realisiert. **193**

In diesem Fall liegt auch rechtlich stets Handlungseinheit vor mit der Folge, dass Tateinheit gem. § 52 Abs. 1 anzunehmen ist.[1]

Beispiel A zündet aufgrund eines Willenentschlusses das Mehrfamilienhaus des B an, in welchem sich neben dem B auch dessen Mutter zum Zeitpunkt der Tat aufhält, was A weiß. Während B schwer verletzt überlebt, stirbt die Mutter an einer Rauchvergiftung.

1 *BGHSt* 1, 20; 6, 81.

Hier liegt ein einheitlicher Willensentschluss des A vor, welcher zu einer Willensbetätigung führte, nämlich dem Anzünden des Hauses. Durch diese eine Handlung im natürlichen Sinn wurden eine schwere Bandstiftung, ein Mord, ein versuchter Mord, eine gefährliche Körperverletzung sowie eine Sachbeschädigung verwirklicht. Da es sich um eine Handlung im natürlichen Sinn handelt, liegt Tateinheit gem. § 52 Abs. 1 vor. ■

II. Die Handlung im juristischen Sinn

194 Von einer **Handlung im juristischen Sinn** spricht man, wenn mehrere Handlungen im natürlichen Sinn zu einer Handlung zusammengefasst werden.

Eine Handlung im juristischen Sinn kommt bei einer tatbestandlichen Handlungseinheit, einer natürlichen Handlungseinheit und (theoretisch) bei einer fortgesetzten Handlung in Betracht. Sie werden nachfolgend feststellen, dass die Fallgruppen, die mit diesen Begriffen bezeichnet werden, nicht exakt voneinander abgegrenzt werden können.

1. Tatbestandliche Handlungseinheit

195 Von einer tatbestandlichen Handlungseinheit und damit einer Handlung im juristischen Sinn spricht man zum einen, wenn schon der gesetzliche Tatbestand **mehrere Willensbetätigungen zu einer rechtlich-sozialen Bewertungseinheit** zusammenfasst.[2] Dies ist der Fall bei **mehraktigen oder zusammengesetzten Delikten**, welche auf mehreren Einzelhandlungen im natürlichen Sinn aufbauen.

Beispiel Beim § 146 Abs. 1 Nr. 3 wird das Nachmachen, Verfälschen oder sich Verschaffen von falschem Geld und das nachfolgende Inverkehrbringen im gesetzlichen Tatbestand miteinander verknüpft.

Bei § 249 werden Gewaltanwendung oder Drohung mit der Wegnahme zu einem Tatbestand verknüpft. ■

Auch bei **Dauerdelikten** werden mehrere natürliche Willensbetätigungen zu einer Bewertungseinheit verbunden.

Beispiel A sperrt B in die Besenkammer ein und setzt sich für die nächsten zwei Stunden davor, um sicherzustellen, dass B nicht entwischt.

Hier stellt sowohl die Begründung als auch die Aufrechterhaltung des widerrechtlichen Zustandes des Einsperrens eine Handlung im juristischen Sinn dar. ■

Auch bei den **unechten Unterlassungsdelikten** ist es möglich, dass der Tatbestand selbst mehrere Willensbetätigungen zu einer Einheit verbindet. Versäumt der Täter mehrere Rettungsmöglichkeiten, so liegt eine Unterlassung im Rechtssinn vor, wenn der tatbestandliche Erfolg nur einmal eingetreten ist.

2 Schönke/Schröder-*Stree* Vor §§ 52 ff. Rn. 11 ff.

Beispiel A findet seinen bewusstlosen Vater V auf den Schienen liegend. Er unterlässt die erste Rettungsmöglichkeit, die darin bestünde, V von den Schienen zu ziehen. Er unterlässt darüber hinaus minütlich jede weitere Rettungsmöglichkeit, die ebenfalls darin besteht, V von den Schienen zu ziehen und sieht letztendlich zu, wie der Zug V überfährt. Hier liegt wie bei den Dauerdelikten auch ein einheitliches Unterlassen und damit nur eine Tat vor. ■

Von einer tatbestandlichen Handlungseinheit spricht man auch in den Fällen, in denen **mehrere gleichartige Willensbetätigungen** hintereinander vorgenommen werden, sofern sie 196
- auf einem **einheitlichen Willensentschluss** beruhen und
- in unmittelbarer Aufeinanderfolge **den gleichen Straftatbestand** verwirklichen.

Typischerweise unterschieden wird hier die sukzessive Tatbestandserfüllung von der iterativen Tatbestandserfüllung.[3]

Von einer **sukzessiven Tatbestandserfüllung** spricht man, wenn ein tatbestandlicher Erfolg durch mehrere, aufeinander folgende Handlungen herbeigeführt wird. 197

Beispiel Mit durchgehendem Tötungsvorsatz sticht A zunächst auf B ein. Nachdem dieser Stich noch nicht zum Tode geführt hat, fängt er an, ihn zu würgen, danach geht er dazu über, den Kopf des B solange gegen die Wand zu schlagen, bis dieser stirbt.

Hier liegt aufgrund eines einheitlichen Willensentschlusses eine einheitliche Handlung im juristischen Sinn vor, da die einzelnen Willensbetätigungen unmittelbar aufeinander folgen und den gleichen Straftatbestand verwirklichen. Verwirklicht wurde nur ein Totschlag. ■

Gleiches gilt nach herrschender Gesamtbetrachtungslehre für den **sukzessiven Versuch**.

Beispiel Hätte A den B nicht getötet, sondern hätte er, nachdem er ihn das erste Mal mit dem Kopf gegen die Wand geschlagen hätte, von ihm abgelassen, so dass B überlebte, dann läge nur ein versuchter Totschlag vor, von welchem A nach der Gesamtbetrachtungslehre strafbefreiend zurückgetreten wäre. ■

» Die Problematik des sukzessiven Versuchs haben wir beim fehlgeschlagenen Versuch erörtert. Sofern Sie dies nicht mehr oder noch nicht wissen sollten, können Sie an dieser Stelle die Gelegenheit zur Wiederholung nutzen (Rn. 36). «

Eine Handlungseinheit ist auch anzunehmen, wenn ein **Gehilfe** durch mehrere Handlungen ein und dieselbe Tat eines Täters unterstützt.[4]

Beispiel Gehilfe B besorgt dem Haupttäter A zur Begehung des Einbruchsdiebstahls einen Schaltplan für die Alarmanlage sowie darüber hinaus ein Fahrzeug zum Abtransport der Beute. Hier liegen zwei Handlungen im natürlichen Sinn vor, die jedoch nur eine Handlung im juristischen Sinn darstellen, da sie sich auf denselben Tatbestand bezieht. ■

Eine **iterative Tatbestandsverwirklichung** liegt vor, wenn jemand mehrere Erfolge oder 198
Tätigkeiten im Rahmen eines einheitlichen Deliktes herbeiführt oder vornimmt. In diesen Fällen kommt es zu einer **quantitativen Steigerung** von Unrecht und Schuld. Bei welchen Delikten eine solche iterative Tatbestandsverwirklichung in Betracht kommt, kann nur unter Berücksichtigung der verletzten Rechtsgüter entschieden werden.[3]

3 *Wessels/Beulke* Strafrecht AT Rn. 763.
4 *BGH* wistra 2000, 269.

Beispiel A steigt nachts in das Haus des B ein und nimmt verschiedene, dem B gehörende Gegenstände mit, die er einzeln zum Wagen transportiert.

Hier könnte bzgl. jedes einzelnen Gegenstandes ein vollendeter Diebstahl vorliegen. Da die Handlungen jedoch unmittelbar aufeinander folgen und von einem einheitlichen Vorsatz getragen sind, ist eine tatbestandliche Handlungseinheit anzunehmen, mit der Folge, dass nur eine Handlung und damit auch nur ein Diebstahl vorliegt.

Anders wäre die Situation zu beurteilen, wenn A nicht nur im Eigentum des B stehende, sondern auch im Eigentum des X stehende Gegenstände wegnähme. In diesem Fall wären zwei verschiedene Rechtsgutsträger betroffen, mit der Folge, dass nicht nur ein, sondern zwei Mal Diebstahl anzunehmen wäre. ■

Sofern **höchstpersönliche Rechtsgüter verschiedener Rechtsgutsträger** verletzt wurden, wird grundsätzlich keine iterative Tatbestandsverwirklichung angenommen.[5]

Beispiel Sofern A nacheinander in der Kneipe erst B, dann C und zuletzt D zusammenschlägt, ist eine Handlungseinheit zu verneinen, auch wenn ein einheitlicher Vorsatz vorliegt. ■

JURIQ-Klausurtipp

Beachten Sie bei der tatbestandlichen Handlungseinheit, dass die Zusammenfassung mehrerer natürlicher Handlungen nur zu **einer Tat im materiellen Sinne** führt, so dass man in diesen Fällen nicht von Idealkonkurrenz (es liegen ja nicht mehrere Taten vor, die miteinander konkurrieren) sprechen kann, sondern nur eine Tat gegeben ist.[6]

Dass nur eine Tat vorliegt, machen Sie z.B. bei dem sukzessiven Delikt dadurch deutlich, dass Sie die verschiedenen Handlungen im natürlichen Sinne schon in den Obersatz mit aufnehmen und dann bei der Tathandlung bzw. dem unmittelbaren Ansetzen gemeinsam erörtern, also z.B.: *„A könnte sich des Mordes an B strafbar gemacht haben, indem er zunächst auf ihn einstach, ihn dann würgte und ihn schließlich mit dem Kopf gegen die Wand schlug."*

2. Natürliche Handlungseinheit

199 Der Begriff der natürlichen Handlungseinheit wird insbesondere von der **Rechtsprechung** verwendet, welche mit dieser Rechtsfigur mehrere Handlungen im natürlichen Sinne zu einer juristischen Handlungseinheit zusammenfasst. Die oben genannten **Fälle der sukzessiven und iterativen Tatbestandserfüllung,** bei denen der gleiche Straftatbestand verwirklicht wird, sind Fälle, in denen die Rechtsprechung von einer natürlichen Handlungseinheit ausgeht.

Von einer solchen **natürlichen Handlungseinheit** wird demnach gesprochen, wenn
- mehrere **im Wesentlichen gleichartige Verhaltensweisen**,
- auf einem **einheitlichen Willen** beruhen und
- aufgrund ihres **räumlich-zeitlichen Zusammenhangs** derart eng miteinander verbunden sind, dass das gesamte Tätigwerden objektiv für einen Dritten bei natürlicher Betrachtungsweise als ein einheitliches, zusammengehöriges Tun erscheint.[7]

---

5 *BGH* NStZ-RR 2001, 82.
6 Schönke/Schröder-*Stree/Sternberg-Lieben* Vor §§ 52 ff. Rn. 13; *Jäger* Strafrecht AT Rn. 383.
7 *BGHSt* 10, 230; 43, 312; NStZ 1997, 276.

Die Rechtsfigur der natürlichen Handlungseinheit findet jedoch nicht nur dann Anwendung, wenn gleichartige Straftatbestände durch mehrere Einzelakte erfüllt werden, sondern auch dann, wenn **verschiedenartige Straftatbestände** erfüllt werden, dann mit der Folge, dass Tateinheit gem. § 52 vorliegt. Von Bedeutung sind in diesem Zusammenhang häufig die sog. **„Polizeifluchtfälle"**. 200

Beispiel A hat B vor seinem Stammlokal überfallen und zusammengeschlagen. Den hinzukommenden Polizeibeamten P schlägt er ebenfalls nieder, bevor er vor dem zweiten Polizeibeamten davonläuft, auf die Straße springt und damit eine Kollision zweier Autofahrer herbeiführt, und sich anschließend vom Unfallort entfernt.

Hier sind die Tatbestände der gefährlichen Körperverletzung, des Widerstands gegen Vollstreckungsbeamte, des gefährlichen Eingriffs in den Straßenverkehr sowie des unerlaubten Entfernens vom Unfallort verwirklicht. Der BGH würde hier, da dem Täter ein durchgehender Fluchtwille unterstellt werden kann, eine natürliche Handlungseinheit annehmen.[8] ■

JURIQ-Klausurtipp

Sofern mehrere Willensbetätigungen gleichartig sind und **denselben Erfolg** herbeiführen (sukzessive oder iterative Verwirklichung desselben Straftatbestandes) erfolgt – wie bereits ausgeführt – die Diskussion auf Tatbestandsebene. Dies gilt unabhängig davon, ob man mit der Literatur eine tatbestandliche oder mit der Rechtsprechung eine natürliche Handlungseinheit annimmt. Es ist auch nicht erforderlich, dass Sie sich mit den verschiedenen Begriffen auseinandersetzen. Insofern spricht Ihr Aufbau für sich.

In dem Fall, in dem **verschiedene Straftatbestände** oder derselbe Tatbestand an verschiedenen Rechtsgutsträgern verwirklicht sind, ist das Problem auf der Konkurrenzebene zu lösen. Hier ist danach zu fragen, ob eine Handlung im Sinne einer natürlichen Handlungseinheit vorliegt und damit § 52 angewendet werden kann.

3. Fortgesetzte Handlung

Die Rechtsfigur der fortgesetzten Handlung ist seit einer Entscheidung des BGH[9] bedeutungslos geworden. Eine **fortgesetzte Tat** wurde angenommen, wenn mehrere Einzelakte sich gegen das gleiche Rechtsgut richteten, in der Begehungsweise gleichartig waren und vom Gesamtvorsatz getragen wurden, der die konkrete Tat in den wesentlichen Grundzügen umfassen musste. 201

Beispiel A hat die F unter einem Vorwand in den Keller gelockt und sie dort eingesperrt. Im Laufe der nachfolgenden Wochen vergewaltigt er sie mehrfach. ■

8 Vgl. *BGHSt* 22, 67; *BGH* NZV 2001, 265.
9 *BGHSt* 40, 138.

Diese Vergewaltigungen wurden früher als eine rechtliche Handlungseinheit im Rahmen der fortgesetzten Handlung angesehen. Dies hatte zur Folge, dass die Tat zwar mit ihrem ersten Akt vollendet aber erst mit dem letzten Vorgang beendet ist, was Auswirkungen auf den Eintritt der Verjährung hatte. Außerdem ergeben sich strafprozessuale Konsequenzen, da mit einem Urteil der Verbrauch der Strafklage auch für alle vor der Urteilsverkündung liegenden Einzelakte gleich ob das Gericht sie gekannt hat oder kennen konnte, eintrat. [10]

Der **große Senat des BGH**[11] hat diese Rechtsfigur im Wesentlichen abgelehnt. Nach seiner Ansicht habe sich das Strafrecht an einzelnen, rechtlich selbstständigen Straftaten zu orientieren. Mehrere Handlungen, die nur aufgrund eines vom Täter geschaffenen Sinnzusammenhanges eine Verbindung erfahren, könnten demgemäß nicht zu einer Handlung zusammengefasst werden.

Nach dieser Entscheidung des großen Senats ist die Rechtsprechung allerdings dazu übergegangen, den o.g. Begriff der natürlichen Handlungseinheit teilweise bedenklich (Polizeifluchtfälle) auszudehnen.[12]

JURIQ-Klausurtipp

In der Klausur sollten Sie dieses Rechtsinstitut nicht mehr verwenden. Es könnte Ihnen allerdings in der **mündlichen Prüfung** begegnen, so dass Ihnen jedenfalls der Begriff vertraut sein sollte.

C. Idealkonkurrenz

202 Sind Sie in der Klausur zu dem Ergebnis gelangt, dass der Täter durch

- ein und dieselbe Handlung mehrere Strafgesetze (ungleichartige Idealkonkurrenz) oder
- dasselbe Strafgesetz mehrmals (gleichartige Idealkonkurrenz) verletzt hat,

dann liegt Idealkonkurrenz gem. § 52 vor. **Verletzung** bedeutet dabei die **Verwirklichung der Straftatbestände**. Es ist allerdings nicht erforderlich, dass eine Handlung die Straftatbestände vollständig verwirklicht. Tateinheit liegt auch dann vor, wenn

- die Handlung das eine Delikt vollendet und das andere zu diesem Zeitpunkt damit in das Versuchsstadium eintritt oder
- die Handlung das eine Delikt beendet und zu diesem Zeitpunkt ein weiteres Delikt verwirklicht.

Man spricht in diesen Fällen von **Teilidentität der Ausführungshandlung**.[13]

Beispiel A zerschlägt von außen die Scheibe des Hotelzimmers, um aus diesem die Perlenkette der B zu entwenden.

Mit dem Einschlagen der Scheibe hat A die Sachbeschädigung vollendet und ist hinsichtlich des Diebstahls in das Versuchsstadium eingetreten. Sofern der Diebstahl ebenfalls vollendet wurde, stehen beide Taten zueinander in Tateinheit. ■

10 *BGH* JZ 1986, 44; *BGHSt* 27, 18.
11 *BGHSt* 40, 138.
12 *BGH* NStZ-RR, 1998, 68.
13 *BGH* wistra 2006, 227.

Beispiel A hat nun die Kette eingesteckt, als Wachmann W vor ihm steht, der ihn an der Flucht hindern möchte. Um die Beute zu sichern, gibt A mit Tötungsvorsatz einen Schuss auf W ab, an dessen Folgen W verstirbt. Da der Schuss während der Beendigungsphase des Diebstahls abgegeben wurde, hat A durch diese Handlung sowohl den Diebstahl beendet als auch den Mord vollendet. Es besteht Tateinheit zwischen beiden Taten. ■

Treffen **Dauerdelikt** und **Zustandsdelikt** aufeinander, so ist nach **Auffassung der Literatur** wie folgt zu differenzieren: **203**

- **Tateinheit** ist anzunehmen, wenn das Zustandsdelikt Mittel zur Begehung des Dauerdelikts oder umgekehrt wenn das Dauerdelikt die Voraussetzung für die Begehung des Zustandsdelikts schaffen soll. [14]
- **Tatmehrheit** soll hingegen angenommen werden, wenn die andere Straftat gelegentlich des Dauerdelikts begangen wird.[15]

Beispiel A sperrt B in den Heizungskeller, um sie alsdann ungestört vergewaltigen zu können. Hier liegt Tateinheit vor, da die Herbeiführung des Dauerdeliktes der Freiheitsberaubung die Voraussetzung für die Begehung des Zustandsdeliktes Vergewaltigung ist.

Etwas anderes würde sich nur dann ergeben, wenn A nach der Vergewaltigung, während B noch eingesperrt ist, auf dem Weg nach draußen spontan das Portemonnaie der B einstecken würde. Die Freiheitsberaubung und der Diebstahl könnten dann in Tatmehrheit zueinander stehen, sofern man nicht die unten dargestellte Klammerwirkung annimmt. ■

Nach **Auffassung des BGH** muss auch hier verlangt werden, dass die Ausführungshandlungen sich entsprechend den obigen Ausführungen teilweise decken.[16]

Eine Handlung im Sinne des § 52 liegt nach h.M. schließlich auch vor, wenn zwei an sich selbstständige Handlungen jeweils mit einer dritten Handlung in Idealkonkurrenz stehen und durch deren **Klammerwirkung** miteinander zur Tateinheit verbunden werden. [17] Voraussetzung ist, dass das dritte Delikt annähernd wertgleich ist, wobei es für die Wertgleichheit nicht auf die abstrakte Einteilung als Verbrechen oder Vergehen ankommt. Daher ist es möglich, dass auch zwei Verbrechen durch ein Vergehen verklammert werden. [18] **204**

Beispiel A kann die Trennung von seiner Freundin nicht verwinden und sucht sie deshalb unentwegt zu Hause und an ihrer Arbeitsstelle auf, wobei er sie als „Hure" und „Schlampe" beschimpft und ihr damit droht, sie „kalt zu machen" bzw. ihr „die Backen blau zu hauen".

Der BGH[19] hat die Verurteilung gem. § 238 Abs. 1 bestätigt. Zugleich hat er ausgeführt, dass § 238 die mitverwirklichten Delikte der Beleidigung gem. § 185 und der Bedrohung gem. § 241 zu einer Handlung verklammere, so dass Tateinheit anzunehmen sei. ■

In der **Literatur** wird das Verklammerungsprinzip **teilweise** wegen der nicht unerheblichen Folgen zum einen für die Verjährung und zum anderen für den Strafklageverbrauch abgelehnt. [20]

---

14 *Wessels/Beulke* Strafrecht AT Rn. 779.
15 Schönke/Schröder-*Stree* Vor § 52 Rn. 88 ff.; *OLG Koblenz* NJW 1978, 716.
16 *BGH* NStZ 1999, 83.
17 *BGH* NStZ 2000, 25.
18 *BGHSt* 33, 4; NStZ 1993, 39.
19 *BGH* Entscheidung vom 19.11.2009, 3 StR 244/09, abrufbar unter www.bundesgerichtshof.de
20 *Wessels/Beulke* Strafrecht AT Rn. 780.

Beispiel Gelangt in obigem Beispielsfall nur das unbefugte Nachstellen zur Anklage und stellt sich erst später heraus, dass A auch eine Beleidigung sowie eine Bedrohung begangen hat, so ist dieser Mord nicht mehr verfolgbar, da er vom Strafklageverbrauch erfasst ist. ■

Sofern Idealkonkurrenz angenommen werden kann, richtet sich die **Strafe** nach dem Gesetz, das die schwerste Strafe androht. Insgesamt darf sie aber nicht milder sein, als die anderen anwendbaren Gesetze es zulassen (vgl. § 52 Abs. 2).

D. Realkonkurrenz

205 Sind mehrere selbstständige Straftaten begangen worden, die auf mehreren Handlungen beruhen, liegt Realkonkurrenz bzw. Tatmehrheit gem. § 53 vor. Die Strafe richtet sich alsdann grundsätzlich nach folgenden Regeln:

- Sofern mehrere Freiheitsstrafen oder Geldstrafen verhängt werden können, wird auf eine **Gesamtstrafe** erkannt, die sowohl eine Freiheitsstrafe oder Geldstrafe sein kann. Die Verhängung der Gesamtstrafe ist auch beim Zusammentreffen von Freiheits- und Geldstrafe möglich. Neben einer solchen Strafe dürfen unter den Voraussetzungen des § 53 Abs. 3 auch eine Vermögensstrafe bzw. eine Gesamtvermögensstrafe verhängt werden.
- Die Gesamtstrafe wird nach § 54 gebildet. Demnach gilt, dass auf lebenslange Freiheitsstrafe erkannt wird, sofern eines der verwirklichten Delikte diese lebenslange Freiheitsstrafe vorsieht. Ansonsten wird die Gesamtstrafe **durch Erhöhung der verwirklichten höchsten Strafe** gebildet.[21]

E. Gesetzeseinheit

206 Ideal- und Realkonkurrenz werden als echte Konkurrenzarten bezeichnet. Davon zu unterscheiden ist die **unechte Konkurrenz**, die bei der Tateinheit **Gesetzeseinheit/Gesetzeskonkurrenz** und bei der Tatmehrheit **mitbestrafte Vor- oder Nachtat** genannt werden.

Von Gesetzeseinheit spricht man, wenn mehrere Straftatbestände erfüllt sind, das primär anzuwendende Strafgesetz jedoch die übrigen Strafgesetze verdrängt. In diesen Fällen liegt nur scheinbar ein Konkurrenzverhältnis vor.

Bei Gesetzeseinheit erscheint das verdrängte Strafgesetz nicht im Schuldausspruch des Urteils. Es ist aber nicht bedeutungslos, da seine Verletzung bei der Strafzumessung berücksichtigt werden darf. Außerdem entfaltet es bei der Mindeststrafe eine Sperrwirkung, was dazu führt, dass das Strafvolumen des verdrängten Delikts nicht unterschritten werden darf.[22] Eine Ausnahme gilt nur dann, wenn der verdrängende, mildere Tatbestand als lex specialis anzusehen ist.[23]

21 *Wessels/Beulke* Strafrecht AT Rn. 786.
22 *BGHSt* 20, 235.
23 *Fischer* Vor § 52 Rn. 44; *BGHSt* 20, 235.

I. Spezialität

Spezialität ist anzunehmen, wenn eine Strafvorschrift zunächst die **Merkmale einer anderen Strafvorschrift** und darüber hinaus noch weitere Merkmale enthält, so dass die Verwirklichung des spezielleren Delikts zwangsläufig auch die Verwirklichung des allgemeinen Tatbestandes nach sich zieht.[24] 207

So liegt Spezialität vor im Verhältnis der **Qualifikation zum Grundtatbestand**, wie etwa zwischen den §§ 224 und 223.

Auch liegt Spezialität vor bei **Abwandlungen eigenständiger Art**, so z. B. bei § 249 zu dem immer mitverwirklichten Straftatbestand des § 242.

Bei den **erfolgsqualifizierten Delikten** liegt Spezialität sowohl im Verhältnis zum Grunddelikt als auch zum Fahrlässigkeitstatbestand vor. So tritt § 222 hinter § 227 zurück. Wurde die Folge vorsätzlich herbeigeführt, so kann Spezialität des Vorsatzdeliktes angenommen werden, sofern der Unrechtsgehalt abgegolten ist, wie z. B. bei den §§ 212, 211 zu § 227. Im Verhältnis zu § 251 liegt jedoch nach Auffassung des BGH Tateinheit vor, damit der Unrechtsgehalt des Raubes im Urteilstenor zur Geltung kommt.[25]

Beachten Sie, dass § 52 immer auch eine **Klarstellungsfunktion** zukommt. Aus diesem Grund muss auch bei **versuchtem Totschlag und zugleich vollendeter Körperverletzung** Tateinheit angenommen werden.[26] Der versuchte Totschlag verdrängt die vollendete Körperverletzung nicht, da im Urteil deutlich gemacht werden muss, dass der Körperverletzungserfolg eingetreten ist, was bei einem versuchten Totschlag nicht zwingend der Fall sein muss. 208

JURIQ-Klausurtipp

In der Klausur bedeutet das, dass Sie **mit dem verdrängenden Delikt beginnen**, also mit § 227 vor § 222 oder mit § 249 vor § 242. Sind diese Delikte verwirklicht, können Sie im Anschluss an die Prüfung feststellen, dass „die ebenfalls mitverwirklichten §§…" in Gesetzeskonkurrenz zurücktreten.

Im Verhältnis Qualifikation/Erfolgsqualifikation zum Grunddelikt müssen Sie beachten, dass die Qualifikation/Erfolgsqualifikation das Grunddelikt voraussetzt. Das bedeutet, dass Sie entweder erst das Grunddelikt und danach die Qualifikation/Erfolgsqualifikation prüfen oder aber – was häufig eleganter sein wird – das **Grunddelikt und die Qualifikation/ Erfolgsqualifikation zusammen** prüfen.

II. Subsidiarität

Von Subsidiarität spricht man, wenn eine **Strafvorschrift nur hilfsweise anwendbar** ist, was bedeutet, dass die Anwendung nur dann in Betracht kommt, wenn eine andere Norm nicht einschlägig ist. 209

24 *Jäger* Strafrecht AT Rn. 385.
25 *BGHSt* 39, 100.
26 *BGHSt* 44, 196.

Die Subsidiarität ist **teilweise ausdrücklich geregelt**, so z.B. in den §§ 246, 248b, 265a sowie § 316.

Darüber hinaus ist Subsidiarität anzunehmen zwischen **Versuch und Vollendung derselben Tat** sowie zwischen **leichteren und schwereren Beteiligungsformen** z.B. Anstiftung und Beihilfe zur gleichsam verwirklichten Mittäterschaft.[27]

JURIQ-Klausurtipp

Sofern das verdrängende Delikt bejaht wurde, müssen Sie das **subsidiäre Delikt nicht mehr prüfen**, da es nicht zur Anwendung kommt. Sofern Täterschaft in Betracht kommt, beginnen Sie in der Klausur mit dieser Begehungsform, eine Prüfung der Anstiftung oder Beihilfe hat sich dann erübrigt.

III. Konsumtion

210 Nach herrschender Meinung im Schrifttum und nach Ansicht der Rechtsprechung ist bei Handlungseinheit Konsumtion anzunehmen, wenn weder Spezialität noch Subsidiarität vorliegen, bei Verwirklichung eines bestimmten Strafgesetzes jedoch **üblicherweise, wenn auch nicht notwendigerweise andere Strafgesetze mitverwirklicht** werden, deren Unwertgehalt mit der Bestrafung aus dem vorrangigen Gesetz abgegolten ist. Es kann insoweit von einer mitbestraften Begleittat gesprochen werden.

Beispiel A bricht in das Haus des B ein, indem er eine Fensterscheibe zerschlägt, das Fenster öffnet und durch den Keller in das Haus gelangt.

Hier hat A durch das Zerschlagen der Fensterscheibe eine Sachbeschädigung nach § 303 begangen. Ferner einen Hausfriedensbruch gem. § 123. Beide Straftatbestände werden von § 243 bzw. § 244 konsumiert, da bei der Begehung eines Wohnungseinbruchsdiebstahls in einem besonders schweren Fall die Begehung einer Sachbeschädigung sowie eines Hausfriedensbruches üblicherweise mitverwirklicht werden.[28] ■

JURIQ-Klausurtipp

Sofern Sie in der Klausur mit der Prüfung der schweren Delikte begonnen haben, reicht nach Bejahung dieses Delikts die **Feststellung**, dass die verwirklichten aber konsumierten Normen im Wege der Gesetzeskonkurrenz zurücktreten. Gelegentlich bietet es sich an, **chronologisch** zu prüfen. In diesem Fall stellen Sie die Konkurrenzen im Zwischen- oder Endergebnis dar.

F. Mitbestrafte Vor- und Nachtat

211 Auch im Bereich der Handlungsmehrheit gibt es die unechte Konkurrenz. Von einer **mitbestraften Vor- und Nachtat** spricht man, wenn die Verwirklichung des Deliktes den Unrechtsgehalt einer vorangegangenen bzw. nachfolgenden Handlung mit einschießt.

27 *Wessels/Beulke* Strafrecht AT Rn. 790.
28 *Wessels/Beulke* Strafrecht AT Rn. 791; a.A. teilweise *BGH* NJW 2002, 150.

I. Mitbestrafte Vortat

Sofern mehrere strafbare Handlungen vorliegen, kann die Strafbarkeit des früheren Geschehens entweder aus Gründen der **Subsidiarität oder der Konsumtion** entfallen, wenn der Unrechtsgehalt im späteren Delikt aufgeht. 212

Beispiel A und B verabreden sich, C zu töten. Drei Tage später wird diese Tötung in die Tat umgesetzt, indem A und B solange auf C einschlagen, bis dieser verstirbt. Hier ist die Verbrechensverabredung gem. § 30 Abs. 2 als mitbestrafte Vortat subsidiär zur vollendeten mittäterschaftlich begangenen Tötung anzusehen. Ihr Unwertgehalt geht in der später verwirklichten Tat mit auf. ■

Beispiel Chauffeur C unterschlägt die Fahrzeugschlüssel seines Dienstherrn, um alsdann das Fahrzeug zu entwenden. Hier ist eine mitbestrafte Vortat unter dem Blickwinkel der Konsumtion anzunehmen, da das Entwenden der Fahrzeugschlüssel eine häufige Begleittat zum später begangenen Diebstahl ist.[29] ■

II. Mitbestrafte Nachtat

Auch bei der mitbestraften Nachtat ist der Unwertgehalt dieser Tat in der vorangegangenen Straftat mit enthalten. Zumeist will der Täter im Rahmen dieser Nachtat den durch die andere Tat erlangten **Gewinn sichern, ausnutzen oder verwerten**. 213

Sofern die Nachtat sich gegen **denselben Rechtsgutsträger** und **dasselbe Rechtsgut** richtet, tritt die Nachtat im Wege der Konsumtion zurück.[30]

Beispiel A hat B ein Buch entwendet, was er später an C verkauft. Hier liegt hinsichtlich des Buches zunächst ein Diebstahl vor, in dem Verkauf könnte alsdann aber auch eine Unterschlagung liegen. Sofern man den Tatbestand der Unterschlagung bejaht (was umstritten ist), ist diese Unterschlagung dann jedoch mitbestrafte Nachtat, da der Täter die Vorteile des vorangegangenen Diebstahls ausnutzt. Der ebenfalls verwirklichte Betrug gegenüber C stellt jedoch keine mitbestrafte Nachtat dar, da insoweit das Rechtsgut einer dritten Person beeinträchtigt wurde, nämlich das Vermögen des C. ■

JURIQ-Klausurtipp

Zumeist werden Sie in diesen Fällen chronologisch nach Handlungsabschnitten geprüft haben, so dass die **Feststellung im Zwischen- oder Endergebnis** erfolgt.

29 *OLG Hamm* MDR 1979, 421.
30 *BGHSt* 38, 366; *Wessels/Beulke* Strafrecht AT Rn. 795.

6. Teil
Wahlfeststellung

A. Überblick

214 Im deutschen Strafrecht gilt der **Grundsatz „in dubio pro reo"**. Danach ist die Verurteilung des Angeklagten nur dann möglich, wenn zur Überzeugung des Gerichtes feststeht, dass der Täter die ihm vorgeworfene Straftat auch begangen hat. Sofern Zweifel verbleiben, muss von der für den Angeklagten günstigsten Möglichkeit ausgegangen werden.

Hinweis

Hinsichtlich der **Verwirklichung eines gesetzlichen Tatbestandsmerkmals** muss nach dem „in dubio pro reo" Grundsatz bei Unklarheiten davon ausgegangen werden, dass der Täter dieses Merkmal nicht verwirklicht hat. Ist z. B. tatsächlich nicht ermittelbar, ob der Täter mit der Möglichkeit der Verwirklichung eines objektiven Tatbestandsmerkmals gerechnet hat, dann muss zu seinen Gunsten davon ausgegangen werden, dass er nur fahrlässig gehandelt hat.

Das gleiche gilt auch bei **Rechtfertigungs- oder Entschuldigungsgründen**. Hier kann zugunsten des Täters angenommen werden müssen, dass er z. B. objektiv einem Angriff ausgesetzt war, auch wenn dies nicht sicher feststeht.

Bei uneingeschränkter Anwendung des Grundsatzes „in dubio pro reo" käme es allerdings in bestimmten Konstellationen zu Unbilligkeiten. Diese **Unbilligkeit** liegt z. B. vor, wenn nach Abschluss der mündlichen Verhandlung feststeht, **dass** der Täter einen **Straftatbestand verwirklicht** hat, auch wenn letztlich unklar geblieben ist, durch welche Handlung dies erfolgte. Würde man den „in dubio pro reo" Grundsatz anwenden, so würde dies zu einem Freispruch des Täters führen.

Beispiel A hat als Zeuge in zwei Verhandlungen völlig unterschiedlich zum selben Sachverhalt ausgesagt. Fest steht, dass er in einer der beiden Verhandlungen gelogen und sich gem. § 153 strafbar gemacht hat. Nicht ersichtlich ist jedoch, in welcher Verhandlung A die Unwahrheit gesagt hat, so dass letztlich, sofern man jede Aussage für sich betrachten würde, ein Freispruch des A erfolgen müsste, da jeweils nach dem Grundsatz „in dubio pro reo" davon ausgegangen werden müsste, dass A in der jeweiligen Verhandlung die Wahrheit sagte. ■

Um diese Ungerechtigkeiten zu umgehen, wird von der herrschenden Meinung eine **Wahlfeststellung** vorgenommen. Demnach kann der Täter unter bestimmten Voraussetzungen wahlweise nach dem einen oder anderen Tatbestand **(echte Wahlfeststellung)** bzw. nach demselben Tatbestand wahlweise in der einen oder anderen Sachverhaltsalternative **(unechte Wahlfeststellung)** bestraft werden.[1] Darüber hinaus gibt es noch die **Post- oder Präpendenz**.

---

1 *Wessels/Beulke* Strafrecht AT Rn. 805.

Echte Wahlfeststellung	Unechte Wahlfeststellung	Post- oder Präpendenz
Unsicherheit im Sachverhalt und Unsicherheit bei der anzuwendenden Strafnorm	Unsicherheit nur im Sachverhalt nicht bei der anzuwendenden Strafnorm	Sicheres Vor- oder Nachtatgeschehen, Unsicherheit bei der jeweiligen Vor- oder Nachtatbeteiligung

B. Echte Wahlfeststellung

Voraussetzung der echten Wahlfeststellung ist zunächst eine auch durch Ausschöpfung 215
sämtlicher prozessualer Erkenntnismittel nicht zu beseitigende **Unsicherheit im Sachverhalt**. Wichtig ist, dass bei jeder der in Frage kommenden Konstellationen die **Möglichkeit der Verletzung eines Strafgesetzes** besteht.[2] Sofern die in Betracht kommenden Verhaltensweisen **rechtsethisch und psychologisch vergleichbar** und **gleichwertig** sind, ist eine echte Wahlfeststellung möglich. Für eine Wahlfeststellung ist jedoch dann kein Raum, wenn die in Betracht kommenden Varianten in einem Stufenverhältnis zueinander stehen. In diesem Fall ist der Grundsatz „in dubio pro reo" anzuwenden mit der Folge, dass der Täter nach dem minder schweren Delikt zu bestrafen ist.

Beispiel Steht nicht genau fest, ob A bei der Körperverletzung einen Schlagring und damit ein gefährliches Werkzeug bei sich geführt hat, so ist er nur wegen § 223 und nicht wegen § 224 Abs. 1 Nr. 2 zu bestrafen.

Gleiches gilt, wenn nicht sicher feststeht, ob Täterschaft oder Teilnahme, Vorsatz oder Fahrlässigkeitsdelikt anzuwenden ist. In diesen Fällen ist die Fahrlässigkeitstat bzw. die Teilnahme zugunsten des Täters zu unterstellen.[3] ■

Unter **rechtsethischer Vergleichbarkeit** ist eine nach dem allgemeinen Rechtsempfinden sittlich und rechtlich vergleichbare Bewertung und damit annähernd gleiche Schwere der Schuldvorwürfe zu verstehen. Dies liegt vor, wenn durch die Verhaltensweisen dieselben oder aber in ihrem Wesen ähnliche Rechtsgüter verletzt wurden.[4]

Die **psychologische Vergleichbarkeit** wird angenommen bei einer gleich gearteten seelischen Beziehung des Täters zu den in Frage stehenden Verhaltensweisen, was bedeutet, dass die Einstellung des Täters zu den Rechtsgütern und seine Motivationslage ähnlich sein müssen.[5]

Beispiel Polizeibeamtin P findet bei A Diebesgut aus einem der P bekannten, vor drei Wochen begangenen Einbruch bei J. Es lässt sich im Nachhinein nicht mehr aufklären, ob A Täter eines Diebstahls oder Täter einer Hehlerei ist. Würde man den in dubio pro reo Grundsatz anwenden, müsste bei § 242 davon ausgegangen werden, dass A das Diebesgut nicht weggenommen hat. Bei § 259 hingegen müsste man zu seinen Gunsten davon ausgehen, dass er nunmehr Täter des Diebstahls war, da es sich in diesem Fall nicht um

2 *BGHSt* 12, 386.
3 *BGHSt* 23, 203.
4 *BGH* wistra 1985, 67.
5 *OLG Saarbrücken* NJW 1976, 65.

eine Sache handelt, die aus der Vortat eines anderen stammt. Da jedoch fest steht, dass A jedenfalls eine der beiden Straftaten begangen hat, wäre ein Freispruch unbillig.

Hier kann durch echte Wahlfeststellung eine Verurteilung entweder aus Diebstahl oder Hehlerei erfolgen. Beide Tatbestände stehen nicht in einem Stufenverhältnis zueinander. Sie sind aber ethisch und psychologisch vergleichbar, da sie sich in ihrem Wesen ähneln, dieselben Rechtsgüter verletzen und den selben Strafrahmen haben. ■

Der **Schuldspruch** bei einer echten Wahlfeststellung sieht eine Verurteilung entweder aus dem einen oder aus dem anderen Delikt vor. Beide Delikte sind im Urteilsspruch zu benennen.

JURIQ-Klausurtipp

In der Klausur beginnen Sie mit der Tathandlung des ersten Delikts, welches sie prüfen – z. B. § 242 –, und machen dort deutlich, dass nicht sicher feststeht, ob der Täter diese Handlung begangen hat. Sie fahren dann mit der Prüfung des nächsten Delikts fort und gelangen an derselben Stelle zu derselben Problematik. Sie können nun die Frage nach der Möglichkeit einer Wahlfeststellung aufwerfen und beantworten. Für den Fall der Bejahung müssen dann die übrigen Voraussetzungen der Delikte geprüft werden.

C. Unechte Wahlfeststellung

216 Von der echten Wahlfeststellung unterscheidet sich die unechte Wahlfeststellung dadurch, dass bei letzterer die verwirklichte **Strafnorm feststeht**, allerdings **unklar** ist, **durch welche Handlung** der Täter diesen Straftatbestand verwirklicht hat.

Beispiel Eine unechte Wahlfeststellung ist möglich in oben genanntem Beispielsfall (Rn. 214), bei welchem feststeht, dass A in einer der Gerichtsverhandlungen gelogen hat. Hier ist die Strafnorm des § 153 gewiss, ungewiss ist jedoch die Handlung, durch welche diese Strafnorm verwirklicht wurde. ■

Sofern bei sämtlichen Sachverhaltsalternativen der betreffende Tatbestand erfüllt ist, kommt eine Verurteilung aus diesem Tatbestand in Betracht, wobei der **Sachverhalt alternativ** geschildert wird.

D. Post- und Präpendenz

217 Von der Wahlfeststellung ist nach herrschender Meinung die Post- und Präpendenz abzugrenzen. Von einer **Postpendenz** spricht man, **wenn bei zwei Sachverhalten nur der zeitlich frühere in tatsächlicher Hinsicht ungeklärt** bleibt, während der zweite, zeitlich spätere Sachverhalt sicher feststeht. Von einer **Präpendenz** spricht man im umgekehrten Fall, d. h. der **zeitlich frühere Sachverhalt steht sicher fest**, wohin gegen der zeitlich spätere Sachverhalt ungewiss ist.

Beispiel Es wurde sicher festgestellt, dass A gestohlenen Schmuck an den gutgläubigen C verkauft hat. Insoweit ist eine Hehlerei verwirklicht. Fraglich ist jedoch, ob A daneben nicht auch Mittäter dieses Diebstahls war. Sollte dies so sein, käme eine Bestrafung wegen Hehlerei gem. § 259 nicht mehr in Betracht. ■

In Fällen der Post- und Präpendenz erfolgt nach herrschender Ansicht eine **Verurteilung aus dem sicheren Nachtat- bzw. Vortatgeschehen.**[6] Allerdings ist unter Berücksichtigung des „in-dubio-pro-reo"-Grundsatzes alsdann **der Strafrahmen des milderen Deliktes** anzuwenden.

Online-Wissens-Check

Wann werden mehrere Handlungen zu einer Handlung im juristischen Sinn?

Überprüfen Sie jetzt online Ihr Wissen zu den in diesem Abschnitt erarbeiteten Themen. Unter **www.juracademy.de/skripte/login** steht Ihnen ein Online-Wissens-Check speziell zu diesem Skript zur Verfügung, den Sie mit dem Zugangscode auf der letzten Seite kostenlos nutzen können.

6 *BGH* NStZ 1989, 574; StV 1995, 522; SK-*Rudolphi* Anhang zu § 55 Rn. 24.

Sachverzeichnis

Die Zahlen verweisen auf die Randnummern.